意識高い系」資本主義が

民主主義を滅ぼす

WOKE CAPITALISM

カール・ローズ 著　中野剛志 解説　庭田よう子 訳

How Corporate Morality Is Sabotaging Democracy

Carl Rhodes

Takeshi Nakano
Yoko Niwata

東洋経済新報社

WOKE CAPITALISM
How Corporate Morality Is Sabotaging Democracy
by Carl Rhodes

【巻頭解説】偽装された新自由主義

中野剛志（評論家）

「ウォーク」と「意識高い系」

シドニー工科大学で企業倫理を専門とするカール・ローズ教授が書いたこの本は、社会哲学に深く根を下ろしつつ、タイムリーな具体的事例を数多く挙げながら、現在進行中の資本主義の病理を見事に暴き出している。

マスメディアから流れて来る表面的なニュースの裏に、かくも深刻な病巣が隠れていようとは、普通は気が付かないだろう。それだけに、読者の多くは、かなりの衝撃を受け、思わず論争に参加したくなるはずだ。

本書が「ウォーク資本主義」と名付ける現代資本主義の症例のほとんどは、オーストラリアやアメリカのものであるが、もちろん、日本にも大いに関係している。読者は、日本の資本主義における「ウォーク」化の事例を探してみるとよいだろう。

改めて、「ウォーク（woke）」とは、「目を覚ます」ことを意味する。１９６０年代頃のアメリカで、黒人たちの間でよく使われたスラングだったらしい。その「ウォーク」というスラングが、今日では、別の意味を帯びて復活してきたのだという。

しかも、近年、「ウォーク」は、あまり良くない意味や冷やかしの意味を込めて使われる言葉になっているという。

それは、環境保護、人種的偏見や性差別の撤廃、ＬＧＢＴＱ（レズビアン、ゲイ、バイセクシャル、トランスジェンダー等）の権利、経済的平等といった進歩的なポリティカル・コレクトネスや社会正義に対して、表向きは意識が高いようなふりをしながら、その実、これらとは矛盾する行動をとる「えせ進歩主義者」を非難する言葉として使われるようになっているのだという。

多くの読者は、もうこの時点で、お気づきのことだろう。

そう、「ウォーク」という英語のスラングを、日本語の最近のスラングで翻訳するならば、「意識高い系」になるのである。

人びとが使うスラングは、社会の相貌を映す鏡である。「意識高い系」という言葉が流行っているということは、日本にも「ウォーク資本主義」現象が起きているということにほかならない。

「寄付」のいっぽうで「租税回避」

アメリカやオーストラリアにおける「ウォーク資本主義」の実例については、本書の中で山ほど挙げられているが、その中から一例だけ紹介しておこう。

それは、アマゾンの創業者ジェフ・ベゾス氏である。

２０２０年、ベゾス氏は、気候変動対策のために、１００億ドルもの寄付を行った。この金額は、アメリカ政府が気候変動対策のために投じた資金とほぼ同程度であるという。

なんと意識の高いことだろうか！

ところが、アマゾンが10年間で納めた税金の総額は、この寄付金額の３分の１程度にすぎなかった。２０１８年にアマゾンは１１０億ドルの利益を上げたが、法人税はまったく支払っていなかった。２０１９年の利益は１３０億ドルだったが、アマゾンの法人税の実効税率は１・２％にすぎなかった。

もちろん、アマゾンは、違法な脱税を行っていたわけではない。世界各国の租税法の抜け穴を巧みに利用して法人税負担を可能な限り軽減する「租税回避」を行っていたのだ。

だが、気候変動対策のような公共の利益のために私財を投じるならば、国に税金を納めればよいではないか。租税回避を徹底して私財を貯めこむ強欲さの一方で、気前よく１００億ドルもの寄付金をポンと出すなどというのは、矛盾しているのではないか。普通の感覚であれば、そう思うだろう。

ところが、それが矛盾してはいないのである。ここに「ウォーク資本主義」の恐るべき本質がある。

社会正義がもたらす金権政治

実は、このような公共の利益を重視しているかに見える企業活動は、むしろ、企業の経済的な利益を守り、さらには殖やすための手の込んだ策略なのだ。ローズ教授は、そう主張するのである。

まず、社会的正義に熱心であるという企業のブランド・イメージを打ち出した方が、より儲かる。だから、企業は、熱心に寄付を行っているのである。もっとも、それだけなら、たいして悪い話ではないかのように見える。それどころか、企業の私的利益と公共の利益が一致するならば、それは歓迎すべきことではないかと思われるかもしれない。

しかし、問題は、そこにはとどまらない。

富裕者層が巨額の寄付を行って公共の問題に取り組む姿勢を見せるのは、裏を返せば、民主政治が公共の利益を実現する必要はないというジェスチャーなのである。

そのジェスチャーが意味するのは、公共の利益を実現するのは、一部の富裕者層や権力者であって、民主的に選ばれ、国民に対して説明責任を持つ政府ではないということである。

それは、端的に言えば、民主主義の否定にほかならない。富裕者層による金権政治《プルトクラシー》である。

富裕者層の金権政治は、公共の利益のために私的利益をある程度は犠牲にするが、もちろん、私的利益を大きく損なうような公共への奉仕には決して応じない。富裕者層の金権政治における公共の利益は、富裕者層の権益を維持できる範囲内でしか、実現されないのである。

例えば、「意識高い系」の富裕者層は、気候変動対策の寄付には応じるし、貧困対策にも一定の寄付をするだろう。しかし、国富の25％を1％の富裕者層が専有するような極端な経済的不平等を是正するといった社会正義の実現となると、「意識高い系」の富裕者層は一切触れようとはしない。それどころか、全力で反対するのである。

租税回避に熱心なアマゾンの創業者ベゾス氏が、１００億ドルもの寄付を行った理由も、これで分かるだろう。１００億ドルなど、億万長者の彼にとっては「はした金」であり、その富と権力を守るためなら、安いものだというわけである。

「意識高い系」富裕者層による「意識高い系」の社会貢献活動は、実は、進歩主義的なのではなく、その反対に、「富める者はますます富み、貧しき者は持っている物さえも取り上げられる」（聖書マタイ伝）という不平等な社会構造を維持し、富める者の既得権益を守るための極めて狡猾な策略なのである。

日本にも浸透しつつある「ウォーク資本主義」

これは、実に厄介な問題である。

１９８０年代初頭以降、最近まで、資本主義社会を席巻したイデオロギーは、新自由主義であった。新自由主義者たちは、企業による私的利益の追求を手放しで賞賛し、強欲を美徳とみなし、政府の介入には強く反対してきた。

これに対して、企業もまた、公共の利益や社会正義にもっと配慮すべきであるとする「意識高い系」の「ウォーク資本主義」は、新自由主義を反省し、新自由主義から決別しようとするものであるかのように見えた。

ところが、著者のローズ教授が明らかにしたように、現在、世界を席巻している「ウォーク資本主義」は、実は、「意識高い系」に偽装された新自由主義であり、言わば新自由主義の進化系だったのである。

この「意識高い系」に偽装された新自由主義は、見えにくくなっている上、ポリティカル・コレクトネスの威力によって批判しにくくなっているだけに、かつてのような露骨な新自由主義よりも、ずっと質《たち》が悪いと言えるだろう。

この悪質な偽装された新自由主義たる「ウォーク資本主義」は、すでに日本にも浸透しつつある。

　例えば、２０１０年代の安倍晋三政権の政策を振り返ってみよう。日本では、少子高齢化の進展により、人手不足が問題となっていた。企業は、人手を確保するために、賃上げをしなければならなかった。賃金の上昇は、労働者にとってはよいことであるが、企業にとってはコストの上昇でしかなく、望ましいことではなかった。

　そこで安倍政権は２０１５年、「女性の活躍」なる「意識高い系」のスローガンを掲げ、女性の就業を奨励する政策へと舵を切った。「女性の活躍」と言えば聞こえはいい。しかし、その背後には、女性という労働者が増えれば、企業は賃上げをすることなく人手不足を解消できるという狙いがある。

　念のため言っておけば、私は、女性の就業そのものに反対しているわけではない。しかし、最近の共働き家庭の増加は、女性が活躍するようになったというよりは、長引くデフレと賃金抑制で、共働きでなければ生活できない家庭が増えたということを反映しているのではないか。

　もっとも、女性労働者の投入だけで人手不足が解消したわけではない。賃金上昇圧力は、依然として強かった。

　そこで安倍政権は２０１７年、今度は「人生１００年時代」という「意識高い系」のスローガンを持ち出し、高齢者の就業を奨励し始めた。言うまでもなく、高齢者を労働市場に供給して人手不足を解消し、賃上げを回避するためである。

それでもまだ、人手不足は解消しない。このまま人手不足が深刻化すれば、いずれは、賃上げが必要になる。

ついに、安倍政権は、決定的な政策転換へと踏み切った。2018年6月、日本政府は、2019年4月から一定の業種で外国人の単純労働者を受け入れることを決定したのである。そして、この閣議決定に基づき、入国管理法が改正された。

これにより、今後は、賃金が上がりそうになるたびに、外国から低賃金労働者が流入して、賃金の上昇を抑えるという仕組みが完成したのである。だが、この賃金抑制策についても「グローバル化」だの「多様性」だの「多文化共生」だのといった「意識高い系」の偽装が施されるであろう。

新自由主義の「隠れ蓑」

いずれの政策も、労働者の賃金を抑圧し、格差を拡大する新自由主義的な政策でありながら、「女性の活躍」「人生100年時代」「多様性」といった「意識高い系」のスローガンによって偽装された。そのおかげで、強い反対を回避し、すんなりと実行に移すことができたのである。

当時、保守勢力に強く支持された安倍政権が、女性の活躍や移民の受け入れといった進歩主義的な「意識高い系」の政策を打ち出したことは意外だとする見方が多かった。しかし、「ウォーク資本主義」を理解していれば、何も意外なことはないだろう。安倍政権は、その新自由主義の隠れ蓑に「意識高い系」を利用したのである。

日本における「ウォーク資本主義」の例として、より最近のものとして、安倍元首相と親しかった楽天の三木谷浩史会長兼社長[1]についても、触れておこう。

２０２１年、三木谷氏は、米国のフルブライト・プログラムという米国留学プログラムに対して、個人として９０００万円を寄付した[2]。２０２２年２月27日には、ロシアの侵攻を受けたウクライナに対して、10億円を寄付すると表明した[3]。

このように、三木谷氏は、教育や外交など、本来、国家がやるべき事業に対して私財を投じるなど、その「意識高い系」ぶりを見せている。

だが、その三木谷氏は、２０２２年12月、政府・与党において検討されている高所得者への税負担増に対して、反対を表明したのである[4]。

この「ウォーク資本主義」、日本でも早急に対策を議論し始めなければならない問題である。

（1）「安倍首相が『三の矢』を準備―三木谷浩史と同盟」*The Wall Street Journal*，２０１３年１月16日（https://jp.wsj.com/articles/SB10001424127887323846104578425742838557484）

（２）「プレスリリース：三木谷浩史氏の寄付により日本人のフルブライト奨学金および日米間の教育の機会を拡大へ」在日米国大使館と領事館、２０２１年２月３日（https://jp.usembassy.gov/ja/press-release-mikitani-donation-enhances-fulbright-ja/)

（３）『ウクライナ政府に10億円寄付』楽天・三木谷氏が表明」朝日新聞、２０２２年２月27日（https://www.asahi.com/articles/ASQ2W4RG1Q2WPLFA001.html)

（４）「高所得者層の税負担増加に向けた検討に対する代表理事の緊急コメント」一般社団法人 新経済連盟 代表理事 三木谷浩史、２０２２年12月13日（https://prtimes.jp/main/html/rd/p/000000118.000033658.html)

目次

第3章　ウォークの意味の逆転

第4章　資本主義、ウォークになる

第5章　株主第一主義

第1章

ウォーク資本主義に関する問題

ウォークであること

「目覚めているならわかる」（If you're woke, you dig it）。これは、作家のウィリアム・メルヴィン・ケリーが１９６２年に『ニューヨーク・タイムズ』紙に寄せた記事の見出しである。[1] この記事のなかでケリーは、当時のビートニク文化に関連する言葉は、アメリカの黒人が使っていた言葉から流用されることが多く、黒人たちが使わなくなってからもよく流用されている、と指摘した。たとえば男性はキャット（cats）、女性はチック（chicks）で、ヒップ（hip）とは流行に敏感なことや進んでいること、格好いいものはクール（cool）であり、ディグ（dig）は、好きか理解している、ということを意味していた。

興味深いことに、ケリーは記事のタイトルでウォーク（woke）という言葉を使っていながら、本文ではそれについて明確に説明していない。おそらく、黒人が使う言葉を白人が流用することへの批判を示すため、ウォーク（woke）の意味を秘密にしておくことにしたのだろう。この秘密主義は、ケリーのメッセージの一部だった。奴隷制度が廃止される前に、アフリカ系アメリカ人は話の中身を主人に知られずに話せるように、自分たちの間で通じる言葉を作るようになっていた。

話を２０１７年６月まで進めよう。「ウォーク（woke）」という言葉は、アメリカにとどまらず世界中で広く使われるようになり、オックスフォード英語辞典にも新しい意味が追加された。それまでの辞書ではwokeは単に「目を覚ます」という意味しか記されていなかったのだが、このときに現代的な意味が追加されたのだ。同辞典によれば、「アフリカ系アメリカ人の英語の一部で分詞的に使われていたwokeは、最近のアメリカの一般的な用法で目立つようになってきた形容詞的な意味を生み出した」とされる。この言葉を最初に引用した人物はケリーであるとし、同辞典では、「人種的・社会的差別や不公正に対して高い意識を持つ」ことを指す言葉として、よく使われる言葉のひとつだと定義された。[2]

　前述した１９６２年の記事で、ケリーはアフリカ系アメリカ人の言語使用の流動的性質についても言及した。彼によれば、「すでに使われている言葉に反対の意味を持たせる」ために、言葉が修正されることがあり、「[たとえば]かつて『jive』は良い意味で使われていたが、今では悪い意味、少なくともあまり良いとは言えない意味で使われている」のだという。[3] このような変化は、今日《こんにち》の「woke」にも起こっている。皮肉なことに、これは政治的に反動的な信念を抱く人々によって変更された。現在、「woke」の慣例的用法は、社会的不公正に対して高い意識を持つことという意味だけではない。むしろ、誤った、表面的な、ポリティカル・コレクトネス的な道徳性に影響を与える人のことを指す。たとえば、レオナルド・ディカプリオやケイティ・ペリーなどの超富裕層のセレブリティを思い浮かべてほしい。彼らは、グーグルが主催した、シチリアの高級リゾートで開かれる気候変動サミットに、プライベートジェットで乗りつける。彼らの政治的信念の信憑性、少なくともその一貫性についてはシニカルにならざるをえない。[4] このようなシニシズムが、ウォークであるということは、たとえば彼らが関わっている、性差別や人種差別、その他差別や抑圧に反対する運動などが、一見ラディカルな政治的大義を支持する倫理的姿勢を示す自己主張にすぎない、という見方につながる。他にウォークな大義とされるものには、環境保護、メンタルヘルスへの配慮、ＬＧＢＴＱＩ＋（レズビアン、ゲイ、バイセクシャル、トランスジェンダー、クィアまたはクエスチョニング、インターセックス、その他）の権利、経済的不平等などがある。

　とくに重要なのは、「woke」という言葉が否定的に使われる場合、進歩的な政治的大義を支持する人々がその政治的信念に誠実ではなく、社会にそれほど政治的影響を与えていないことを意味することだ。「ウォケタード」（woketard）または「ウォケラティ」（wokerati）の一員だと言われたなら、その人は環境保護からアイデンティティ・ポリティクスの問題まで、倫理的に熱心で進歩的に見えることに執着している、と非難されているのだ。また、ウォークであることが流行の先端を走っていると考える人は、「ウォークネス」を気取っていると非難されているのだ。ライターのセリーナ・スミスが「ウォークフィッシング」（wokefishing）と呼ぶ傾向さえ見られる。[5] ウォークフィッシュとは、性交渉の相手を引きつけるために、自分がウォークだという振りをすること、または振りをする人たちで、それはたいてい男性だ。ウォークフィッシュは、自分の本当の政治的信条が知られたら、相手の興味を引かないのではないかと恐れている。スミスの説明によれば、その対策として、「彼らはまず、倫理的に調達されたオーツミルクを飲み、オードリー・ロードの全作品を二度読んだことがあり、抗議行動に参加し、セックスに理解があり、アンチレイシズム的であり、インターセクショナルなフェミニストとして自己紹介する」という。[6] 別の新造語を用いるなら、こうした人々は「フォーグレッシブ」(fauxgressive)、つまり、えせ進歩主義の立場をとっている。進歩政治とまったく矛盾する目標を追求するために、この場合なら略奪的に性的満足を得るために、進歩的な政治信条を騙るのだ。

えせ進歩主義に対する批判は、政治的姿勢を偽った性的関係だけに限らない。実際、特定の政治的大義を支持する人々が特権的な立場からそれを支持し、彼らが擁護する政治的問題に個人的な利害関係がなく、危害や差別を受ける危険もまったくない場合、こうした苦情は次第に大きくなっていく。ライターのマヤ・ビニャムが言う「ウォーク・オリンピック」(Woke Olympics)が開けるかもしれない。これは、アメリカにおける白人のアンチレイシズムの政治信条の観点から、ビニャムが皮肉たっぷりに想像するゲームのことで、次のようなものだ。

> ウォークの皮を被った人たちによって推進され、ツイッターでライブ中継されるウォーク・オリンピックは、複数ラウンドの勝ち抜き戦だ。選手たちのほとんどが白人で、「ウォークでいよう」(stay woke) というフレーズの信者たちだ。このフレーズは、人種差別が現れたらそれを名指しするように、さらに言えば、遅れている白人仲間を名指しするようにという、

注意喚起のメッセージだ。［……］最高の成績を収める選手は、レイシスト〝である〟人たちの名前を、あるいはレイシズムを含み〝持つ〟事柄の名前を集める人たちである[7]。

つまり、このゲームの目的は、人種差別や不平等といった差し迫った政治問題に取り組むことよりも、選手たちのポリティカル・コレクトネスの道徳的資格を証明することにある、とビニャムは言っているのだ。ウォークであることが、不誠実な自己正当化の一形態として位置づけられている。彼らは偽善者であり、彼らが公言する高い道徳的立場にふさわしくないと言われ、非難される。彼らは、全世界に見えるように自分の正義を鮮明に打ち出すことによって「美徳シグナリング」に専念している。信頼できないセルフブランディングをし、印象操作しているのだから、自分のことしか頭になく浅はかである、とウォークな人たちは批判を浴びている。

美徳と偽善

人々にウォークというレッテルを貼ることは、リベラルな進歩主義者と反動的な保守主義者の間でもっぱら行われる、文化戦争のひとつである。近年、レイシズム、同性婚、気候変動、動物の権利、ジェンダーの平等などをめぐる議論が大々的に報じられて、進歩的な大義が人々の考えに大きな影響を及ぼすようになった。こうした議論は、定着した社会的・政治的・環境的大義に対する深刻な反応である。だが、そう考えない人たちは、筋の通った反論をするのではなく、斬新な主張をする人たちの誠実さを損なおうとすることで対応してきた。ファッショナブルに見えるからという理由で政治的姿勢を選ぶ人もいるかもしれないが、だからといって、そうした大義を支持する人たち全員が誠実でないとか、その大義自体に価値がないということにはならない。彼らが支持する政治的姿勢の信頼性を傷つけるために、他人をウォークだと揶揄することは、人身攻撃の典型である。これは、問題について真面目に議論するのではなく、その問題を提起した人の信頼性を疑問視するやり方だ。だが、人身攻撃は、目の前の本質的な問題を扱わずに自分の主張を通そうとする、誤った卑劣なやり方であることはよく知られている。

侮蔑的な意味で「ウォーク」という言葉が使われるようになったことを、最もよく表す事例がある。メディアは長い間、ハリー王子とメーガン妃のサセックス公爵夫妻をウォークだと非難してきた。遊び好きだったのに結婚後はがらりと変わったハリーには、「プリンス・オブ・ウォーク」のあだ名がつけられた。イギリスのタブロイド紙の見出しが語るように、「パーティー好きのハリーはやがて、妻のメーガン妃とともに〝ウォークな〟問題に取り組む気取り屋になった」[8]。２０２０年初頭に夫妻がある大胆な発表を行うと、状況はさらに過熱した。１月８日にメーガン妃が投稿したインスタグラムでは、夫妻の笑顔の写真の下に次のようなキャプションがあった。

　何カ月にもわたり熟慮を重ね内部で検討した結果、わたしたちは今年、この組織のなかで進歩的な役割を新たに切り開く方向へ舵を切ることにしました。わたしたちは、王室の「主要」メンバーから退くつもりです［……これにより］わたしたち家族に、新慈善団体の立ち上げをはじめとする、次の段階に集中するための余力［がもたらされるでしょう］。

マスコミは沸き立った！　この発表は衝撃的ではあったが、メディアの矛先はとくにメーガン妃個人に向けられた。彼女の存在は常に物議を醸してきた。彼女は、アフリカ系アメリカ人とヨーロッパ系アメリカ人の両親を持つ、離婚歴のあるアメリカ人女性であり、２０１６年にハリーと交際を始めると、たちまちひどい偏見に満ちた保守主義者たちの怒りを買った。王室に嫁いだ女性たちは長年行き過ぎた報道に悩まされていたが、メーガン妃は多様な人種の血を引くために異例の嫌がらせを受けた。憎悪に満ちた大人げない人種差別のなかでもとくにひどかったのは、２０１９年に息子のアーチーが生まれたとき、ＢＢＣラジオの局員がツイッターで、子どもを抱くかのようにチンパンジーを抱いている夫妻の写真を投稿し、「ロイヤルベビーが退院」とツイートしたことだ。[9]

ミシェル・ルイスが『ヴァニティ・フェア』誌の記事に書いたように、メーガン妃は妊娠中に、『怒れる黒人女性』というステレオタイプへのあからさまな同意や、有色人種の女性がおとぎ話のロマンスを見つけることへのある種の不快感など、白人が圧倒的大多数を占める報道陣のあからさまな人種差別」にさらされていた。[10]　２０１６年当時、事態はひどく悪化しており、その年の

11月8日、ハリーは王室のホームページで公式声明を出した。その声明のなかで、彼は「コメントから感じられる人種的要素、およびソーシャルメディアの投稿やウェブ記事のコメントに見られる明白な性差別と人種差別」に基づいた、当時ガールフレンドだったメーガン・マークルについてのマスコミ報道を非難した[11]。

2人が王室の公式任務から退くことが発表されると、メーガン妃に対する攻撃は新たな種類の敵意を帯びるようになった。ラジオ司会者のエイモン・ホームズは彼女を「ウォークで、意気地なしで、人の心を操るのがうまく、わがまま」と評した[12]。テレビ司会者のピアーズ・モーガンは、この王室カップルを次のように非難した。

この2人は、面倒で退屈な雑事に関わらずに王室生活の象徴を維持できる、どんなことを選択してもその地位がもたらす権利を維持できる、超ウォークなセレブリティになりたがっている（2人がすでに持ち込んだ、「言う通りにやれ、指図するな」という威圧的な偽善とともに[13]）。

公爵夫妻を擁護する人々も、ウォークの鞭を免れはしない。イギリスのタブロイド紙『サン』は、「メーガンとハリーの批判報道に対し、人種差別と騒ぐウォークなバカどもには「……」うんざりだ」と反論した[14]。

この例が決定的に示しているのは、進歩的な左翼の政治的姿勢が、特定の保守的政治秩序のなかの自然な秩序とされるものを破壊する場合には、不誠実だと見なされることである。サセックス公爵夫妻は、王室の一員として、まさにイギリス階級制度の頂点に位置する。その一方で、夫妻は女性の権利、人種平等、ＨＩＶ・ＡＩＤＳ支援活動、浄水活動などの政治的運動を支持していることでもよく知られていた[15]。夫妻はまた、庶民にはほとんど理解不能なレベルの権力と富を体現している。夫妻は王室の一員として、英国社会をいまだに支配する構造的な不平等を長年永続させてきた階級制度を象徴するのだ。実のところ、これもメーガン妃が胡散臭いと見られたもうひとつの理由だった。中流階級出身者で成功した彼女は、まさに支配者層を脅かす階級の流動性を象徴していた。それにもかかわらず、王族が、その特権は何ら阻害されないままでありながら、彼らが享受する特権を否定する政治的立場を支持するという姿勢が、ひどく顰蹙を買うことになったのだ。だからこそ、夫妻はウォークと非難されたのだ。

不平等から最も多くの利益を得ている人々が自らを進歩的と位置づけて、左寄りの政治的大義と同調することこそ、保守派の識者がウォークな問題の核心と評するものだ。「ウォーク」が揶揄的に使われることには、ウォークな政治が有効ではないと認識されていることとも関係する。彼らはウォークだという批判には、その人たちが真の変化につながる政治に関与していないという意味が含まれる。そうした主張の路線は、誰あろうバラク・オバマ元米国大統領の２０１９年の発言で端的に示された。シカゴで開催されたオバマ財団サミットで演説した際、オバマは現代の米国政治についてこのような見解を述べた。

純粋であることとか、決して妥協しないこととか、常に政治的にウォークであるとか、そういう考えはすぐに忘れるべきだ。世界は混沌としている。不明瞭なのだ。本当に良いことをしている人にも欠点がある。あなたが喧嘩している相手も、自分の子どもを愛しているかもしれないし、あなたと何かを共有しているかもしれない［……］これはソーシャルメディアによって加速されているのだが、一部の若者たちの間では、自分が変化をもたらす方法は、他人についてできるだけ批判的になることに限るという風潮があるように感じる。たとえば、誰かが正しいことをしなかったとか、間違った動詞を使ったことなどについて、ツイートしたりハッシュタグをつけたりすれば、「わたしはこんなにウォークなんだよ、あなたの間違いを非難したんだからね」と、かなり良い気分になれると思っている［……］それはアクティビズムではないし、変化をもたらすものでもない。あなたがやっていることが石を投げることでしかないのなら、それほど成功を収めることはないだろう。[16]

オバマの発言は、「ウォーク」という言葉が政治活動を批判するために使われる場合に意味することについて、いくつか根本的な要素を映し出している。この発言によれば、人々がウォークになるときは、口先だけで行動が伴わないばかりではなく、ウォークな人の独善的意識を強める以外にほぼ何の役にも立たない、表面的な自己増長に陥る。オバマにとってこの「ウォークネス」は、深刻な政治問題に有意義に取り組み、肯定的変化を永続的にもたらす方法ではない。だが、ウォークネスに対する単純な批判の下には、さらに複雑な力関係が存在しており、それは進歩的政治に関連している。政治アナリストのダニー・ハイフォンはオンラインメディアの『ブラック・アジェンダ・レポート』で、オバマは若者のアクティビズムと新しい政治意識を持つ世代の出現に対するシニシズムを反映しているとして、批判を繰り広げた。それどころか、ウォークネスの主流化は、政治支配層が政治的アクティビズムを弱体化させようとした手段であったと、ハイフォンは主張する。ハイフォンは歯に衣を着せない。

> 「キャンセルカルチャー」はムーブメントカルチャーを商品化し、貧困層の、とくに黒人の貧困層の苦境よりも、個人的評価や学問的名声、キャリア第一主義を促進する、利益を生み出す表現様式へと、アクティビストを向かわせた。〔……〕「ウォークネス」や「純粋性」がオバマによって否定されなくてはならないのは、底辺層へ押し寄せる人々への知的リーダーシップが賞賛されることを期待する、オバマのような政治家たちの正統性を脅かすからなのだ。[17]

真剣な政治運動をウォークと呼んで弱体化させることは、政治の現状への抵抗を希薄化させる方法である。さもなければ、既存の権力構造は真の難題に直面せざるをえず批判を免れないので、ウォークと名指しすることには、確かに現状を維持する役目があるのだ。

ウォークの意味の変容

このような浅薄で、利己的で、道徳的で、不誠実なものへのウォークネスの改変は、本書の主題であるビジネスと資本主義において、ひとつのピークに達する。実際に、２０１０年代半ばから英語で頻繁に使われるようになった「ウォーク」という言葉が、進歩的な社会的大義を公然と支援する企業に適用されるまでに、さほど時間はかからなかった。反動的な批評家がそうした企業を貶めたせいで、こうした動きは決して好意的にはとらえられなかった。批評家たちは、昨今急増する、社会運動と連携しながらその連携を広く宣伝や広告に利用している企業、とりわけそうした多国籍企業を言い表す言葉として、ウォーク資本主義という言葉を使っている。こうした巨大企業は、「ウォークネスのメッキ」（woke washing）に責任がある。これは、時宜を得た政治的運動と結びつくことにより、企業が顧客の支持、ひいては商業的利益を期待するというマーケティングや広報活動のことだ。

これには数多くの事例がある。ジレットは、有害な男らしさに取り組んだ広告キャンペーンについて、「男性に対する戦いを永続させるとか、現在の文化的風潮に漂う進歩的空気を利用するためにウォークネスの隠れ蓑をまとっている」など、何から何まで非難された。[18] アイスクリーム大手のベン＆ジェリーズが「時代に逆行したトランプ政権の差別的な政策に平和的に抵抗する《レジスト》」ためにピーカン・レジストというフレーバーを発売したときには、[19]「ベン＆ジェリーズは抵抗勢力《レジスタンス》に捧げる新しいフレーバーを発表した。そしてレジスタンスと同様に、それにはナッツ（おかしな奴）が含まれている」とフォックス・ニュースが報じた。同ニュースはさらに、これを「左翼があらゆるものに政治を投入するまたひとつの例だ」と片付けた。[20]

　衣料品小売業のザラが「ジェンダーにとらわれない服」のシリーズを発表したときには、この服は「『見て、ウォークでしょう！』と、ご褒美を期待して巨大なメガホンに」言う手段だとある評論家が指摘して、ザラを非難した。[21] アディダスが学校のスポーツチーム名とユニフォームからネイティブアメリカンのマスコットを削除しようという運動を起こしたときには、「他人の行動について聖人ぶって道徳を垂れる」と責められた。[22] ２０２１年、アメリカのジョージア州は、黒人の投票を抑制するような形で州の投票法が改正されたことで、論争に巻き込まれた。アメリカのメジャーリーグはこれに抗議して、その年のオールスターゲームの開催地を、当初予定していたジョージア州の州都アトランタからコロラド州のデンバーへ変更することにした。コカ・コーラとデルタ航空もこの法律を糾弾した。保守系雑誌『ナショナル・レビュー』に寄稿したフィリップ・クラインは、メジャーリーグの講じた措置を「ウォーク資本主義の発展に影響を与える重大な瞬間」と評した。メジャーリーグの措置はまさに「大企業が左翼の文化を執行する中心的存在となった」ことの証しだと、クラインは断じた[23]。

ウォークな企業が弱腰、日和見主義、偽善者と物笑いの種にされているのと同様に、今日に至るまで公の議論の大半を占めるのは、「ウォーク資本主義」は資本主義にとって悪いものだという批判である。株主のために利益を最大化するという企業本来の機能を支持しないとするウォーク資本主義は、ビジネスの目的追求を疎かにさせ繁栄と経済成長にとって脅威であると、批判者たちは主張する。こうした保守的な批判者たちによれば、単なるウォーク・ウォッシングにとどまらないような形で、企業はポリティカル・コレクトネスな社会問題にますます夢中になっているという。保守派が恐れるのは、企業経営者たちがウォークネスに真剣に取り組むことだ。さらには、この真剣さゆえに、彼らはビジネスの真の目的を犠牲にして、ウォークの大義を追求しようとするかもしれないのだ。進歩的な政治と保守的な経済は両立できないものであり、資本主義のためには両者を結びつけてはならないと、保守的な批判者たちは考えている。

政治評論家のロッド・ドレハーは、リバタリアン保守主義のアメリカ思想研究所が発行する『アメリカン・コンサバティブ』誌に寄稿した記事のなかで、「ウォーク資本主義は我々の敵だ」と述べている。なぜなのだろうか。彼の言い分はこうだ。

> おなじみの左翼対右翼という分類は、我々の文化的現実を示す信頼に足る指針としては、もはや役立たない。文化的な左派は、米国企業の官僚機構をすでに手中に収めている［……］

企業がポリティカル・コレクトネス的なことを行い、自社のビジネスモデルに害を与えることがよくあるが、ビジネス界隈ではその経営手腕に賛辞が送られるさまを、わたしは目の当たりにしてきた。企業文化を完全に政治化することがビジネスの成功には不可欠である「と彼らは主張している」……［これでは］社内に強い不安と疑念を抱かせることになる。それは火を見るより明らかだ。企業の競争力を損なうだけなのに、賢明な企業がなぜこのような原則や手法を取り入れるのか、誰も想像がつかないだろう。[24]

ドレハーのように、ウォーク資本主義を非難する人々は、それが資本主義の真の美徳に対する侮辱だと考えるから非難するのだ。その考えを擁護する言葉として、ノーベル賞を受賞したアメリカの経済学者ミルトン・フリードマンが１９７０年に述べた「企業の社会的責任はその利潤を増やすことである」という名言がよく持ち出される。フリードマンが詳しく説明したように、「その責任とは、彼らの欲望に従ってその事業活動を行うことであり、それは一般には、法律ならびに倫理的慣習に盛り込まれている、社会的な基本規則に従いながら、できるだけ多くの金を稼ぐということになるだろう[25]」。ここで述べられていないことは、広く普及する「倫理的慣習」が、企業は株主以外には誰にもほとんど関心を向けずに、株主の金銭的利益を追求すべきだという考えと矛盾しない、という仮定である。フリードマンの立場は、資本主義が動かす社会は、共同体の倫理的慣習と資本所有者の金銭的利益との間に解決できない緊張を展開させる可能性を完全に無視した、規範的立場を包含している。ここに欠けているのは、倫理とは、企業の利益追求においてすべきではないことを定めた制約条件以上のものかもしれない、という認識である。倫理は、資本主義が築かれているシステムに対しても疑問を投げかけることがある。

企業は主に株主の経済的利益によって方向づけられるべきだというフリードマンの基本的立場は、ウォーク資本主義に対する批判のなかで依然として大勢を占める。これを典型的に示しているのが、ジョン・プリチェットとエド・ティリアキアンがリバタリアン系のシンクタンクである経済教育財団に寄稿した、「ミルトン・フリードマンの見解は企業指導に関して正しかった。〝ウォークな〟ＣＥＯは彼の見解を無視して株主を危険にさらす」という記事である。彼らが恐れる危険とは、「資本主義に敵対する」ことが「企業の集団思考」の一形態となることだ[26]。その思考はビジネスの主要目的とされるものから企業の注意をそらすからだ。ビジネスにおけるウォークネスについての議論では、政治的選択は正反対の2つの選択肢しかないと考えられがちである。すなわち、企業は社会の利益のために進歩的な政治的大義に積極的に関与すべきだとする、ウォーク的な立場と、企業は政治に首を突っ込まずに、株主の利益のために商業的成功を収めることに専念すべきだとする、政治的に保守的な立場である。

このように進歩的政治を単純化して表現することに付随する問題は、それが、自分たちの信じる経済的現状を強固にしようとする政治的右派による、やや見え透いた——効果的ではあるが——仕掛けであることだ。この現状は、少なくとも過去40年かけて確立され、企業の力の著しい増大を招くと同時に、[27] 世界規模での大幅な不平等の拡大も招いた。[28] こうした観点から、ウォーク資本主義はビジネスを本来の経済的使命から遠ざけ、資本主義自体を希薄化させるという理由で、批判されているのだ。このウォーク対保守の構図を受け入れるならば、進歩的民主主義政治へのコミットメントを維持しながらも、自らの利益のために際限なく不平等を生み出しているかに見える企業資本主義体制の不公正を問題にしたい場合には、ほとんど身動きがとれないことになる。

ウォーク資本主義が脱民主主義を招く

企業によるウォークネスの導入は、保守的な批評家たちの非難とは正反対のことを行っている可能性はないだろうか？　企業がウォークになるということは、資本主義に死をもたらすのではなく、むしろ、資本主義の力とそれが及ぶ範囲を、ひどく問題のある形で拡大することにつながるのではないだろうか？　もしそうならば、そしてこれこそが本書の考えの中核をなすのだが、ウォーク資本主義は民主的な根拠に基づいて反対され、抵抗される必要がある。それは、公共の政治的利益がグローバル資本の私的利益によって、ますます支配されるようになってしまうからだ。この場合、企業資源の相当な部分が公共道徳を利用するために充当されるなかで、民主主義に問題が生じることになる。わたしたちの道徳性が企業資源としてとらえられ、搾取されるようになるため、企業の私利私欲を間近で見ることになる。

独善的で往々にして安直な政治的姿勢といった、一見道徳的な高揚感で覆い隠される市民討論や民主的反対意見は、マーケティングや広報活動の自画自賛的な巧妙さに取って代わられる。これは、「ブランドは、真の改革の代わりに低コストで高ノイズのシグナルに引き寄せられる」という、ヘレン・ルイスが「ウォーク資本主義の鉄則」と呼ぶものに沿って行われることが多い。一方、ルイスがさらに述べるように、「トップにいる人たち――圧倒的に白人、男性、富裕層、高学歴者が占める――は、何かをあきらめることを求められていない」[29]。ルイスが指摘するように、企業のウォークネスを無意味なものとして退けるだけではなく、その政治的含意の深刻さに応じることにも――それには社会的不平等という現状を強化することが含まれるのだから、なおのこと――注意を払う必要がある。とくに、平等、自由、発言、参加する市民間の議論を重視する民主主義の伝統が、サウンドバイトサイズの道徳を語る企業の声に圧倒されつつあるなかで、ウォーク資本主義が民主主義の未来に与える影響は大きい。

本書では、民主主義を踏みにじるものとしての、ウォーク資本主義の中心的テーマと実践を広く探究する。そのようなウォーク資本主義は、活気ある民主主義の精神と置き換える必要がある。「民主主義」という言葉をどう使うかについて、ここでは注意を払う必要がある。政治理論家のウェンディ・ブラウンが言うように、民主主義という思想は、近代のリベラルな民主主義国家の思想と一緒にすべきではない。彼女は、現在の歴史的重大局面において、「平等、自由、インクルージョン、立憲主義に対する民主的国家のコミットメントは今や、経済成長、競争的ポジショニング、資本増強のプロジェクトに従属する」と主張する。[30]それは、経済的繁栄が不可欠ではないということではなく、民主主義を維持するためには、従属の方向性が反転する必要があるだろうということだ。民主主義の理想は、経済的繁栄が人民に役立つことであり、その逆ではないはずだ。真の民主主義は、ウォークな企業の権力ではなく、国民主権という基本的な信念に基づく。むしろ、企業の甚大な、いまだ拡大を続けるその力と、現代政治に対する支配は、政治的権威が民意にあるのではなく経済的強者にある、新たな封建主義への後退なのである。アメリカの憲法学者ジョン・W・ホワイトヘッドは、大企業が新しいエリートを形成し、彼らが社会に対して権力を握り、民主的政府に急速に取って代わっていると、端的に指摘する。政治的には、本来ならこうした企業を支配するはずの法律を、企業がどんどん決定するようになっている。経済的には、彼らは競争を排除し、政府との大口契約を交わすことで社会を支配する。現代は、「法人型国家の支配者が、他の者たち全員を支配する」時代であるというホワイトヘッドの主張には、説得力がある。[31]

　ウォーク資本主義とは、この改造された現代の封建制度の延長線上にあり、法的権限だけではなく道徳的・政治的権限をも、企業に譲り渡す制度である。本書は、ウォーク資本主義の情勢と表出を探り、政治学教授のヤニス・スタヴラカキスの言う「民主主義の脱民主化」への危険な道筋を描く。[32]スタヴラカキスが解説するように、単一の権威が永続的に権力を保持することがないように、民主主義には政治的対立と政治的競争を制度化することが求められる。全体主義や権威主義的権力は、民主主義にとって絶えず存在する脅威であり、民主主義の特徴である政治的差異と論争という形態を否定する。民主主義の中心には、対立する政治的立場をとる市民が団結した共同体によって、民主主義が実践されるという両義性がある。「民主主義の両義性を覆い隠すことは、民主主義を脱民主化することだ」とスタヴラカキスは論じる[33]。

ウォーク資本主義をその一部とする企業の政治権力の拡大について言えば、政治が公共の政治圏から民間の経済圏へと移行するときに、脱民主化が増幅する。この文脈では、政治的優位は、公的な政治討議の場での政治的見解の論争ではなく、むしろ、経済力を持つ者の声の大きさによって追求される。ありがたいことに、企業は定期的にその言動の責任を公的に問われており、脱民主化はまだ達成されてはいない。とはいえ、ウォーク資本主義が進んでいるのは、脱民主化の方向なのである。それは暗に、民主主義が保証するものの中心にある自由と平等の価値観を維持しようとするならば、ウォーク資本主義に抵抗する必要があるということになる。

ウォーク資本主義は、現代の経済・政治活動における、とくにわたしたちの生活を多面的に支配する巨大な多国籍企業における、拡大する一方の厄介な側面である。この危険な動向を批判することは、反動的な保守派の論客に同調することを意味してはいない。彼らはウォークネスを、利己的な利潤追求という資本主義の中核を踏みにじるものとして非難する。それに対して、ウォーク資本主義の本当の危険性は、資本主義体制を弱体化させることではなく、政治権力の企業エリートへの集中を一層強化することである。この動向が続くことが、民主主義に対する脅威なのである。それはまた、平等、自由、社会連帯の可能性にあえて希望を持ち続ける、進歩的な政治に対する脅威でもある。

この脅威を深く理解するために、本書はまず、法人企業が公共の目的や社会的責任を主張しながらも、その過程で多大な利益を得るときに明らかになる、解決できない皮肉を探ることによって、「ウォーク」という言葉の意味を説明するところから始める。次に、１９５０年代の企業の社会的責任というその異質な前身から、１９８０年代の新リベラリズムの初期を経て現在に至るまでを描きながら、ウォーク資本主義の歴史を評価する。こうした企業の歴史を、アメリカの黒人文化での「ウォーク」という言葉の出現、および主流文化によるその言葉の採用と変異とを並行してたどる。これは最終的に、「ウォーク資本主義」という形で２０１０年代後半に企業世界と交差することになる。これは、ウォーク資本主義の新たな意味を解明すると同時に、グローバル資本主義において取り組まれてきたさまざまな政治的主義主張、たとえばＬＧＢＴＱＩ＋の権利、婚姻の平等、#MeToo、#BlackLivesMatter、セクハラ防止などの議論へとつながる。これが最もあらわになるのは、所得や富の不平等、労働運動、企業の脱税など、大企業が支持してこなかった社会問題だろう。

本書は中心となるテーマとして、ウォーク資本主義を実践する具体的な企業活動を探究する。政治的アクティビズムにはとくにフォーカスし、企業や最高経営責任者（ＣＥＯ）が自ら社会正義を主張するスポークスパーソンとなり、これによって企業権力と社会権力が融合されると同時に、経営者や彼らが率いる企業が倫理的英雄に仕立て上げられていることについて検証する。企業はマーケティング、広告、広報活動を通じて、製品を売るという直接の目的のためではなく、社会正義のメッセージを広めるために、その大きな力を利用している。本書は、そうした社会正義の主張と企業製品とのブランド連想が、民主主義にとってどんな意味があるのかについて考察する。また、企業が消費者の道徳的立場と協調し影響を与えようとするとき、世論の変化をいかに利用するかについても論じている。企業のフィランソロピーと、その規模と範囲が近年拡大していることに関しても、同様の問題に考察を加える。

本書はまぎれもなく、大企業によって、通常は多国籍企業によって実践される、ウォーク資本主義に対する広範な批判である。はっきりさせておくと、これは企業活動自体を非難するものではない。むしろ、本業以外の実践が急速に増えていることによって引き起こされる、政治的問題に注意を促しているのだ。企業は、主として商品やサービスを提供し、雇用を創出することによって、社会に大きな貢献をしている。企業はまた、公正な納税、法の支配の遵守、不公正な競争の排除、平等を促進する適正な賃金の支給などを通じて、民主主義を支えることもできる。

多くの企業はこのような行動をとってはいない。彼らは手の込んだ租税回避や違法な脱税にさえ手を染めている。法律を曲げたり破ったり、あるいは政治家に圧力をかけて自分たちの商業的利益のためにルールを変えさせたりする。市場を独占的に支配しようとし、悪質な価格の釣り上げを行う。労働者への支払いをできるだけ少なく抑え、公正な賃金に反対するロビー活動を行い、できるだけ安い労働力を得るために世界中に事業を移転させる。そのうえ、こうした企業は自らを「パーパス・ドリブン」「社会的責任のある」「ステークホルダー主導型」、さらには「倫理的」とまで宣伝することもある。

ウォーク資本主義は、企業の道徳的正当性と資本主義の不平等との間の妥協を排しようとする試みだ。その試みの中核をなすのが、企業がもっぱら自らの目的のために政治権力を利用できるように、企業の私的利益と民主国家の公共の利益との間の区別をなくすことである。ところが、ウォーク資本主義に対する既存の反応は、優勢だが対立する、2つの方向へと向かう傾向がある。右派の間には、左派アクティビストが企業を騙して進歩的政治を支持させたという見方がある。企業のウォークネスは、自由主義経済がもたらした繁栄の終焉の前兆であり、美徳シグナリングの成れの果てだと糾弾される。こうした批判をする人は、ウォーク資本主義を、ビジネスの真の目的を歪めてしまったものと見なしている。この見解によれば、ウォーク資本主義を放棄するべきであり、企業は株主利益の最大化という本来の目的に戻るべきだとされる。一方で、より進歩的な政治思想を抱く人々の多くは、企業は啓蒙的資本主義という新たな時代に足を踏み入れており、またそうあるべきだという見解を抱いている。企業には直接取り組むべき社会的目的があり、誰もが直面する社会・政治・経済・環境問題に関して、ビジネスは世の中に役立つ力となれる。このような考え方によれば、「ウォーク資本主義」という言葉は、企業が進歩的な政治的立場を支持する際に有する、道徳的に正統な動機を軽視していることになる。

本書では、ウォーク資本主義の問題点は、民主主義という政治的領域から資本主義という経済的領域へと力の均衡を移行させることにあるとする、第三の立場を提示する。ウォーク資本主義はこの目的に向けて、無難な政治的大義を支持することによって、資本主義の範囲を密かに拡大する。企業のアジェンダやイメージに進歩主義的公正さを加えることで、資本主義は疑問視されるどころか強化される。それどころか、ウォーク資本主義の台頭は、企業がわたしたちの日常生活に及ぼしている影響が、広範に及びますます大きくなっていることを表している。わたしたちの消費習慣やライフスタイルに影響を与えるだけでは飽き足らず、大企業はわたしたちの道徳的信念の中核をなす部分を、彼らの商業戦略に取り込んでいる。本書は、ウォーク資本主義の危険性と、それが民主的な自由の未来にとって何を意味するのかについて探る。

本書を通して探究される問題や実践の全範囲にわたって、ウォーク資本主義の起源や仕組み、弱点を何とか解明し、理解を深めることを本書は目指している。なかには、この取り組みが否定的、あるいは揚げ足をとっているような印象を受ける人もいるかもしれないが、そのようなことを意図したものではない。重要なのは、民主主義が約束するものに対して、近年の企業行動の変化がいかに致命的な脅威を与えているかに関しては、ウォーク資本主義の仕組みに注意を払うことが警告の役割を果たす、ということである。民主主義の約束とは、政治的権力は裕福なエリートによってではなく、全市民によって保有されるべきだという約束のことだ。それはまた、支配からの自由や、その支配を求めようとする人々を批判する権利、連帯と市民権の価値を約束するということでもある。ウォーク資本主義はまったく逆のことを提供しており、大企業や億万長者はその経済力を用いて政治領域に侵入し支配している。民主主義の名の下に、そして多くの人々の利益のために、ウォーク資本主義に抵抗しなくてはならない。

第2章

企業ポピュリスト

オーストラリアの火災と企業の介入

わたしが本書の執筆に取り掛かったのは、２０２０年初頭、現在居を構え働いているオーストラリアの各地で森林火災が猛威を振るった頃だった。これは壊滅的な被害を与えた、痛ましい災害だった。容赦ない猛火に飲み込まれた住宅は灰や瓦礫と化し、１５００人を超える人々が自宅を失った。不幸にも、33人が火事で死亡し、[1]煙を吸い込んだことが原因で、推定によれば４１７人が死亡した。[2]環境にも甚大な影響を及ぼした。１２００万エーカーの土地が焼け、野生生物の命が奪われ自然生息地が破壊された。10億もの動物が被害を受けたと試算されている。[3]非常に大規模な火災だったので、およそ１万１０００キロメートル離れたチリの上空でも煙が観測されたほどだ。[4]

オーストラリアを飲み込んだ未曾有の大火災は、「地球規模の大惨事であり、地球規模の壮大な光景」と表現された。荒廃した光景の映像は、この世の終わりを迎えたかのように見えた。また、警告されてきた気候変動の恐怖が一斉に到来したかのようでもあった。イギリスの『ニュー・ステイツマン』誌が報じたように、オーストラリアは、人類の手によってもたらされた気候変動の結果として「万人を待ち受ける未来の極限状態」を象徴するようになった。[5]この火災は、世界各地でトップニュースとして取り上げられた。『ニューヨーク・タイムズ』紙は「オーストラリアは燃えている」と報じた。『タイムズ・オブ・インディア』紙は、「オーストラリア政府、火災に襲われた町に避難命令を出す」と伝えた。ロンドンの『フィナンシャル・タイムズ』紙は「消防士、大規模森林火災と戦う」と書いた。テレビで流れるニュースは、制御不能になった炎の映像や、黙示録さながらの真っ赤に染まった真昼の空、破壊された家屋の写真で占められた。まるでオーストラリアが戦場と化したかのような印象を与えた。

　オーストラリアでは毎年のように山火事が発生するが、このときの火災はいつもと違っていた。２０２０年のこの出来事は、多くの人が何年も前から警告していたことを裏づけた。オーストラリア科学アカデミーの出した、「人間が引き起こす気候変動によって世界が温暖化すると、異常気象の頻度と深刻さが増すことが科学的根拠によって示されている」という声明が、事実を明確に述べていた[6]。化石燃料の利用による工業化が進行したことで地球温暖化が生じ、それが２０１９年から２０２０年にかけての森林火災を引き起こした大きな要因となっていた。森林火災に関するオーストラリア政府の調査では、「２０１９年から２０２０年にかけて発生したような火災、あるいはそれを上回る可能性のある火災が再び発生すると、当然考えるべきである」とはっきり指摘された[7]。

　その1年ほど前の２０１９年3月15日、１４０万人の子どもたちが世界各地のさまざまな場所で、気候変動対策の重要性を訴えるために学校を「ストライキ」した。当時16歳のグレタ・トゥーンベリの揺るぎない決意と行動に触発され、１５０カ国の子どもたちが力を合わせ、自滅へとまっしぐらに向かっているように見える世界を救うために、何らかの行動を起こすように求めた。[8]
オーストラリアでは、気候変動を徹底して否定する政治家が多かったため、政府のひどい無為無策がとくに槍玉に挙げられた。オーストラリア全土で30万人以上がストライキに参加した。彼らは、「学識者の言うことを聞かないのに、なぜ学校に行かなければならないのか」、「そちらは老衰で死に、こちらは気候変動で死ぬ」、「気候変動の事実を故意に否定することは暴力行為だ」という看板を手にしていた。[9]
オーストラリアのスコット・モリソン首相はストライキを声高に批判した。彼は学生たちが民主的な抗議活動に参加せずに学校へ行くことを望んだ。首相は次のように公式声明を出した。

> オーストラリアで育つ子どもたちには、自分たちの将来を前向きに考えてほしいと思います。自分たちの暮らすところは、素晴らしい国であり自然のままの環境があるだけではなく、経済的にも恵まれているという自信を持たせることが重要です。子どもたちがこのような問題に不安を感じることがないようにしたいのです。[10]

気候変動の軽視あるいは否定は、長年、世界中で繰り返されてきたが、石炭を主要な輸出品とし、２０１９年のピーク時には６９６億豪ドルの輸出額に達したオーストラリアでは、とくにその傾向があった。[11] モリソンはこの問題で何年も注目を集めていた。再生可能エネルギーを求める運動をしている政治家への抗議として、国会で石炭のかけらを掲げたことで、モリソンは不名誉なことに多くの人の記憶に残っている。忍び笑いを漏らす閣僚たちの間で黒い塊が手渡されているとき、「怖がらないで、怖くないですよ、害は与えませんから。これは石炭です」とモリソンはからかった[12]。しかし、煙の不快な臭いがシドニーの住宅やオフィスに入り込んだとき、誰も笑う者はいなかった。炎が破壊と死の跡を残しながら国土を焼き払うようすを見守るオーストラリアの若者たちは、どんな不安を抱いているのかと、多くの人が思いを馳せた。

　こうしたことが「ウォーク資本主義」とどのような関係があるのだろうか？　これまですでに探ってきたように、ウォーク資本主義という用語は、「進歩的」政治の大義を公然と支持し、伝統的に国家が持つ政治的役割を担う企業を批判するために使われる。モデルでタレントのケンダル・ジェンナーが、ブラック・ライヴズ・マターの抗議デモで、冷えたペプシを警察官に手渡すペプシの広告動画は、ウォーク資本主義と呼ばれた[13]。ウォルマートＣＥＯのダグ・マクミロンは、人種間の平等の支援のために１億ドルを提供すると約束したが、これはウォーク資本主義と呼ばれた[14]。ウォーク資本主義は、ＪＰモルガン・チェースＣＥＯのジェームズ・ダイモンによる、「資本主義は、より健全な社会、すなわち包括的で、多くの人々に機会を創出する社会を生み出すという、一層望ましい仕事をするように修正されなくてはならない」という公式声明を表すために用いられた[15]。当然ながら、すべての企業が進歩的言動をとるようになったわけではない。だが、多くの企業は依然として資本主義的蓄積を公然と追求し、進歩的ではない姿勢をとっている。

やはり企業には、とりわけグローバル企業には、ウォークになろうというとくに顕著な傾向がある。そうした企業が支持する政治的大義には、婚姻の平等、ドメスティック・バイオレンスへの取り組み、セクハラ対策、人種差別との闘い、ＬＧＢＴＱＩ＋の人々の権利確保、障害を持つ人々の平等推進、精神疾患に関する意識啓発、そしてもちろん気候変動対策が含まれる。

　炎がオーストラリアに大損害を与えていたのは、ウォーク資本主義の時代だった。当時のオーストラリア政府は気候変動を軽視し、それどころか否定することに長年力を注いでおり[16]、多くの企業がそれを支持していた。たとえば、鉱業の有力者で億万長者のジーナ・ラインハートは、気候変動を否定する右派のシンクタンク、公共問題研究所に数百万ドルを出資していることが、少し前に明らかになった[17]。とは言うものの、その他多くの団体はこの時流に乗り、気候変動との闘いをオーストラリアに呼びかけた。たとえば、ラインハートの競合相手で、「ツイッギー」のあだ名で知られるアンドリュー・フォレストは、森林火災の救援に７０００万豪ドルの寄付を約束した。森林火災と気候変動を明確に結びつけてはいないが、フォレストは次のような声明を発表した。「はっきり申し上げたいのは、わたしの考えでは、気候変動は現実のものであるということです。地球の温暖化が、わたしたちが経験している大惨事の主な原因であることを受け入れます[18]」。

　ここまでは文句のつけようがないのだが、この先はそうはいかなかった。７０００万豪ドルのうち、１０００万豪ドルは森林火災の被災者に直接送られ、１０００万豪ドルは復興支援にあたる「大勢の支援者」に資金提供された。残りの５０００万豪ドルは、フォレストが所有するミンダルー財団の「火災軽減」研究に使われ、その研究成果は所有者の利益と一致することになるのではないかという疑問が浮上した。[19] この寄付はにわかに投資の様相を帯びてきた。

ウォーク資本主義を表明したもうひとつの印象的な事例としては、２０２０年1月11日に、高級宝飾品を扱うティファニーがオーストラリアの有力紙に掲載した全面広告が挙げられる。ティファニーは急に、根っからの気候変動活動家のようなふるまいを始めたのだ。その広告は、スコット・モリソン首相に気候変動対策をとるように要求していた。次のような文面だった。

我が社はオーストラリアを支持します

モリソン首相、

オーストラリアの勇敢な人々が、地域社会や野生生物に壊滅的な打撃を与えている森林火災と闘い続けている今こそ、大胆で断固とした気候変動対策をとるべきではないでしょうか。

気候変動という災害はまぎれもない現実であり、地球と子どもたちへの脅威は甚大です。

ティファニー社[20]

ティファニーはなぜこのような行動に及んだのか？　これはウォーク資本主義の典型的な事例

であり、企業の見かけ上の寛大さが、この場合には大胆な宣伝という形で、自己利益の追求と協調している[21]。同社のオーストラリア事業の責任者グレン・シュレフーバーは、この広告が自社をどのように位置づける狙いがあるかについて明確に述べた。「気候変動に対して声を上げ行動をとるティファニーで働くことを、わたしはとても誇りに思います[22]」。会社の広告費を気候変動に関連する広告へと振り向けることが、政治的行動になると彼は考えたらしい。実際に行動を起こす代わりにポリティカル・コレクトネス的なメッセージを使い、ティファニーのブランドをテコ入れしようとした計算の上の行為として、この広告を皮肉ったり否定したりすることは簡単だろう。オーストラリアの右派系タブロイド紙『デイリー・テレグラフ』は、「気取った鉱石物の小売業者がウォークになった」という見出しを掲げた[23]。その他のオーストラリアのメディアは、ティファニーの広告は「森林火災被害者の痛みや苦難」を利用して「オーストラリア人に自らを売り込んだ」と断じた[24]。

ティファニーは、ウォークな企業活動において決して控えめとは言えない行動をとったが、それは同社だけではなかった。オーストラリアの億万長者であり、ソフトウェア会社アトラシアンを創設したマイク・キャノン＝ブルックスは、気候変動に対して何も行動を起こさない政府を公然と批判した。彼はまた、気候変動に厳しい対策をとれば「経済が破壊される」と主張するオーストラリアの諸企業を酷評した[25]。一方、オーストラリアの巨大鉱業会社リオ・ティントは、気候変動対策の擁護に積極的姿勢をとるように、オーストラリアの企業に公然と圧力をかけた[26]。他にも具体的な例として、大手銀行は家を失った顧客に補助金を出し、スーパーマーケットは避難所に水や食料を届け、電話会社は消防士の携帯電話料金を肩代わりするなどの行動が見られた。こうした援助はもちろん大いに歓迎されたが、なぜ企業がこのような行動をとるのだろうという疑問が、やはり湧き上がる。

オーストラリアの国土の焼失は、総合政策に明らかに不備があったことを示している。気候変動に対する十分な対策がとられていなかったために、オーストラリアは規模も頻度も例年を上回る火災に見舞われやすくなり、ついにその炎に屈したのである。公共問題に対する政府の不作為に企業が介入する、あるいは少なくとも介入しているように見えるとき、その背景にはウォーク資本主義の影響がある。一連の火災に対する反応がその格好の例だ。企業や億万長者の経営者が示した連帯と慈善の精神は、歓迎すべきものと見ることもできる。しかし、その一方で、これが政治体制にどのような長期的影響を及ぼすかを問う必要がある。かつて、企業が右派保守主義と密接な関係を持っていた時代があった。ところが、ウォーク資本主義がそれをすっかり変えた。企業は自らを進歩的・政治的に活発であるとして、多くの場合は億万長者のCEOを派手なスポークスパーソン兼（政治的）アクション・ヒーローとして、直接かつ明白に自らを売り込むようになったのだ。

森林火災時に見られたように、大企業は、かつて反企業的な環境活動家の領域と考えられていたような行動をとり、また国家がするものと思われていた資金援助も行うようになった。わたしたちは現在、企業の上級幹部や経営陣が、経済領域だけではなく政治領域にも権力基盤を移しつつある状況を目の当たりにしている。[27] 一連の疑問はまだ解決されていない。企業の多くが支持し始めた本来左寄りの政治運動は、偽りのない姿勢なのだろうか？　組織はなぜ、進歩的な政治的大義を支持するようになったのだろうか？　何がきっかけで、企業はウォークなアジェンダに関わるようになったのか？　企業のこのような政治的アクティビズムは、政治にどんな影響を与えるのだろうか？

見掛け倒しのウォークネス

２０２０年1月21日、森林火災がまだ鎮まっていなかった頃に、スイスアルプスの保養地ダボスに世界のエリートが集まった。世界中の政治家が、財界の大物や意識の高いセレブリティと交流した。彼らが表明した目標は、「世界の、地域の、産業のアジェンダを形成する」ことであった。[28] では、彼らはどのような形態を推進していたのだろうか？　彼らは、「結束力のある、持続可能な世界のためのステークホルダー」の重要性について熱く語っていた。『ニューヨーク・タイムズ』紙によれば、「ウォーク資本主義［……］が２０２０年のダボス会議の主要テーマだった」という。[29] ダボス会議では、気候変動や不平等、ポピュリズム、ビッグデータ濫用など、現代世界が直面する大きな難題に、大企業は直ちに進んで取り組むべきだという話でもちきりであった。

そして、米国シンクタンクのブルッキングス研究所のウィリアム・バーク＝ホワイトは、「政府は我々が直面する課題に、企業のリーダーシップなしで取り組むつもりがない、もしくはできないようなので、権力と富が団結して変化を推進せねばならず、我々の集団的未来はその変化にかかっている」という考えを述べた。[30] バーク＝ホワイトの発言は、ウォーク資本主義の下で、世界の道徳的課題を定義し世界の問題に取り組むように求められているのは、大企業とその所有者である億万長者だということを、端的に述べたものだ。

ダボス会議開催当時、新型コロナウイルス感染症がたちまち世界中に打撃をもたらすことになるとは、わたしたちには知る由もなかった。オーストラリアの森林火災によって明らかにされたことが、パンデミックによって途方もない規模に拡大された。100万人以上が新型コロナウイルスによって命を奪われ、世界中が悲しみに暮れるなかで、人間が自然を支配しコントロールできるという考えは、人間の傲慢にすぎないことが明白になった。まさにこの傲慢が、少なくとも産業革命以降の人類の方向性を定めた。また、それはわたしたちが「進歩」と見なすようになったものも定めた。企業は人類の利益のためにこの力を利用できるし、そうすべきだという、この「進歩の神話」の当然の帰結は、危険であると同時に哀れである。人類が神のような全能の力を有しており、科学技術によって物質的に、そして市場資本主義によって経済的に、果てしなく前向きな進展を遂げられると、この神話は仮定しているのだ。

2020年、新型コロナ感染症がもたらした急速な人的・経済的打撃によって、ダボス会議で交わされた「より良い資本主義」の約束は笑い話のように思われた。[31] ダボス会議の信奉者や熱狂的支持者は、他者への真の懸念から、企業は進歩的な政治的大義を支援するだろう、と語った。公共財の供給において政府がやり残したことを企業が引き継ぐと、会議は約束した。では、新型コロナが世界を襲ったとき、こうした企業はどこにいたのだろうか？ ステークホルダーに対して約束した献身的な行動を進んでとろうとしていたのだろうか？ 都合の良いときだけの友人のように、大企業は重大な影響をもたらすことはほとんどしなかった。ウォーク資本主義の戦士たちのリーダー的存在である、ブラックロック社ＣＥＯのラリー・フィンクの示した行為が、これをとくによく物語っていた。新型コロナが流行したとき、それにより被害を受けた人たちに、ブラックロック社はわずか５０００万ドルの救援金を提供しただけだった。その恩恵を受けた人は、間違いなく感謝することだろう。しかし、この数兆ドル規模の資産運用会社にとっても、その億万長者の経営者にとっても、この金額は大海の一滴のようなものだった。いずれにしても、主に政府により米国証券市場へ数十億ドルの資金が注入された結果、ブラックロック社の株価は、２０２０年半ばには年初から14％上昇していた。[32] その一方で、フィンクが業界最高報酬の経営者であることが、金融紙で発表された。すでに億万長者だったフィンクの年間報酬は２５３０万ドルに増加した。アメリカの労働者の平均給与の５００倍を上回る額である。これは、新型コロナがウォークなエリートの懐を潤す一方で、多くの一般市民が食料配給の列に並んでいたという現実を示す、ほんの一例である。

２０２０年のダボス会議に向けて、右派の論客たちはウォーク資本主義を、白人男性左派への企業の屈服だと力を込めて非難していた。「ウォーク資本主義は我々の敵だ」と彼らは抗議した。(33)「ウォーク資本主義はビジネスを腐敗させる」と彼らは嘆いた。(34) 保守系メディアは、「企業社会主義」(35) または「ウォーク資本主義」(36) を実践しているとして企業を中傷した。その内容は、経営者は商業目的の追求に集中すべきだというものだった。公共の目的や、政治的大義、社会的正義に関わり合うことは、彼らのビジネスとまったく関係ないことだとした。「左翼のアジェンダ」が企業世界を乗っ取ったと、陰謀論者は主張した。(37) 企業は「進歩的なイデオロギーに屈している」と言う者もいた。(38) 反動的右派はウォークな企業のことを、資本主義の未来を損なおうと躍起になる、ラテを飲む白人男性のリベラルに潜入されていると表現した。

それまでは定かでなかったが、２０２０年には、反動的な識者が間違っていることが明らかになった。耳に心地よい企業の独善は、資本主義の核となる課題にまったく現実的変化をもたらさず、むしろそれを強化した。富を資本の所有者に向けて囲い込むことが、依然として至上目的であった。新型コロナの危機への対応がその典型だった。ウォーク資本主義のシンボル的存在であるナイキは、２０１８年、アメリカン・フットボール選手のコリン・キャパニックを広告キャンペーンに起用して物議を醸した。キャパニックは、警察によるアフリカ系アメリカ人の殺害に抗議したことにより、ＮＦＬから事実上排除された。この広告は、アメリカおよび世界中の人種差別や警察の残虐行為に関して、公の場での議論を刺激する重要な影響を与えた。しかも、それだけにとどまらなかった。この広告はナイキのブランドを強化し、同社の60億ドルの市場価値上昇もお膳立てすることになったのだ。[39]

これに対して、ナイキが２０２０年に新型コロナ対策に寄付した２５００万ドルは、雀の涙と言えるだろう。[40] 形だけの寄付をした世界的大企業は、情けないことに他にも続々と挙げられる。アマゾンは２０２０年3月にイギリスで３９０万ドルを拠出した。[41] それまでの10年間で１０００億ドルの税金を回避した企業としては悪くない金額だ。[42] さらに、パンデミックが猛威を振るうなか、それぞれ1億ドルの寄付を約束したゲイツ財団とネットフリックスは、何とも気前の良いことだ。[43] フェイスブック（現・メタ）ＣＥＯのマーク・ザッカーバーグは、新型コロナウイルス感染症治療法の開発のために２５００万ドルを投じた。[44] こうした金額は、企業の莫大な富を考えれば、はした金にすぎない。ナイキの株価はパンデミック中に急騰し、２０２０年末には時価総額が37％増えて２１５５億ドルに達した。[45] パンデミックが始まってから２０２０年末までに、マーク・ザッカーバーグの個人資産は３７０億ドル増加した。[46] いずれにせよ、企業からの寄付は、新型コロナによる健康や経済への影響に対処するために必要とされる額に比べれば、微々たるものだった。初期の分析によると、必要とされた経費はアメリカだけで少なくとも5兆ドルにのぼると見積もられた。[47] それだけではない。平等活動家のルーク・ヒルドヤードが当時指摘したように、贈られた寄付の種類は、寄贈者の寛大さを過大評価することにもつながりかねない。「個人による太っ腹な寄付は、全体的に見るならば、富裕層の慈善事業による寄付がかなり少ないという事実を覆い隠すことがある。実際、収入に占める割合を比べると、貧しい人々のほうが金持ちよりも多く寄付していることが、調査からわかる」と彼は語った[48]。

見掛け倒しのウォークネスにもかかわらず、新型コロナは億万長者の富裕層には恩恵となった。労働者が失業や雇用不安、賃金の伸び悩みに苦しむ一方で、1％の人々はそれでがっぽりと稼いだのだ[49]。オックスファム［訳注　世界各地で貧困者の救済などを行う民間団体］はこれを、「パンデミックによる不当利益」と呼んでいる[50]。彼らが言わんとしていたのは次の通りだ。

> 新型コロナのパンデミックは、わたしたちの経済制度における深刻な体系的不平等と大幅な機能不全を顕在化しており、アメリカでは何千万人もの人々が職を失い、公共サービスに打撃を与え、無数のスモールビジネスが破綻した。それにもかかわらず、わたしたちが大恐慌以来の深刻な景気後退に直面しているとき、一部の企業は目覚ましい予想外の利益を得ている。［……］新型コロナはわたしたちに社会としての選択を提示している。すなわち、すでに裕福で豊富な人脈のある人々に経済的資源を分配し続けたいと思うのか、それとも、100年に一度の新型コロナとの闘いと、それがもたらす不平等との闘いに、この資金を再配分することを選ぶのか[51]？

なかには大きな勝利を収めた者もいた。アマゾン創業者のジェフ・ベゾスの資産は、2020

年の3月から6月の間に４８０億ドルも増えた。他にも莫大な利益を得た人には、72億ドルを得たテスラのイーロン・マスクや、１５７億ドルを得たマイクロソフトの元ＣＥＯスティーブ・バルマーなどがいる。[52]『フォーブス』誌の毎年恒例の世界長者番付けで選ばれた６３４人は、２０２０年3月から8月にかけて６８５０億ドルも財産を増やした。それにより、彼らの総資産は約25%増の3兆７０００億ドルという驚異的な数字となった。[53]全体として、この新型コロナの時代に、世界の億万長者の数は２１８９人にまで増え、彼らの総資産は過去の記録をすべて塗り替えた。[54]一方で、世界中で格差が広がり、労働者はますます多くの借金を背負うようになった。[55]

実は、新型コロナが数多《あまた》の労働者の経済的健全性と安定を破綻させる一方で、いわゆるウォークな資本家が大儲けしていたのだ。このことから、ウォークな資本家は、反動的な保守派が非難しているような、偽装した社会主義者ではないことが明らかになった。それどころか、彼らは現代資本主義のきわめて現実的で危険な側面を象徴しているのだ。億万長者たちは、進歩的な大義に敬意を表してみせることで、急速に企業ポピュリズムの信奉者となり、変わりやすい国民感情と見なすものに訴えようとしている。大企業のＣＥＯは自分たちを、社会的責任のある善良な市民と位置づけたいという思いを募らせている。このようなポーズは、世間の注意をすっかりそらしてくれる。深刻化する不平等と所得不安に悩まされる世界で、億万長者のＣＥＯは自分たちの富を増やしながら、思いやりに満ちた進歩的な価値観を明言して誇らしげにしているのだ。新型コロナが与えた打撃の最たるものに、世界中の多くの労働者に影響を与えた突然の失業があった。

多くの人々が経験した経済的破綻に対処しようとするウォークな企業はどこにいたのだろうか？人々を仕事に戻す新たな雇用形態を築く際に、彼らはどこにいたのだろうか？　その姿は見当たらなかった。左翼的な決まり文句を言い、申し訳程度の寄付をすることのほうが、はるかに簡単である。

　大企業とその億万長者の所有者やＣＥＯが手を尽くして巨額の経済的利益を得ていることと、彼らが掲げる社会正義のアジェンダとは、表面上は矛盾しているように見えるかもしれない[56]。何と言っても、不平等は現代の社会的・政治的問題のなかでもとびぬけて重大な問題のひとつである[57]。ところが、少しばかりよく考えてみると矛盾がないことがわかる。ポピュリストのウォーク資本主義の主な特徴は、拡大する経済的不平等から利益を得ながら、進歩的な政治に訴えることである。その他の種類のポピュリズムと同様に、ウォーク資本主義は人心の不安に訴えかけている。この場合は、利己的で貪欲な企業エリートが世界の富を自分たちの懐にため込みながら、緊急事態に陥っている地球を略奪するのではないかという不安だ。ひどく皮肉なことに、こうした訴えかけのおかげで、彼らは不安を抱かずにすんでいる。ステークホルダーのインクルージョン、価値観の共有、思いやりのある資本主義といった話は、新たに左傾化した企業世界の戯言だと多くの人が誤解している。事実はまったく逆なのだ。企業ポピュリズムは、現実に起こっていることから世間の目をそらしている。新型コロナは、企業の目的を支持することが不平等という厄難の抑制に何の役にも立たないことを、はっきりさせた。それは状況を一層悪化させており、企業ポピュリストたちは他の人たちを貧乏暮らしに追い込みながら、儲かりすぎて笑いが止まらないのだ。

２０１９年、ビジネス・ラウンドテーブル（アメリカの一流のＣＥＯが会員のロビー団体、ＢＲＴ）は、ビジネスの目的が根本的に変わったと宣言することが妥当だと考えた。ＣＥＯはもはや株主優先に従わず、基本的にすべての「ステークホルダー」、つまり「顧客、従業員、供給業者、地域社会、株主」に献身することになった。[58] そうなのか？ こうしたＣＥＯたちが、新型コロナがもたらした危機に何ら有意義な支援をしようとしなかったことは、ラウンドテーブルの自信たっぷりな宣言がいかに不毛であるかを示している。この危機を利用して私腹を肥やすとは、残酷で身勝手であり冗談も甚しい。困難な時期になると、公的資金投入による政府のコロナ救済措置を期待して、企業は、世界中で貧しさを嘆く人々の列に加わっていたのだ。[59] 何十年もの間、新自由主義のドグマは、企業規制や福祉、教育に関して、小さな政府を主張することで企業に特権を与えてきた。新自由主義が用意した収入源を貪欲に取り入れてきた人々が、最初に保護を求める列の先頭に立つようならば、悪質な利己主義がはびこる。

新型コロナの危機により発生した大量解雇と失業率の急上昇は、企業の優先順位がどこにあるかを示した。アップル、ジョンソン・エンド・ジョンソン、ユニリーバのような潤沢な資金のある企業が、生き残りに苦労している小規模な競合他社を買収して独占力を強化するという危険性も、それを示していた。[60] 世界が病むなかで、さらなる力を求めて奔走する、業界屈指の豊かな企業は、新型コロナに対処するだけではなく、別の未来に向けて計画する時期を迎えていた。新型コロナのパンデミックの始まりは、新自由主義の実験が、危機に対応できる世界を準備できなかったことを明確に示した。企業は社会的信用や政治的正義を盛んに語りたがるが、厄介な状況になったときに彼らの姿はどこにも見当たらない。

この危機を通して、市民の将来の福祉のための条件設定において企業と市場が後退し、選挙で選ばれた政府が復帰するさまを、わたしたちは良くも悪くも目の当たりにした。新型コロナから得た教訓は、わたしたちは今後、市民のための社会主導型の民主主義を復活させる必要があるということだ。新型コロナによる暗黒の時代に、都合の良いときだけにしか寄ってこない友人の気まぐれに運命を託すことのない、繁栄を共有するという希望を再び抱く必要性が生じた。

２０２０年に明らかになったことは、ウォーク資本主義が、民主主義の理念と実践に対して明確な脅威をもたらす危険な傾向だということだった。企業の権力と影響力が市民の生活に次第に浸透していくなかで、わたしたちは贈られた物にケチをつける必要がある。そして、企業や億万長者が、市民の道徳や政治を管理できる、管理する、管理するべきだと主張する本当の狙いは何なのか、問う必要がある。このような贈り物を拒むことは難しいかもしれないが、見返りとして期待されるものは何かと、やはり問いかける必要がある。その答えが、企業が掲げる正義がファウストとの取引もどきであり、金持ちがわたしたちに与えるものと、自己統治の民主的権利とを交換することだというならば、ウォーク資本主義に抵抗する時が来たのである。

第3章

ウォークの意味の逆転

ブラック・ライヴズ・マターのスローガンとして

グラミー賞受賞歴があるアメリカのR&Bミュージシャンのエリカ・バドゥは、「woke」という言葉を現代用語に導入したことで高く評価されている。『ザ・ニューヨーカー』誌で「ソウルのゴッドマザー」と称されたバドゥは長年のキャリアを積むなかで、ミリオンセラーを出しているだけではなく、独自の成功と創造的な自主性を保っている存在であることで、同業者のロールモデルとなってきた。[1] バドゥの曲のなかでとくに有名な曲は、２００８年2月にリリースされた4枚目のアルバム『New Amerykah Part One（4th World War）』（『ニューアメリカー・パートワン（第4次世界大戦）』）に収録されている、『マスター・ティーチャー』（Master Teacher）である。この曲は、「わたしが見つけようとしている美しい世界」を、絶望的とまでは言わないまでも、物憂げに訴える女性の試練を歌い上げる。その問題は山積みで、たとえば、「恋人が一文無しで援助してくれない」、「説教師は嘘つきで、浮気している」。

貧困、欺瞞、人種差別のない世界という夢を通して、バドゥは自分が希求する信念の反響として、「わたしは目を開けたままでいる」（I stay woke）というフレーズを繰り返す。バドゥが後日説明したように、「[wokeとは] わたしたちの周りで起こっていることに注意を払うこと、そしてメディアや、怒れる暴徒、集団に簡単に惑わされないということだ。つまり集中を保つこと、注意を払うということ」。バドゥは、ウォークであることは他人を批判することではなく、個人の意識の問題だと強く主張していたが、２０１０年代後半になる頃にはウォークの意味は変わり、正義を振りかざすような一派の言い訳になってしまったと認めている。[2]

「ステイ・ウォーク」というフレーズを使うことで、自分の置かれた社会政治的状況への一般認識を示すために目覚めている（being awake）というメタファーを使ってきたアフリカ系アメリカ人の文化の長い伝統に、バドゥは加わった。本章では、ウォークがどのようにして生まれたのか、１９６０年代のアメリカ公民権運動から、２０１３年のブラック・ライヴズ・マター運動で世に広まるようになるまで、その歴史の一端をたどる。また、２０１０年代半ばから、主流の言葉に吸収される際に、ウォークの意味が、政治的に正しい生気に欠けた道徳を目指すという、中傷めいた意味へと反転していった経緯についてもたどる。「ウォーク資本主義」が、進歩的な政治問題に関して企業が世界に示す公的立場を指す言葉として、通常は否定的に使われるようになったのは、後者の意味においてだ。

１９６５年、「わたしには夢がある」と演説してから2年後、マーティン・ルーサー・キング・ジュニア牧師はオーバリン大学で演説し、公民権の議論に勝利するために必要なことについてあらましを述べた。この演説は「偉大なる革命を通じて目覚めたままでいること」（Remaining Awake through a Great Revolution）」と呼ばれた。[3] キング牧師は、この演説を書く際に、１８１９年に出版されたワシントン・アーヴィングの短編小説 *Rip Van Winkle*（『リップ・ヴァン・ウィンクル』）を参考にしたが、小説とは違い、時代をアメリカ独立革命に設定した。キングは次のように語った。

> リップ・ヴァン・ウィンクルが山に入ったとき、看板にはイギリスのジョージ3世の絵が描かれていた。20年後に彼が下山したとき、その看板にはアメリカ初代大統領のジョージ・ワシントンの絵が描かれていた。リップ・ヴァン・ウィンクルはジョージ・ワシントンの絵を見上げ、驚きながらそれを眺めて、すっかり途方に暮れた。その人物が誰なのか、彼にはわからなかったのだ。

キングはこの物語から、自分を取り巻く社会的、政治的な大きな変化に気づかずにいる人は、そのせいで自分のアイデンティティの感覚までも失うことがあるという、驚くべき発想を得た。具体的に言えば、目を覚ましているという概念を、彼は社会変革のメタファーとしてとらえたのだ。それは、公民権運動によって起こっていることに注意を怠らないようにすべきだと、聴衆に忠告する方法だった。「大きな社会変革の最中に生きている」にもかかわらず、「新しい状況が求める新しい姿勢、新しい精神的反応を身につけることができない」人々がいる。その人たちは「革命の間ずっと眠りこけていることになる」とキングは語った。

その後数十年間、「目覚めていること」の政治的な意味は、文化的に広く行き渡ることはなかったものの、かなり一定の意味を保っていた。だが、アフリカ系アメリカ人の大衆文化のなかに、やはり政治的な意味が現れた。ジャマイカ生まれの政治活動家マーカス・ガーベイを描いた、１９７１年の戯曲『Garvey Lives!』（『ガーベイは生きる！』）で、作者のバリー・ベッカムは劇中で次のようなセリフを用いて、ガーベイの人物像を描いている。「わたしはずっと眠っていた。こうしてミスター・ガーベイによって目覚めさせられたからには、わたしは目覚めたままでいる。そして、彼が他の黒人を目覚めさせるのを手伝うつもりだ[4]」。この人物は、第一次世界大戦後に、黒人の統一、解放、白人の支配からの経済的自立を呼びかけた、ガーベイの文章のことを言っているのだ[5]。

その数年後の１９７５年にリリースされた、ハロルド・メルヴィン&ザ・ブルーノーツのヒットアルバムに収められた『Wake Up Everybody』は、同様の政治的立場を明確にしたものだった。ボーカルのテディ・ペンダーグラスはなめらかに、真摯に魂を込めて、「みんな、目を覚ますんだ[……]」、自分たちが変えない限り世界は変わらない、そう、「僕と君たちとで」と歌い上げた。この言葉がこのような意味で使われることは数十年の間あまりなかったが、アフリカ系アメリカ人の文化におけるその遺産を考えると、２０１３年に始まったブラック・ライヴズ・マター運動のスローガンとして「woke」という言葉が復活したのは、もっともだと言える。歴史家で活動家のバーバラ・ランスビーは、ブラック・ライヴズ・マターとは、経済的・人種的正義、および両者の関係に重点を置いた、進歩的・左派的運動だと説明する。この運動を民主的なものと見なすのは、このように基本的目標として平等に重点を置くからだ。これは、国家の民主主義ではなく、そうした機関に疑問を抱き、改革を求めることによって、正義と平等を追求する民主主義である、としている。ランスビーが明言したように、ブラック・ライヴズ・マターは「包括性、非分派主義、協調という、根本的な民主的衝動」への希望を与えた[6]。

ブラック・ライヴズ・マター運動は、フロリダ州サンフォードで起きた17歳のトレイボン・マーティンの悲劇的な死とその影響を発端としていた。２０１２年2月26日、マーティンはセブン-イレブンでアイスティーと菓子を買った。マーティンはそれを、近くに住んでいた、父親の婚約者の幼い息子にあげるつもりだった。その数分後、自称自警団員のジョージ・ジマーマンという民間人に至近距離で胸を撃たれて、マーティンは死亡した。ジマーマンは数分前に、黒いパーカーを着ていたマーティンを「不審」な人物として警察に通報していた。ジマーマンはマーティンを追い、やがて2人はもみ合いになり、ジマーマンは丸腰のマーティンに向けて発砲した[7]。

ジマーマンは6週間近くたってから第2級殺人罪で逮捕され、その裁判は1年半に及びマスコミで大きく取り上げられた。マスコミの大々的な報道は、政治家や有名人から強力な後押しを受け、パーカーを着た黒人の若者を「不審」者として特別視する人種的な政治問題を浮き彫りにした[8]。この裁判は非常に注目を集め、当時大統領だったバラク・オバマは、「この少年のことを考えるとき、わたしは自分の子どもたちのことを考える……もしわたしに息子がいたら、トレイボン・マーティンに似ていることだろう」とコメントしたほどだ[9]。裁判は長引き、２０１３年7月

13日に、5人の白人女性と1人のヒスパニック系女性からなる陪審員団は、ジマーマンが第2級殺人、またはそれより軽い故殺罪で有罪だと証明するには証拠不十分であるとの判断を示した。法廷の外では抗議者たちが、「正義なくして、平和なし！」と大声で繰り返していた。(10)

　ブラック・ライヴズ・マターを支持する動きが次々と起こった。評決からわずか8日後の7月21日には、全米の100を超える都市で抗議活動が行われた。ニューヨークでは、トレイボン・マーティンの母親であるシブリナ・フルトンに加えて、著名なラッパーのジェイ・Zと歌手のビヨンセ、公民権運動指導者のアル・シャープトンが抗議集会に参加した。この集会に集まった人々は、「正義なくして、平和なし！」、「わたしはトレイボン・マーティンだ」と大声で繰り返した。マーティンの父親はマイアミの抗議集会に参加した。彼は群衆に向かって、「ジョージ・ジマーマンが裁判にかけられたのではない――トレイボンが裁判にかけられたのだと理解するようになった」と語った。(11)

　オバマ大統領は、ホワイトハウスでスピーチした際に、この問題を再び取り上げた。

> トレイボン・マーティンが撃たれたとき、「これはわたしの息子に起こったことだったかもしれない」と述べた。別の言い方をすれば、トレイボン・マーティンは35年前のわたしだったかもしれない［……］このとき起こったことをめぐり、なかでもアフリカ系アメリカ人のコミュニティで、なぜ多くの痛みが生じるのかについて考える場合、アフリカ系アメリカ人

のコミュニティが、一連の経験や決して消えない歴史を通してこの問題を見ているということを認識することが重要だろう。［……］アフリカ系アメリカ人の男性のなかで、通りを歩いていると、ドアをカチリとロックする音が路上の車から聞こえてきたという経験をしたことがない者は、ほとんどいないだろう。それはわたしも経験した――上院議員になる前にはあったことだ。[12]

アメリカにおける人種間の関係という現実が恐ろしいほど明らかにされるなかで、オバマはこの発言によって、国家を二分していた議論に加わり、政府関係者の多くを驚かせた。オバマの発言はことさら意外な印象を与えた。大統領就任以来、彼はアメリカの人種差別にほとんど取り組んでこなかった。アメリカ国民の指導者として、人種の違いを意識しないアプローチを実質的にとることを選び、黒人の投獄から警察の暴力に至るまで、差し迫った人種問題に対応してこなかった。

民主党員の知識人コーネル・ウェストは、ジマーマン無罪判決後のオバマの公式声明に対して、洞察に満ちた、歯に衣着せぬ批判を加えた。オバマがアフリカ系アメリカ人としてトレイボン・マーティンにある程度自分を重ね合わせていることは結構なことだ、とウェストは述べつつも、彼がさらに重視したのは、次のような問題だった。

その共感が、かけがえのない、貧しい黒人や褐色の肌のブラザーたちを、2世代にわたってほぼ破壊してきた刑事司法制度が存在するという事実を見えなくし、隠蔽してしまうのではないか？　彼は今まで一言もつぶやいていない。就任して5年たっているのに、新たな黒人差別《ジム・クロウ》について一言も語れない。それと同時に、彼が黒人貧困層の犯罪化を隠蔽してきたことを認識しなければならないと思う。(13)

アクティビストのダニー・ハイフォンは、ニュースサイトの『ブラック・アジェンダ・レポート』に記事を寄せ、「ブラック・ライヴズ運動によって警察と刑務所に全国的なスポットライトが当たるようになってようやく、オバマは注意を向け始めた」と述べている。マーティンの殺害に対して国民の反発が起こり、大統領でさえも、長い間沈黙を続けてきた事柄に口をつぐんだままではいられなくなったのだ。オバマ大統領が考えを変えたのか、あるいはもう十分だと思ったのかは、どちらでもいいことだ。ワシントンの政界関係者ではなく、市民社会のアクティビストによる政治アクティビズムが導いた世論の変化に、オバマが反応したという事実に変わりはない。これは、オバマがリーダーシップを発揮したのではなく、活動家や抗議者が必死に勝ち取った世論の高まりへの屈服だった。(14)世の中で変化が起こっていたために、コーネル・ウェストが指摘するように、「貧困層全般への、とくに黒人や褐色の肌の人々への不当な扱い」に対する「怒りを抑える」ためだけであっても、大統領は対応する必要があったのだ。(15)

ジマーマンの無罪判決に対して、カリフォルニア州オークランドではまったく異なる政治的反応が起こっていた。テレビでこのニュースを聞いたアリシア・ガーザは、フェイスブックに「黒人へのラブレター」とも言えるものを投稿した。そこには、「黒人たちよ。わたしはあなたたちを愛しています。わたしたちを愛しています。わたしたちの命は大切です」と書かれていた。彼女の友人であるパトリッセ・カラーズは、ここで使われていた「黒人の命だって大切だ」（Black Lives Matter）というメッセージにハッシュタグを付けて（#BlackLivesMatter）、この投稿をシェアした。彼女たち2人は人権アクティビストのオーパル・トメティと協力し、アメリカの人々にアフリカ系アメリカ人の声に耳を傾けてもらう構想を立てた。そして、それは成功を収めた！彼女たちが開設したタンブラーとツイッターのアカウントは、#BlackLivesMatterがなぜ重要なのかについて、自らの体験を共有したり証言したりする人々によって、また抗議行動を組織する人々によって、広く用いられるようになった。ブラック・ライヴズ・マターはソーシャルメディアの力を活用して、制度化された人種差別に直面する場合の政治的認識と連帯のための機関車庫として、姿を現しつつあった。

２０１４年8月9日にミズーリ州ファーガソンで、アフリカ系アメリカ人のマイケル・ブラウンというやはり丸腰の十代の青年が射殺される事件が発生すると、アメリカの人種間の緊張はさらに感情的になった。#BlackLivesMatterは、企業が形式的に報道発信する以外に起こっていることについて人々が情報を共有できる手段として、勢いをつける一方だった。[16] ファーガソンでの射殺事件後に、デモが暴動に発展し圧力が強まるにつれて、#BlackLivesMatterは、抗議する人々を団結させるスローガンから、アフリカ系アメリカ人が直面していた暴力と不正に対する、とくに警察による暴力と不正に対する社会運動へと変容していった。ブラック・ライヴズ・マターは、全国規模でデモを計画し組織する活動に積極的に取り組む運動だった。[17] ガーザ、カラーズ、トメティは、ブラック・ライヴズ・マターのウェブサイトで次のように振り返る。

> 全米各地でブラックパワーを引き続き組織化し構築する必要のあることが、明らかになりました。ファーガソンのまとめ役や協力者が行っていたように、人々は自分たちのコミュニティが立ち上がり、国家が認めた黒人に対する暴力を終わらせることを切望していました。わたしたちはやがて、ブラック・ライヴズ・マター・グローバル・ネットワークという下部組織を創設しました。これは、一連の指導原則を有し、適応性のある分権的な組織です。わたしたちの目標は、新しい黒人指導者の育成を支援するとともに、黒人が自分たちのコミュニティで自分たちの運命を決定する力を得たと感じるネットワークを築くことです。[18]

ステイ・ウォークの意味が変わるまで

ブラック・ライヴズ・マター運動には重要なハッシュタグがもうひとつあり、それはエリカ・

バドゥが5年前に歌っていた「ステイ・ウォーク（stay woke）」という言葉に由来していた。#StayWokeは、この運動の政治闘争における連帯を確認する方法となった。#StayWokeの意味は、文化的見地からはマーティン・ルーサー・キング・ジュニア牧師の「偉大なる革命を通じて目覚めたままでいること」という演説に帰するものだった。それは、アフリカ系アメリカ人に対し、「周囲や社会で起こっていることを認識するように、具体的には、政治的認識や意識を保つように」と切に求める、政治意識を指していた。[19] さらに正確に言えば、「白人至上主義の仕組みについて意識し続け、警察の暴力について公式説明を自動的に受け入れないようにし、安全を確保する」ことを意味していた。[20]

ステイ・ウォークという考え方は、すぐにアメリカの主流文化の一部となった。アメリカ方言協会は、「アフリカ系アメリカ人が長年にわたって使用してきたこと」に注目し、２０１６年に流行した俗語としてwokeを選んだ。[21] その定義は、「とくに社会正義や人種の不公平の問題に関して、意識が高く敏感で、十分な見識を備えていることであり、stay wokeの形でよく使われる」とされた。[22] 同年、wokeはＭＴＶの「２０１６年に知っておくべき10の言葉」に挙げられた。彼らの定義は、「気づいていること――具体的に言えば、時事や文化問題に関して」と、大雑把なものだった。[23]

主流化がとくに明白になったのは、２０１５年にバズフィードが、人気テレビドラマ『オレンジ・イズ・ニュー・ブラック』（Orange is the New Black）に出演した俳優マット・マクゴーリを、

「非常にベイでウォーク」（so bae and so woke）だと評価する記事を掲載したときだった。「ベイ」（bae）という言葉を聞いたことがない人もいるかもしれないが、これは21世紀初頭に登場したスラングで、恋人や大事な人、あるいは一般的に性的魅力のある人を指す。なぜマクゴーリがウォークなベイとされたのだろうか？　それは、彼がとびきり魅力的だったからだけではない。彼は、ブラック・ライヴズ・マター運動への支持を公言し、フェミニストになることについての記事を『コスモポリタン』誌に寄せ、ストレートの白人男性としての自らの特権を認めたからだ。[24] カーラ・ブラウンは２０１６年に、フェミニズムを標榜するジェゼベル（Jezebel）という女性向けウェブサイトで、「最高の自分、最もウォークな自分を見せた男性たち」を取り上げるという連載を始めた。[25] その「ベイたち」は、人種差別を非難し、多様性を支持し、女性の権利について公然と表明していた。

　こうしたウォークという表現は、従来よりも軽い使われ方だったとはいえ、ブラック・ライヴズ・マター運動から生まれた本来の意味に忠実だった。だが、#StayWokeが、制度的な人種差別と人種差別による暴力に対するアフリカ系アメリカ人の政治的意識と団結の象徴として、広いアメリカ社会によってまったく異なる目的で利用されるようになるまで、それほど時間はかからなかった。当初、ステイ・ウォーク（目覚めたままでいよう）という呼びかけは、アフリカ系アメリカ人に対する人種差別と警察による暴力に限定されるのではなく、社会の不公正全般に対する意識という意味にまで及んだ。しかし、２０１５年や２０１６年を迎える頃には、「ウォーク」

という言葉は、政治的問題に対する自己中心的な立場を自慢する人々を、とくに白人を批判するためにも使われるようになっていた[26]。

　このような用語の使用は、エリート層の政治的偽善を非難するという、すでに確立された文化的傾向のうえに成り立っていた。たとえば、２０００年に出版された *Bobos in Paradise*（『アメリカ新上流階級ボボズ――ニューリッチたちの優雅な生き方』、光文社、２００２年[27]）では、著者のデイビッド・ブルックスが、ボヘミアンの価値観とブルジョアジーの価値観とを結びつけた、新階層とされる人々をユーモラスに描いた。ブルックスによると、21世紀には、カウンター・カルチャーのヒッピーと資本家の成功が両立することが可能だという。成功を渇望する新しいタイプの起業家が、富を築く能力を高める手段として、創造的なボヘミアンの伝統に目を向けたので、ブルックスにとって、これは政治的というよりも文化的なことだった。ボボズは、トマス・フランクが「クールの征服」と見なすものの頂点に位置していた。フランクはこの言葉を用いて、１９６０年代以降次第に、ビジネス界が経済的・政治的に保守的なアジェンダに刺激を与えるために、文化的に革新的な性質を採用したことを示した。フランクは１９９７年に次のように述べた。

> ナイキの靴は、ウィリアム・S・バロウズの言葉や、ビートルズ、イギー・ポップ、ギル・スコット・ヘロンの歌（『革命はテレビ放映されない』など）を伴って売られている。R・

Ｊ・レイノルズのタバコや全米のスターバックスの壁や窓には、平和の象徴が描かれている。アップル、ＩＢＭ、マイクロソフトの製品は解放の装置として謳われている。多種多様な製品の広告が、規則を破り自分自身を発見するようにと、消費者に訴えかける。(28)

ブルックスとフランクが突き止めたのは、１９６０年代のカウンター・カルチャーが、企業や中流階級に適したファッションとして採用されるように、政治的要素を実質的に取り除いた、ということだった。実際に、前時代の反骨精神や非協調主義は、企業主導の消費社会に完全に取り込まれていた。そうすることで、文化的な反乱は、大企業にとって洒落たセールスポイントにすぎなくなった。(29)「ウォーク」という言葉を取り入れることは、とくにそのクールさが政治的進歩主義と結びついている場合には、「クールの征服」についての文化的認識および「クールの征服」に対する抵抗となる。ある人物や企業を「ウォークである」と呼ぶことは、彼らが意図的に不誠実であるか、特定の政治的見解を抱くようにと知らないうちに操られていることを示す表現である。

ある意味、反ウォークネスは、少なくとも左派政治がそのクールさの一部と見なされる限り、クールの征服に対する反動として出現した。反ウォークネスは、左派の立場を流用し希薄化させるという点で、二重の打撃を与える。第一の打撃とは、進歩的な政治が、個人と企業によってファッションとして、表面的に取り入れられるものと見なされるため、その価値が低下することだ。

第二の打撃とは、進歩的政治の誠実な基盤が、その政治を部分的に、もしくは不誠実に採用する人々に対して、反対派が批判を加えることで（あるいは、そのような政治を支持する人は誰であれ、同じように不誠実にちがいないと主張することで）貶められることだ。

「ウォーク」という言葉がなぜこのような反動的立場を表現するために使われたのかについては、不明である。だが、わかっているのは、文化と言語がアメリカの黒人文化からメインストリーム文化へと伝わる、古くから見られる歴史的傾向をたどっているということだ。イライジャ・ワトソンが指摘するように、「黒人が生み出したあらゆるものと同様に、このフレーズは大衆が流用し、トレンド用語へと変化し、最終的にはミームに変異して皮肉の一形態となった[30]」。２０１４年頃には、「ウォーク」は「ブラック・ライヴズ・マター」以外の政治姿勢を指す言葉として使われるようになった。ウォークの意味は政治的覚醒であることに変わりはないが、皮肉にも、#AllLivesMatterのような反動的な政治的発言や、些細ではなくても重要ではないことに、ウォークという言葉が使われるようになった[31]。活動家で文化評論家のサム・ホワイトアウトが指摘するように、企業がその中心を占めていた。

> 企業、ブランド、有名人は、ソーシャルメディアのプラットフォームではとくに、善行が世間の人々を強く惹きつけ、したがってウォークであることは売り物になり利益をもたらすことを認識している。いわゆるメインストリームに、つまり白人の大衆文化にまで拡大するあ

らゆるものと同様に、これは厄介な問題を提起する。そして予想通り、ウォークネスの社会的影響力を活用して善行をなすという素晴らしいやり方から、ウォークネスを利用して利益を得ようとする、不快であからさまな試みに至るまで、ありとあらゆる事例が生じている。[32]

ウォークネスから利益を得るという発想が、その意味を変容させるきっかけだった。大規模な人種間の不公平に対峙する際の連帯を通じて自己認識を政治的に要求することから、自己正当化のためのアイデンティティの目印へと、ウォークは本質的に変化した。個人の利己心であれ企業の利己心であれ、ウォークは「自分のことばかり」になった。

ウォークという言葉が広まった初期の２０１５年から、進歩的な政治を揶揄する方法として、「the woke」（ウォークな人たち）という表現が現れた。右派ポピュリズムが、「ポリティカル・コレクトネス」に反対するプラットフォームを足場とし、メディアと文化産業の一部で進歩的政治が優勢だと想定していた時期、「ウォーク」という言葉は、悪用するには便利なレッテルにすぎなかったのかもしれない。いずれにせよ、ウォークの意味を逆転させることは、アフリカ系アメリカ人に固有の言葉が文脈から引き離され、意図されなかった目的のために使われるという、文化流用の露骨な一形態である。

文化を取り上げる独創的なオンライン・プラットフォーム、ＧＲＩＯＴの運営メンバーの１人であるセリーヌ・アンベレッチーは、「ウォーク」という言葉がこれほど歪められ、誤解されるようになったのは、ソーシャルメディアを通じて言葉が広まったからだとする記事をＧＲＩＯＴに載せた。「インターネット時代は、大衆の『目覚め』(awaking)——とくにレイシズムや歴史上の人種差別に関して——に拍車をかけたのか、それとも、この概念を、ありふれた、または馬鹿げた流行と並べることで、それを妨げたのか？」と彼女は問いかける。[33] ほとんどの場合、後者が真実だと思われる。これは大きな不運だ。より多くの人々がアメリカの人種政治の生々しい現実を認識する機会が失われたのだ。

　中身のないポリティカル・コレクトネス的な道徳をあざ笑う手段として、「ウォーク」という言葉の意味を逆転させることは、本来の#StayWokeがもつ民主的な可能性をあからさまに歪めている。逆転した意味のウォークとして呼ばれるとなると、おそらく最も目立つのは有名人だろう。このようなことが、俳優でコメディアンのリッキー・ジャーヴェイスが、２０２０年１月にゴールデン・グローブ賞授賞式の司会を務めたときに起こり、衝撃を与えた。ハリウッドの栄誉を誰が勝ち取るのか知りたくてヤキモキする会場のセレブたちを酷評し、コケにすることで、このイベントを紹介するのが、彼のやり方だった。ジャーヴェイスは歯に衣着せなかった。彼は、セレブたちと、児童に対する性犯罪で悪名高いジェフリー・エプスタインとの交友関係についてジョークを飛ばした。ハリウッドの幹部たちが権力を乱用してセックスしていることがばれるのを恐れていることを揶揄した。主催者であるハリウッド外国人映画記者協会がレイシストであると非難した。そして、セレブリティたちがウォークな偽善者であると熱弁を振るって、開幕のスピーチを締めくくった。

自分はウォークだと言いながら、あなた方が仕事をしている企業ときたら。つまり、あきれてしまうが、アップル、アマゾン、ディズニーのことですよ。もしＩＳＩＳがストリーミングサービスを始めたら、あなた方はエージェントに電話することでしょうね。だから、もし今夜賞をとることになっても、ここを政治的スピーチのプラットフォームとして使わないでください。あなた方は大衆に何かを説教する立場にはいません。現実の世界のことを何もわかっていません。あなた方のほとんどは、グレタ・トゥーンベリよりも学校で過ごした時間が少ないのですからね。だから今日受賞したら、舞台に来てささやかなる賞を受け取り、エージェントと神に感謝し、さっさと消えることです[34]。

マスコミはこれに大喜びして、ジャーヴェイスが、「ウォーク・バブルを崩壊させ[35]」、「ハリウッドの〝ウォーク〟・カルチャー」を暴露し[36]、「ウォークなハリウッドの聖人ぶり」をけなしたことを称賛した。政治的に極端な保守派がとくに彼を支持したという点は注目に値する。アメリカの福音派のオンライン新聞『クリスチャン・ポスト』でさえこれに加わり、「権力に対して勇敢に〝真実を語ったこと〟、そしてハリウッドのエリートたちの偽善的な〝ウォーク〟・カルチャーを〝たたきのめしたこと[37]〟で」、ジャーヴェイスに喝采を送った[38]。これは、ほんの数年前にドナルド・トランプを米国大統領に押し上げたポピュリズムの精神を思わせた。これが、「右翼の無作法」というさらに広く見られる政治の時代精神と結びついて、進歩的な政治姿勢の人々を独善的に悪意を持って侮辱することは望ましくはないが社会的に容認される、という考え方を生み出している。言論の自由は、真実を語ることの一形態として擁護されるので、反ウォークの右派にとって、自分たちと異なる意見を持つ人々を攻撃する自由と解釈できるのだ[39]。

それが最もよく窺えるコメントは、反動的とは言わないまでも、保守的な政治姿勢で知られる、イギリスのテレビ番組司会者でジャーナリストのピアーズ・モーガンによるものだろう。モーガンは、イギリスの右翼系のタブロイド紙『デイリー・メール』に寄せた記事で、ジャーヴェイスがハリウッドのフェイク・ウォーク主義を攻撃したことを称えた。ジャーヴェイスがパンチをお見舞いして「現代のハリウッドにはびこる、ばかばかしいほど二面性がありポリティカル・コレクトネスに熱狂するバルーンに、巨大な穴を開けた」と、モーガンは喜んでいた。モーガンによれば、ウォーク・カルチャーは、その政治姿勢のために糾弾されるべきだという。彼はウォークな人々を左翼のバカだと非難し、「人生から自由と喜びを一滴残らず吸い取ろうとする、不寛容で急進的なリベラル派の暴徒」だとした。それどころか、モーガンはジャーヴェイスを、「言論の自由におけるきらめく一筋の光」、保守派の象徴だと評した。

ハリウッドのセレブやテレビ番組司会者が、ウォークネスについて互いに攻撃し合っているとは！　右翼のコメンテーターが、有名人が世間に見せる道徳的姿勢がうわべだけの偽善だと、彼らを笑い者にしているとは！　ステイ・ウォークという政治的威力を最初に主張したブラック・ライヴズ・マターの連帯と強さから、わたしたちはすっかりかけ離れたところにいる。ブラック・ライヴズ・マターを活気づけた急進的な民主政治は、保守派がやり返してきた、有名人の道徳的姿勢をめぐるケンカに減じられてしまった。だが、実際には、ブラック・ライヴズ・マターは、「行動する急進的な民主主義」であり、それにはその組織化も含まれていた。ステイ・ウォークとは、権威ある人物から何をすべきかを指示されることではなく、この運動に参加する誰もが貢献し、当事者意識を持つ必要があることだった。バーバラ・ランスビーが説明するように、ステイ・ウォークとは、「トップダウンで、男性中心の、カリスマ的リーダーシップのモデルは、政治的な行き詰まり［を迎え］」、貧困者層や労働者階級、女性の力を奪う、という考えに基づく組織形態だった。そうしたトップダウンのモデルとは対照的に、この運動のリーダーシップは集団を基盤としており、民主的な集団責任の形態を支持し、リーダーを救済者とするモデルを排除するものだという。[40]

　ウォークは、アフリカ系アメリカ人の抑圧と支配を特徴とする不公正な社会政治体制への断固たる反対によって活性化した、急進的な民主主義から生じており、その普及を通じて意図的にねじ曲げられた平等と正義の要求であった。政治的な先端を走り、コミュニティ主導型で、連帯に基づいた政治的実践に根ざしていたものが、尊大な個々の正当性という空虚な殻へと変容するようになった。テハマ・ロペス・ブニャシ教授とキャンディス・ワッツ・スミス教授は、共著 *Stay*

Woke: A People's Guide to Making All Black Lives Matter（『ブラック・ライヴズ・マターの手引』、未邦訳）のなかで、本来のウォークの意味と、逆になったウォークの意味とを明確に区別し、「他人よりも自分のほうがウォークだとするこだわりに気をつける」ように訴える。

> 社会正義の問題について教養を身につけようと努めることは、称賛に値し道徳的に優れたことだが、ウォークな個人として他人から認められようと努めることは、利己的で見当違いである。したがって、人種意識や進歩的な政治活動を競い合う人たちは、そうした自分の姿勢を克服してほしいと思う！［……］情熱的に、そして集団の精神に則って主張するように、自分自身の関心を向けるようにしよう。[41]

ウォークが企業や広範な資本主義に適用される場合は、スターが勢ぞろいしたゴールデン・グローブ賞の観客にジャーヴェイスが放った言葉の意味と同じであり、本来のウォークとは逆の保守的な意味なのである。それは、ウォーク資本主義を浅薄な道徳だと非難する保守派の反発とも同じである。両者の違いは、ジャーヴェイスがセレブたちを心から軽蔑しているらしいのに対し、保守派がウォーク資本主義に抱く軽蔑は、金儲けという主要な目標へ企業が回帰することを望む、「本当の」資本主義への欲求に基づいていることだ。

ウォーク資本主義を批判するときに用いられる保守派の理想は、進歩的な左翼政治と目される政治的大義との関連性に企業が汚染されていなかった頃の、政治・経済秩序へ回帰することだ。この郷愁的な憧れを検討すると、ひとつの疑問が浮かび上がる。保守派の批判者が考えるように、ウォーク資本主義とは、企業が左派を裏切っているということなのか、それとも、さらに強大で影響力の強い企業資本主義システムを構築するために、企業が進歩的な大義を利用しているということなのだろうか。いずれにせよ、正義と平等に根ざした政治的信念よりも経済的利益が優先される世界では、最初に「ステイ・ウォーク」と人々を奮い立たせた進歩的で解放的な政治は逆転し、脅かされている。

第4章

資本主義、ウォークになる

企業の社会的責任について

「ウォーク」という言葉が、企業活動や資本主義に広く関連づけられるようになった時期を正確に特定することは難しい。ごく初期の例としては、『ニューヨーク・タイムズ』紙のコラムニストであるロス・ダウザットが2018年に書いたコラムが挙げられる[1]。ダウザットは、ドナルド・トランプが米国大統領に選出されてから起こった米国企業の変化を察知していた。その代表例が銃規制に関することだった。たとえば、2018年2月14日にフロリダ州パークランドのマージョリー・ストーンマン・ダグラス高校で17人の死者を出した銃乱射事件などの事件に対して、トランプ大統領は行動を起こさなかった。トランプは、犠牲者にお決まりの哀悼の意を表しただけで、銃規制法の実質的変更に実際に取り組もうとはしなかった[2]。強力な銃ロビー団体である全米ライフル協会（NRA）への非難を求める声に、トランプは応えなかったが、米国企業は違った。会員向け割引制度を廃止するなどして、20社を超える企業がNRAとの関係を断ったのだ[3]。

ダウザットは、マージョリー・ストーンマン・ダグラス高校銃乱射事件の後に見られた企業の政治問題への関与について、考えられる説明を2点示した。ひとつは、世論の変化が、銃規制やトランスジェンダーの権利、移民などの問題に対するトランプの後退的姿勢とあいまって、企業に真の良心の発露を促したということだ。もうひとつは、企業はトランプの右派的な経済政策から、とくに法人税の減税から多大な利益を得ていながら、世間からは進歩的姿勢に見られることで、世間の人々を欺いているということだ。ダウザットの評価はあまり楽観的ではなく、次のように主張した。

> 社会問題に関する企業アクティビズムは、税務政策に関する企業の利己主義および給与における企業の吝嗇性と対立しない。むしろ、この企業アクティビズムは、利己主義と吝嗇性を守るために、ますます出現するようになる——文化的な影の権力者たちに対しＣＥＯのやり方を正当化するために。その影の権力者たちが、企業利益にとってより重要な領域にＣＥＯたちを放っておく（そして彼らのトランプの経済政策への支援を許す）ようにと[4]。

ダウザットは、企業が行っているのは「パフォーマンスだけのウォークネス」だという考えを述べた。つまり、企業はウォークという大義を利用して、政治制度を自分たちに都合よく操っていると指摘したのだ。ウォークになるということは、企業が直にロビー活動するよりもはるかに巧妙な戦略だった。その戦略には、政府が企業に対し増税や規制を課しにくくなるように、企業が進歩的な左派アクティビストの政治・社会的大義と結びつくことも含まれていた。ダウザットは、そうした企業の従業員がウォーク・キャンペーンに誠実に取り組んでいないという疑念を抱いていたわけではないが、その企業活動は一般に、中核となる事業に影響を与えない非主流事業で行われていることにも気づいていた。それでもなお、ブランド・アイデンティティは、現代アメリカのコミュニティ生活の空洞化によって失われた集団的価値観に対し、企業が実行可能な代替案を提供できるほど強力であると、ダウザットは主張した。[5]

ダウザットの記事は、ビジネス、政治、社会の関係が根本的に変化したことを示唆していた。彼が予見したのは、企業がその経済的・文化的影響力を用いていかに政治論争に加わるかということだった。しかも、企業はこれを、右翼的な経済政策によってもたらされる経済的利益を得ながら、「善良」で進歩的な大義と結びつくことによって得られる文化的正当性からも利益を得るという、両賭けの一環として行っていたのだ。このときに起こっていたのは、企業が単に説得力のある進歩的な人々に騙されてその理念を採用するように圧力をかけられている、ということだけではなかった。デレク・トンプソンはこの動向を米国政治の重要な転換点と見なし、『アトランティック』誌に寄せた記事で次のように述べた。

> こうした企業が単にネットの暴徒に反応しているにすぎない、あるいはレミングのように互いに追随しているにすぎないとして片付けるのは簡単だろう。だが、アメリカにおいて、議会や裁判所ではなく、企業が政治的アクティビズムに応じて変化しつつあるという事実は、アメリカの部族主義、政治的協力の終焉、そして一種のリベラルなコーポレートクラシー（企業利益優先主義）の台頭について、何か深刻なことを物語る。[6]

これはつまり、ウォーク資本主義とは、社会の改良を目指す、自分が特別だと思っているひ弱な左派のように企業がふるまうことだけではない、ということを意味する。企業はそれどころか、トランプが大統領任期中に一貫して貶めてきた民主主義制度から政治権力を獲得しようと、強硬手段をとっているのだ。企業はこのチャンスに飛びつき、トランプ主義《トランピズム》が無謀にも作り出した空白を埋めたがった。しかし、なぜこのような事態に至ったのだろうか？　ウォーク資本主義とは、ダウザットやトンプソンなどの識者が示唆した、企業行動の根本的変化のようなものなのか？　この問いに答えるには、１９５０年代から60年代の社会的責任に関する議論を振り返る必要がある。この時期に、今日のウォーク資本主義の舞台が準備された。

20世紀半ばのアメリカの社会的責任の言辞と21世紀初頭のグローバルなウォーク資本主義の言辞の間には、著しい類似性が見られる。だが、歴史的見地から言えば、両者はまったく異なる状況下で生じた。社会的責任は、人々が繁栄を共有し生活水準が向上した時代に生まれたが、ウォーク資本主義は、不平等が大幅に拡大していた時代に生まれた。この影響によって深刻な結果がもたらされている。現在の経済制度が生み出した不公平は、その恩恵を最も受けている人々、つまり進歩的な政治問題に関して高い道徳観を実践する立場をとる、ビジネス界の指導者たちによって批判されているのだ。トマ・ピケティ[7]の説得力のある主張のように、富が少数の人々にますます集中すると、社会と政治の調和に有害な影響を及ぼす。ピケティは、累進課税と富の分配という防御的解決策を提案しているが、ウォーク資本主義は、政治的影響力と企業の道徳化によって不平等を維持しコントロールするという、別の解決策を提示している。

ボーエンとレビットの見解

現状に至った経緯を理解するためには、まず、ハワード・R・ボーエンが*Social Responsibilities of the Businessman*（『ビジネスマンの社会的責任』、日本経済新聞社、1960年[8]）という本を出版した、1953年にまで遡るとよい。社会的責任に関する議論は20世紀初頭から高まり、同書の出版当時はすでに議論を呼ぶ話題となっていた。これは、ほぼ同時期にモレル・ヒールドが「貪欲と無責任という非人間的な産物」と呼んだものへの回答だった[9]。ウィリアム・J・ゲントは1902年に、資本主義は、痛みの緩和と不満の鎮静化を視野に入れて、常に抜け目なく処理される［……］相当な供与」を伴う「善意ある封建主義」を生み出すものと見なしていた[10]。これは、企業と資本主義を「人間化」するという、20世紀前半には一般的だった傾向を反映していた。ボーエンはこうしたビジネス慣行の発展を基盤に研究を進め、社会的責任という特定のテーマに明確かつ包括的に取り組んだ最初の人物となった。

ボーエンは当初から、企業に社会的責任があるという考え方は、「自由企業の経済におけるビジネスマンの役割」として理解されており、資本主義の効果的な運用に必要であることを明らかにしていた。[11] ボーエンは、１９５０年代のアメリカの生活に対する企業の権力と影響力の増大を認め、これを、社会的責任が重要である理由の根拠としていた。彼によれば、「ビジネスマンの決定と行動は、わたしたちの生活と人格の質に直接的影響を及ぼす。その決定は、ビジネスマン自身や彼の株主、彼の直属の労働者、あるいは彼の顧客に影響を与えるだけではなく、わたしたち全員の生活と運命に影響を与える」という。[12]

だが、ボーエンの考える社会的責任とは、ウォーク資本主義を連想させる進歩的な政治的大義のようなものに対応していなかった。それよりも、彼の言う社会的責任とは、企業活動そのものに関わることだった。社会的責任を引きつけると彼が見なしたビジネスの側面には、雇用、経済成長、所得分配、製品入手の可能性、産業組織、労使関係、労働者の満足度、資源利用、国際関係、国民文化などがあった。ボーエンの考察では、何と言っても権力が中心だった。企業の権力と影響が大幅に増大することを考慮して、企業は株主と同様に社会に対しても責任を負うかどうかと、彼は問いかけた。それに対するボーエンの答えは、断固たる「イエス」だった。彼はさらに、これが彼の時代のビジネスマンの間で優勢な考えだとも述べている。「ビジネスマンが行使するような選択の自由と権力の委譲は、何らかの社会的責任を負わなければ存続が許されないだろうことは、ますます明白になりつつある」と、ボーエンは記している。[13]

ボーエンの発言は論理のズレを招く。一方では、企業が権力を握っているということは、企業が社会的責任を負う道徳的義務があることを意味するので、企業は社会的責任を負うべきだとされる。その一方で、企業が社会的責任を果たさない場合は、企業の権力が疑問視され、衰える可能性があるのだから、企業は社会的責任を果たすべきだとされる。今日の社会的責任にいまだにつきまとうのは、とくにウォーク資本主義という形でつきまとうのは、社会的責任を求める道徳的主張と、企業権力の保持に基づく場合とが、このように分離し共存していることである。ビジネスの社会政治の様相に応じて、その用語は変化してきた。それでも、問題の核心は、企業資本主義の社会的正当性とそれに付随する個々の企業の権力の維持であることに変わりはない。現代では一般的に「社会的な操業許可」という用語が使われており、これは、事業目的の達成に害を及ぼしうる社会的対立を避けるために、その事業に社会からの幅広い承認を必要とする企業の観点から理解されている。[14] 言い換えれば、企業は、表向きは他者の幸福に関心があるというイメージを打ち出しながら、自社の利益を増やすために社会的責任を担い、社会的大義を支援しているのだ。

ボーエンは企業の社会的責任に関する持論を、企業規制の歴史のなかに位置づけた。こうした規制が、19世紀以降に自由放任主義の経済体制から生じた問題に対処するためにどのように発展してきたかについて、彼はきわめて明確に説明した。資本家の企業活動が公共の利益を損なうことがないように政府が介入した方法として、ボーエンは、組合結成の権利、労働法、独占禁止法、公益事業の設立、社会保障、健康と安全に関する規制、無料の公教育、累進課税などを挙げた。ビジネスに対する政府の介入が行きすぎるあまり、自由市場の資本主義自体を脅かしているのではないかと、ボーエンは懸念した。1950年代には次のように主張した。

政府および組織化された経済団体による統制の絶え間ない拡大によって、ある種の国家社会主義形態へと導かれかねない［……］地点にわたしたちは到達した。政府による支配拡大の方向へと定まった趨勢は今なお継続し、これによって、わたしたちの本質的な自由は危うくされ、アメリカの経済生活を特徴づけてきた企業、自発性、生産性、および自由の精神が損なわれるおそれがある。(15)

社会的ニーズに対処するための道義的要件の観点から示されるのかもしれないが、企業が社会的責任を負うことは、主として、社会主義という現実的脅威と見られるものを回避するための防衛戦術だったということが、ここでわかる。これは実質的に、企業が社会的責任を果たすのであれば、政府が介入して、社会を構成するすべての者に公正な結果をもたらすようにと企業に強制する必要はないことを保証していた。同時にボーエンは、社会正義への信頼や人間性への配慮が深まるなど、1950年代までにアメリカの社会的風潮が変化していたことに気づいた。国民の期待の変化、労働組合の成長、教育の向上、経営の専門化にもかかわらず、企業が社会的責任を導入した背景には、「政府または労働者による支配がさらに強まるという暗黙の脅威(16)」があったと、ボーエンは主張した。企業の社会的責任とは、根本的に反社会主義的運動だったのだ。

ビジネスによる社会的責任の導入は、どれほど左翼的に聞こえる大義名分で飾り立てられていても、はなから資本主義経済システムを強化するためのプロジェクトだったことを、ここではっきりさせておく必要がある。社会的責任を、資本主義経済における企業権力の永続と自己決定に結びつけると、ボーエンは明言していた。今ちょうどウォーク資本主義で起こっているように、当時の批評家たちはたいていこれに気づかずに、社会的責任を支持する者たちに対して、ビジネスの真の使命から目をそらした意志薄弱な社会改良家と非難した。１９５８年、経営コンサルタントのセオドア・レビットは、企業幹部がいかに「美辞麗句や生ぬるいアイデアに乗せられて」いるかについて、『ハーバード・ビジネス・レビュー』誌に痛烈なパロディを書いた。彼は嘲るようにこう記した。

> 経営者の社会的責任に対する関心は、時折開かれる共同募金の宴会や、小さな田舎町の不当なほど小さなカレッジへの「企業による無私無欲の寄付」を祝う記者会見で見られる、俗っぽい自画自賛の形を超えるようになった。幹部委員会から女性有権者連盟の昼食会に駆けつける社長が伸ばした手に、やり手の広報マンが押しつけたキリスト教的兄弟愛という敬虔な宣言を唱える以上のことになった。それは大真面目な仕事に、ビジネスの社会的責任に自意識過剰なまでに内省を重ねる執着となった。[17]

社会的責任は表面的で女々しく、雄々しいビジネスの追求にふさわしくないと退けるレビットの論調は、エリート主義と女性蔑視を感じさせた。彼が２０２０年代の言葉を使えたならばきっと、スノーフレーク、美徳シグナリングをする人、草食系、リベラルを称する間抜けといった言葉で、社会的責任の擁護者を表現したにちがいない。彼はこのような人々を、自画自賛する彼自身の地位よりも劣っていると明らかに見下していた。「ビジネスの本懐は利益だ[18]」とレビットは反論した。ボーエンが社会的責任を中央集権的な国家権力に対する防御と見なしたのに対し、レビットは社会的責任はその前兆だと呼びかけた。しかも、それは民主的政府によってではなく、「コーポレート・ステーツマンシップ」という新たな形態に推進されて到着することになる。これは、増大する社会的権力を備えた企業が、社会を一種の非民主的な封建制に戻すことになるディストピアだと、レビットは断言した。

フリードマンによる糾弾

20世紀半ばのアメリカで広まっていたボーエンとレビットの主張は、自由企業の資本主義体制を維持し、賛美する必要があるとする信念を共有していた。両者の違いは、それを実現する手段にあった。一方の見解においては、社会的責任は資本主義の社会的正統性を強化するものだった。もう一方においては、社会的責任は、資本主義企業の中核をなす目的と機能を放棄するものだった。この後者の考え方を明快に述べたことでよく知られているのが、シカゴ大学教授のミルトン・フリードマンが１９８２年に上梓した *Capitalism and Freedom*（『資本主義と自由』、日経ＢＰ、２００８年）である。[19] 企業経営者が株主への責任を超えて社会的責任を担うという考え方がますます広まるようになったことを、フリードマンは承知していた。彼はこれにはっきりと反対の意を示し、「自由経済の性格と本質に関する基本的な誤解」だとした。[20] 彼はさらに、彼の信条のなかで最も有名な信条を発表した。それ以降というもの、これは古い考え方の資本家に人気のキャッチフレーズとなっている。フリードマンの教義は、ウォーク資本主義を批判する術として、今なお持ち出される。[21]

> ビジネスの社会的責任はただひとつである――ゲームのルールの範囲内にとどまる限り、つまり、欺瞞や不正を行わずに、オープンで自由な競争を行う限り、その資源を利用し、利益を増やすことを目的とした活動に従事することである。[22]

フリードマンは、さらに高名な経済学者のアダム・スミスを引き合いに出した。資本所有者が利益を直接得られるように収益性を追求する場合、たとえ経営者にその意図がなくても、まるで「見えざる手」によってより望ましい結果を社会にもたらすかのように、経営者は動かされることになるとして、フリードマンはスミスに同意した。社会的責任はフリードマンにとって、資本主義を活気づけると彼が見なす利己主義の基本原理を傷つけ、歪めるものだった。資本主義には公的利益と私的利益を厳格に区分することが求められた。この考え方では、企業は株主の私的利益のためにだけ活動し、政治にあれこれ関わるべきではないとされる。

フリードマンは、企業の経済的自由を促進してはいたが、民主主義を維持しようともしていた。フリードマンが社会的責任を破壊的だと糾弾したのは、企業は社会的領域に干渉する立場ではないからだ。フリードマンは問いかけた。「自己選択した個人は、社会的利益を判断できるのか？その社会的利益に役立つように、自分自身や株主にどれだけの負担を強いることが正当かについて、個人は判断できるのか？」[23]。そのような任務は、国民を代表する選出議員の責任であり、企業は首を突っ込むべきではないと、フリードマンは言明した。

意図的な見えざる手

フリードマンは、経済と政治の領域の厳密な区別によって裏づけられた自由放任の資本主義を信奉していたが、当時、この考え方はまだ一般的ではなかった。1960年に『カリフォルニア・マネジメント・レビュー』誌でウィリアム・C・フレデリック[24]が示したように、戦後の社会的責任への関心は、20世紀初頭の自由放任主義の崩壊に起因していた。ソ連の共産主義であれ、イタリアのファシズム、ドイツのナチズム、アメリカのニューディールであれ、20世紀初頭の数十年間に、資本主義から中央経済計画へと向かう世界的変化があったことを、フレデリックは認めていた。これに伴って、プロの経営者が運営する強大な企業が発展したことに彼は気づいた。このようなパワーシフトは、スミスの見えざる手がフリードマンの想定したような形で機能しなくなったことを意味する、とフレデリックは主張した。なぜかと言えば、自由市場システムの流れが、政治家や経営者の干渉によって妨げられるからだ。フレデリックは、社会的責任とは、見えざる手を意図的にし可視化することで、ある意味、見えざる手の社会的利益の回復が可能になる介入だと考えたのだ。彼は、社会的責任という教義の中心的理念は次のようなものであると気づいた。

> たとえそのような信託統治により、経営陣が公益を考えて目前の利益を断念することになったとしても、企業経営者が意図的かつ自発的に公的責任を引き受けること。この概念によれば、経営者は株主に対して、従業員に対して、社会全般に対して、多様な義務を負っている。[25]

特筆すべきは、20世紀半ばのアメリカで聞かれた経営管理のこの論法が、今日のグローバル化したウォーク資本主義と酷似していることだ。共通するのは、ビジネスは、市民としての真の義務感や他者への道徳的コミットメントから、社会的責任のある行為に取り組むものだという主張である。例として、ビジネス・ラウンドテーブルが２０１９年に発表した「企業の目的に関する声明」を改めて見てみよう。この声明では、企業はもはや株主の利益だけに専念すべきではないと明記されている。企業は、「顧客に価値を提供する」、「従業員に投資する」、「サプライヤーと公正かつ倫理的に取引する」、「企業が属する地域社会を支援する」ことによって、そして「株主に長期的価値を生み出す」ことによって、「すべてのステークホルダーに対する基本的なコミットメントを共有」すべきである、とされた[26]。予想通り、この声明はたちまちウォーク資本主義と結びつけられるようになった。リンダ・エリン・リーは『テレグラフ』紙に寄せた記事で、「ステークホルダー資本主義の背後にある考え方は新規ではないが、ビジネスの世界でマニフェストに忠実であることを誓う指導者が増えていることは、〝ウォーク〟資本主義に新たな章が開かれたとまでは言わないまでも、グローバルなエリートたちの間に新しい感性が生まれたことを示している」と評した[27]。

確かに、新しくはない。１９５０年代から１９６０年代にかけてアメリカで繰り広げられた議論が、約70年後に同じ言葉で繰り返されている。また、企業が疑似宗教的な道徳観や公益に対する自発的な信託統治から社会的責任に関心を持つという前提に対するフレデリックの反論は、今もなお有効である。フリードマンは、企業は主たる目的として利潤を追求すべきだという説明的な意見を述べたが、フレデリックは、社会的責任への認証とは無関係に、企業はそうするものだという主張を行った。「西洋文化に登場した営利企業の本質的に物質主義的で利己的な基盤[28]」が突然消え去ると期待するのは無知だと、フレデリックは主張した。資本主義体制のなかで、「私的な利得と利益という非常に強力な動機[29]」から容易に逃れられると考えるのは、「とんでもない世間知らず[30]」だと言っているのだ。同じ批判は、ビジネス・ラウンドテーブルの発表した企業の目的に関する声明にも、また広く一般的には、ウォーク資本主義にも当てはまる。よほど騙されやすい人でもなければ、たとえばヒョウが体のヒョウ柄を変えるなど、つまり資本主義の本質が変わるなど、信じることはないだろう。

20世紀半ばのアメリカに話を戻すと、当時はまだ、社会の期待や事業姿勢の根本的変化が起こりつつあるとの考えが広く信じられていた。後年、企業の社会的責任理論の創設者のひとりとなる、経営学教授のキース・デイヴィスは、「我々の文化が変化するなかで、経営者が社会における自らの役割と企業の機能を再検討することは適切であり、義務でさえある」と１９６０年に述べている[31]。デイヴィスはその先達と同様に、力を強調した。彼によれば、企業の規模と影響力が増大するということは、ビジネスの問題を超えて、その行動が生み出すあらゆる結果に対して、企業は責任を負う義務があるということになるという。だが、その動機は、フレデリックが世間知らずと見なした道徳主義ではなく、世故に長けた自己利益である。これは、ダウザットが「ウォーク資本主義」という言葉を最初に使ったときに評した自己利益と同じ種類のもので、ボーエンが社会的責任を説明する際に擁護した自己利益と同じ種類のものである。デイヴィスはこれを次のように表現した。

社会的責任を果たす機会が生じても経営者がそれを受け入れないのであれば、他のグループがその責任を引き受けることになる。歴史を振り返れば、政府と労働者は、企業の力を弱める上で最も積極的な役割を果たしており、彼らはおそらく今後も、挑戦的な姿勢をとる主だった集団となるだろう。わたしはこのようなことが起こるはずだと言っているのではなく、経営者が社会的責任をその社会的権力とほぼ等しくしておかなければ、このようなことが起こる傾向があるようだと、証拠に基づいて言っているのだ。[32]

デイヴィスはその後しばらくして、『ビジネス・ホライズンズ』誌に１９６７年に掲載された論文で[33]、企業が社会的責任に関心を持つようになった主な理由は政治だと述べている。何よりも重要なことは、これが、政府が企業活動に対して統制と規制緩和という制限的形態を導入するのではないかという、不安を与える形をとったことだ。社会的責任を負えば、「介入する理由を［……］政府に与える」ことを未然に防ぐことになる。デイヴィスの主張はすべてが新しいわけではなかったが、彼が『資本主義と自由』のなかのミルトン・フリードマンの批判に対する直接的な反撃として、その主張を提示したことは新しかった。デイヴィスは、「企業の唯一の責任は利潤の最大化である」というフリードマン派の教義は、実質的に、純粋競争の自由市場システムを前提としていると主張した。このようなシステムでは、権力は市場の主体にではなく、市場に与えられている。デイヴィスは、彼の時代の資本主義が完全競争ではないことを認めて、企業、とくに大企業が、経済的・社会的に相当な力を持つに至ったと主張した。

デイヴィスは、「自分の権力に責任を持たない者は、最終的にそれを失うことになる」という、彼が当時「責任の鉄則」と呼んだものを持ち出した[34]。言い換えるなら、社会的な責任を負うことは、少なくとも権力の保持がその利益の一部である限り、企業の利益になる。デイヴィスはこの社会的な力について、一貫して楽観的だった。1970年代初頭を迎える頃には、ビジネスの社会的責任の問題は、アメリカやその他経済的先進国の大半においては、すでに解決されていたという確信を抱いていた。その解決策とは、「社会は、企業だけではなく、その他すべての主要機関が重要な社会的責任を負うことを望んでいる」こと、そして「社会的責任は、成熟したグローバルな文明の特徴になっている」ことだ[35]。

異なる2つの人類

これまで見てきたように、1950年代から1960年代にかけての社会的責任に関する議論と、今日のウォーク資本主義に関する議論は、気味が悪いほどそっくりに思われる。一方では、企業の直接の責任は株主に対してのみだとする、純然たる経済的議論がある。この説明によれば、社会問題に干渉する企業は、民主的にコントロールされるべきものに影響を与えることによって、事実上その権限を踏み越えていることになる。また一方では、企業の力が拡大したということは企業の責任が増大したということになると提唱する、社会的責任の議論がある。しかも、長期的な収益性のために、企業がその力を維持しようとするならば、企業は社会的責任を果たすべきだとされるのだ。

社会的責任の言辞とウォーク資本主義の言辞には、先に指摘したように類似点があるが、決定的な相違点もある。20世紀半ば以降に急激に進展した社会的責任論は、主にアメリカに限られ、著しい経済成長期と同時期に発生した。１９７１年に発表された、『企業の社会的責任』というタイトルの報告書で、経済開発委員会は「この多元的社会における社会進歩の重要な道具としての企業の役割に関する新鮮で啓発的な視点」を提示した。[36] この報告書の作成者が証明した、企業の「啓発的な自己利益」は、アメリカが著しい経済成長を遂げていた時期に生じた。さらに、この成長は社会全体で共有されていた。報告書には次のようにある。

> 米国企業は労働力に対して、雇用の増加、賃金や給与の上昇、従業員福利厚生制度、キャリアの機会の拡大を提供してきた［……］最も重要なこととして、アメリカの平均的家族の生活水準の上昇によって、ますます多くの国民が、経済的ニーズによって課せられる制約が少なくなり、望むような生活を築くことができるようになったことが挙げられる。したがって、ほとんどのアメリカ人は、健康、食物、衣服、住居、教育において、世界のどの国の国民もなしえなかったほど幅広く、好ましい状況を手に入れられるようになった。[37]

戦後の繁栄とベビーブームに沸いた楽観主義の時代には、企業が社会的に責任を果たすという考え方は、とくに共感を呼んだことだろう。企業の成功のおかげで生活水準が大幅に改善したという見方が、広く受け入れられていた。しかし、20世紀半ばのアメリカの状況は、ウォーク資本主義が出現した背景とはかけ離れている。ひとつには、ウォーク資本主義は、はるかにグローバルな現象であり、とくにウォークな課題への多国籍企業の参加に関してその現象が顕著だということがある。だが、それ以上に際立つ違いは、現代が、長引き拡大する一方の不平等の時代であるということだ。この不平等は、アメリカにおいてさえも、何世代も前に企業責任の受容を進める背景となった中産階級の豊かさを蝕んでいる。

今日のアメリカでは、投資家のウォーレン・バフェット、マイクロソフトのビル・ゲイツ、アマゾンのジェフ・ベゾスの3人だけで、アメリカ人の下位半分の個人資産合計額に匹敵する個人資産を保有している。このような富の偏りはますます悪化している。現在、アメリカで最も裕福な人物は、１９８０年代前半に最も裕福だった人物の20倍を上回る資産を保有する。不平等の拡大はアメリカだけではなく、世界的な現象となっている。世界の人口の１％にあたる最富裕層が、世界の富のほぼ半分を所有している。個人の富と国家の富を比較すると、不平等は一層顕著になる。世界で最も裕福な10人の富の合計は７４５０億ドルとなる。これは、スイス、スウェーデン、タイ、アルゼンチンのそれぞれの国のＧＤＰよりも多い[38]。現実には、過去40年の間に世界中で格差が広がる一方であり、戦後を特徴づけた繁栄の共有という自由民主主義の約束は、事実上終わりを迎えた[39]。

現代世界における不平等の嫌らしさたるや胸が悪くなるほどで、哲学者のフレデリック・グロが「猥褻の時代」と呼ぶほどである[40]。グロは「猥褻」という言葉を用いて、現代世界に存在する不平等を表現するには、「不正」ではもはや適切ではないと、注意を喚起している。彼はこう説明する。

> 大企業のトップや、メディアに取り上げられる有名スポーツ選手、芸術家の報酬は嫌らしいほどで、胸が悪くなる。不平等は、異なる2つの人類がいると考えることでしか正当化されないところまできた[41]。

グロの言う「異なる2つの人類」とは、超富裕層のエリート階級と、それ以外の人たちのことだ。もちろん、後者の人々は、収入と快適さの点でかなりのばらつきがある。しかし、後者の人々と、世界の恵みをどんどん蓄積できるごく少数の人々とは、グロにとってはやはり完全に別の存在なのだ。

１７８９年、アメリカの「建国の父」のひとりであるベンジャミン・フランクリンは、「この世で確実と言えるものはない、死と税金以外には」と言った[42]。21世紀を迎えても、死を逃れる方法は見つかっていないものの、ごく少数の超富裕層が、かつてフランクリンが自明の理としたものを破っている。最近アメリカで発表されたある報告から、富裕層の上位１％だけで、全脱税額の70％を占めることが明らかになった。これは、年間９００億ドル近くが彼らの懐に入ったままということだ[43]。世界的に見ると、上位１％の富裕層は、その他すべての人たちを束にしたよりも裕福であり、このとてつもない格差は、かつてないほどの租税回避や脱税によって実現されている。オックスファム・インターナショナルは次のように、この状況をぞっとするほどあけすけに表現する。

> 世界中で何百万人もの人々が貧困のなかで暮らす一方で、タックスヘイブンの秘密主義を利用して税金逃れを続けている裕福な人々や企業は、不可欠なサービスを提供する力を最貧国から奪っている。［……］納税に関しては、超富裕層と大企業に適用されるルールと、一般人に適用される別のルールがあるのだ[44]。

世界の大企業による脱税も、同様に背筋が寒くなる。ノーベル経済学賞を受賞したジョセフ・スティグリッツは、企業の租税回避について、「グローバリゼーションのとくに有害な側面であり、相応の注目を浴びていない」と見なしている。スティグリッツはこの主張のなかで、多国籍企業が複雑な会計処理を用いて、低い税率の国に収益をつぎ込んでいることに言及している。要するに、多国籍企業は実際にビジネスを行っている場所で適切な税金を払っていないということだ。これによる損失は毎年約５０００億ドルにのぼると推定される。現に、アマゾンやネットフリックス、ゼネラルモーターズなどの企業は、何百億ドルもの利益を上げているのに、アメリカでは税金を1ドルも払わずに済んでいる。スティグリッツはこれを「底辺への競争」と呼び、世界的に税率が下がり続けるなかで、さまざまな国が減少する一方の法人税収を奪い合うようになるとする。これは、「企業以外の誰にも利益をもたらさない」うえに、不平等の拡大という犠牲を払っていると彼は指摘する。[45] これは決して取るに足らないことではない。１９８０年には、世界の平均法人税率は利益の45%弱だった。それが現在ではおよそ25%まで低下している。[46]

　億万長者や大企業が世界の富を一層ため込むグローバル経済では、平等という民主主義の約束が犠牲になっている。欲望の追求の上に成り立つ経済体制が否応なくもたらす結果に直面したとき、共同体、共有、正義などの人間の価値観は古くさいものと見なされるようになる。前述した哲学者のグロは、とくに「ウォーク資本主義」という言葉を使ってはいないが、それを支える特定の論法様式に注意するようわたしたちに呼びかけている。この論法は、社会的責任は資本主義の繁栄を共有するという希望のうえに築かれるという内容ではない。それは、ウォーク資本主義が、自分たちの富は当然受け取るべきものだと信じる自己満足した支配層のエリートを支える、という内容である。グロによれば、世界がますます不平等で不公平になったというだけではなく、その略奪物を享受する少数派が、自分たちの高い地位は道徳的にすっかり正当化されていると感じているという。

極端な特権を享受していない人々がそれを享受したいという満たされない願望を抱き、現状から抜け出したくても抜け出せないでいるとは、「不平等というおかしな怪物」による苦しみを味わったことのない富裕層には思い至らず、想像さえしない[47]。これは、さらに悪いことに、高い経済的地位にいる1％の人が、その経済的地位によって自らの道徳的姿勢が立派なものだと思い込むことになりかねない。ついには、ウォークネスと極度に集中した個人の富との間の妥協が崩れる。不当な暴利行為と搾取に基づく極端な富が、あたかも公正と平等の価値観と完全に両立するかのように、金持ちは針の穴を通過して天国に行けると思われている。この両立を当然だと思うことがウォーク資本主義の条件なのだ。企業は不平等を拡大させる一方で、資本主義を道徳的に裁定する者として自らを位置づけている。こうした文化の論理は、企業の貪欲さとそれに伴う不平等と並んで、企業の道徳化が許されるようになったのはなぜかという問いを提起する。この問いに対する答えが、ウォーク資本主義を理解する手がかりだ。しかし、この答えを得るためには、20世紀半ばの社会的責任と21世紀のウォーク資本主義の間に起こったことを詳しく検討する必要がある。

第5章

株主第一主義

フーコーの警告とサッチャーのビジョン

1985年10月11日、世界的有力者として、政治的影響力のある人物として絶頂にあった英国首相マーガレット・サッチャーは、活気と自信に満ちた保守党の誇り高き党員たちに向かって演説を行った。選挙で圧勝を収めてからちょうど2年後、サッチャーの2期目は、イギリスの新たな好景気の幕開けとなった。サッチャーの指導力を明らかにした炭鉱労働者のストライキによる激しい階級闘争は、大方勝利を収めていた。民営化、貿易規制の緩和、小さな政府、労働市場の自由化といったサッチャーの右派的な経済政策が進行中だった。海沿いの町のブラックプールで会議の演壇に立ったサッチャーは、どう見ても自画自賛していた。彼女は6年間の政権運営を振り返って語った。

> 1979年の労働党政権時代のイギリスを覚えていますか？　組合幹部が組合員や我が国を人質にして身代金を要求していました。国際会議には出席するものの、相手にされていませんでした。ヨーロッパの病人とされていました。思いやりあふれる言葉を口にしながら、不満の冬に苦しんでいました。[1]

サッチャーは、組合つぶし、価格・賃金統制の撤廃、公営住宅の売却、非国営化など、政府の実績を誇示し、「イギリスに企業がやってくる」と宣言した。サッチャーが描いた革新的な新生イギリスのビジョンの中心にあるのは、資本主義はその実践と倫理において、従来の資本所有者に限定されるべきではないという考えだった。サッチャーの価値観によれば、誰もが資本家になることができ、また資本家であるべきだった。彼女は１９８５年の会議の演説で、起業家精神によって再活性化されたイギリスという夢を明確に述べた。最も現実的なところでは、サッチャーは「より多くの自営業者、より多くの事業、したがってより多くの雇用を伴う、企業の復活」を求めた。また、「株の保有が自動車の所有と同じくらい当たり前になる」、新しいイギリスを目指そうと呼びかけた。

サッチャーは、疲れ切った労働者階級の保養地であるブラックプールでこうした言葉を語っていたが、その言葉は、彼女が主役の新しい文化的時代精神を反映していた。資本主義は本来、資本の所有者と資本主義の組織で働く人々との間に存在する、きわめて厳格な階級区分に基づいていたが、サッチャーは、誰もが自らを財産を所有する起業家と考える世界を思い描いていた。事業の所有によってであれ、株式の保有によってであれ、持ち家であれ、資本主義の意欲的精神は、イギリス国民の情熱をかきたてるべきものだった。自由資本主義では、経済組織は自由貿易と私有財産に基づくべきだとされたが、その後の新自由主義においては、そのまさに同じ価値観を、社会を構成するすべての人々が取り入れることを、サッチャーは望んだ。労働者階級の人々が互いに連帯し、労働者の権利のために資本がもたらす利益に対して団結して闘うという古いアイデンティティは、もはや消え去ることになる。代わりに、資本主義の精神が社会全体に浸透する。これが、まだ成熟していない新自由主義秩序の道徳的正当性であった。

１９８０年代は、社会、文化、政治、経済が変化した重要な時期であり、この時期に、社会的に拡大した自由資本主義の価値観が世界中で定着しつつあった。アメリカでは、ロナルド・レーガン大統領が広範にわたる貿易自由化と規制緩和の陣頭指揮を執っていた。共産主義の東ドイツと自由民主主義の西ドイツを象徴的にも実質的にも分けていたベルリンの壁が崩壊し、冷戦の終結を告げた。ソビエト連邦はまもなく解体して15の独立国が成立し、各国は共産主義の過去にはばかることがなくなった。１９８０年代が終わりを迎える頃には、自由民主主義的な資本主義が、世界中の国々にとって必然的な歴史的到達点であるかに見えた——政治学者のフランシス・フクヤマが、あえてそれを「歴史の終わり」と呼んだように。[2]

社会的責任の初期の支持者たちの考えを正当化した社会主義の脅威が概ね消滅したのが、この歴史の終わりであった。それ以前は、アメリカと連携した西側と、ソ連と連携した東側の間で冷戦が繰り広げられていた。これは何よりも、社会的・道徳的立場を口実に戦われた戦争であり、レーガンはソ連を「悪の帝国」と呼び、冷戦を「正邪の、善悪の戦い」と呼んだ。[3] サッチャーもレーガンも熱心な反共主義者であり、冷戦の終結は、民主主義と資本主義の「善」が国家社会主義の「悪」に「勝利」したという、道徳的勝利として描かれた。レーガンとサッチャーはこの成功を収めるために尽力した。また、これは単なる政治的勝利ではなかった。経済的には、彼らが市場資本主義を熱心に擁護したことの、そして「自由」市場を確実に普及させるために政治的介入が必要だったことの正当性を裏づけるものだった。

サッチャーとレーガンが訴えた新たな右翼思想は、曖昧な文化伝達によってだけではなく、国際金融機関の世界銀行と国際通貨基金が講じた政策を通じて、世界的に広まった。こうした機関は、低税率や、企業規制の緩和、関税障壁の撤廃、通貨の自由な流通、公共サービスの削減、公的機関の民営化が明らかに必要だと説いたので、その影響力を軽視することはできない[4]。この新たな正統派経済学説は、労働市場の規制緩和および組織労働者の力を制限する動きと結びついた[5]。資本主義は解き放たれ、市場メカニズムへの限りない信頼が、経済成長と繁栄という新たな約束を生み出した[6]。

論争を呼んだ複雑な新自由主義の歴史をここで論じる余裕はないが[7]、ビジネスの社会的責任とされていたものが１９８０年代以降どのように変化したのか、それがウォーク資本主義の系譜にどう当てはまるのかについて、考察を加えることは重要である。サッチャーが述べたように、新自由主義プロジェクトの中心は、すべての人を資本家にすることだった。「大衆資本主義とは、国家の経済生活において多くの人々に権利を与えるための十字軍にほかならない[8]」と、サッチャーは１９８６年の保守党大会で言明した。新自由主義は、市民がそれぞれに経済と関わってほしいと望む、単なる機能的問題ではなかった。それは、働く人々が自身を個人として理解する方法を根本的に変えようとする、心の奥に抱かれた願望であった。サッチャーの「大衆資本主義」は、誰もが資本家になることを意味し、民営化はそのための主要手段だった。それを確実に実現させるために、民営化によって労働者階級の人々が株主となるようにと、イギリス政府は階級のステレオタイプを多用した大がかりな宣伝活動にも資金提供した。

サッチャーが新自由主義的なアイデンティティ・ポリティクスを採用する前から、その動向をいち早く見抜いていた思想家には、哲学者で歴史家のミシェル・フーコーがいる。フーコーは１９７０年代後半の講義で、彼の周囲で起こっている社会的・政治的変化は、典型的な自由主義の伝統で理解されるような自由市場経済に関するものだけではないと明言していた。フーコーはそれどころか、当時起こっている変化は、市場経済原理が経済学を超えて社会に広く影響を及ぼすものであることを明らかにした。彼によれば、新自由主義は、自由主義的な自由市場と、政府の市場への介入を最小限に抑えることを重視し、ほぼ同一の経済的に自由な価値観を生活にも当てはめるように市民を促そうとしていた。彼は次のように述べている。

> 新自由主義的な政府の介入は、他のどの体制にも劣らず、濃密で、頻繁で、活発で、継続的である。しかし、重要なのは、今のこうした政府介入の作用点が何であるのかを理解することだ。これが自由主義体制である以上、政府は市場の影響に介入してはいけないことになっている。新自由主義であれ、新自由主義政府であれ、社会に対する市場の破壊的影響を是正

してはいけない［……］社会をそのようなものとして介入し、その構造と深さに介入しなくてはならない。基本的には、社会のあらゆる瞬間、あらゆる地点で競争の仕組みが規制的役割を果たすように社会に介入しなければならず、このような形で介入することによって、その目的、すなわち市場による社会の全般的な規制が可能となる[9]。

このフーコーの警告からわずか数年後に開始されたサッチャーの計画は、まさに経済を規制するだけではなく、市場のメカニズムを通して社会を規制するものだった。「経済学とは手法であり、その目的は心と魂を変えることだ[10]」と彼女は主張した。人々は家父長的な束縛から解放され、冷静に秩序立てながら経済的な自己改善を追求してその自由を使うことになる。サッチャーのプロジェクトは、経済的プロジェクトであると同時に、道徳的プロジェクトでもあり、イギリス国民に規律、自主、自立を植えつけようとするものであった[11]。

サッチャーが創造しようとした「魂」は、進取の気性に富んだ、資本家志向というもので、企業文化の変化にも幅広く反映された。１９８３年はとくに重要な転機の年となった。この年、「株主価値」という言葉が、日常的に使われるビジネス用語のひとつとなったのだ。この用語は、１９６０年代半ばから経済紙で時折使われるようになり、１９７０年代には次第に学術研究に登場するようになった。１９８０年代前半になると、この用語の使用は爆発的に増えて、企業の役員会議で集中的に取り上げられるようになった。１９９０年代頃には、企業に期待される基本的価値観のひとつとして完全に定着した[12]。株主価値は、サッチャーの企業への熱意と、イギリスを会社の商業的成功に経済的繁栄を委ねる株主の国にしようという願望に、完全に合致していた。

ミルトン・フリードマンはサッチャーが首相の座にあったときに顧問を務め、両者ともに経済的自由主義への揺るぎない熱意を抱いていたことは、特筆に値する。民営化、労働市場、失業、インフレ、金融自主権、政府債務に関して、サッチャーの政策はフリードマンの経済理論をそのまま利用していた[13]。サッチャーは２００６年にフリードマンの訃報を受けて次のように語った。

ミルトン・フリードマンは、自由経済学がほとんど忘れ去られていた時代にそれを復活させた。彼は知的な自由の戦士だった。これほどまでに陰気な科学の陰気な実践者はいなかった。旧友の明晰な思考に触れたり辛辣なユーモアを聞けないと思うと非常にさびしい思いがする[14]。

経営者には株主の経済的利益を最大化するように行動する道徳的義務があるというフリードマンの主張は、コーポレート・ガバナンスに新たな指針を与えた。株主はプリンシパル（経済主体）であり、経営者はそのエージェント（代理人）であり、それ以上でもそれ以下でもなかった。それ以前の世代では、企業の所有権と経営支配を分離する意義が論じられていたが[15]、１９８０年代に株主価値という概念が受け入れられて、企業幹部は株価という株主の財務的価値を最大化すべきだとされた。そのうえ、彼らはこの唯一の目的を追求することが他者に及ぼす影響を無視すべきであるともされた。[16] 株主と経営者との間の力の均衡が根本的に変化して、株主（とくに機関投資家）が主導権を握るようになった。[17]「経営者が業界の君主となり、彼らを制御する有効な手段は存在しない」という長年受け入れられていた認識がついに破られた。株主が一番になったのだ。[18]

株主価値とは、原則として、配当と株価上昇の観点から企業が株主に生み出す経済的利益のことだ。これは「株主価値の変動」と呼ばれてきた。組織的価値としての株価への注目度は１９８０年代から大いに高まり、それを原動力とする企業経営者がどんどん増えていった。この注目は、１９７０年代の主に英米における経済停滞への反応であり、グローバル化する経済のなかで企業が直面する新たな競争によって引き起こされた面もあった。コーポレート・ガバナンスに対して浸透していた考え方の正当性が大いに疑問視されるようになり、根本的なアプローチの転換が図られた。１９８０年代は転換点で、株主価値が企業の主要目標と広く見なされるようになり、成長、収益性、市場シェアなどその他すべての目標や、非株主のニーズへの対応は、せいぜい二の次とされた。企業の成長や利益の留保と再投資を重視したそれまで主流だった事業戦略――「留保・再投資」戦略――の代わりに、当座の株主の利益に奉仕することが１９８０年代には重要になったのだと、当時は広く認識されていた。[19]

株主価値は、コーポレート・ガバナンスの新しい理念として、まずアメリカとイギリスで受け入れられ、やがてヨーロッパに広まり、多国籍企業の行動を通して全世界に影響を及ぼした。[20] ミルトン・フリードマンが１９６０年代から１９７０年代にかけて主張したこと、つまり、企業が唯一責任を負うのは資本の所有者に対してであるという主張が、事実上勝利したのである。１９８５年に、経営学教授のバーナード・ライマンは『ビジネス・ホライゾンズ』誌に寄稿し、新たな経営の常識として熱狂的に受け入れられていたことについてまとめた。

> 卓越性の追求は——製品の品質であれ、競争力やイノベーションであれ——それ自体のために行われるのではなく、企業の株主の最善の利益をはっきりと念頭に置いて行われる。したがって、株主価値の創造は、偶然に任されるのではなく、意識的に決定されることになる。これが、株主が企業の「卓越性」から利益を得ることができる唯一の方法である。[21]

サッチャーとレーガンの提唱は、少なからず、この株主第一主義という新時代の到来を告げ、とくに企業買収に対する国家の介入は、競争の激化や効率性アップ、進取の気性の高まりを理由に減少した。[22] １９８０年代には大量の敵対的企業買収が発生したことから、自社を敵対的買収の対象にされたくない経営者は、企業の市場価値を一層気にかけるようになった。最悪の場合、乗っ取り屋が株価の低い企業の株を買い占め、それを買収価格よりも高値で売り払うことになる。このような企業の乗っ取りや資産剥奪は、１９８０年代が最も盛んだった。これは１９９０年代にはほぼ見られなくなったが、その置き土産として、権力が経営者から株主へとすっかり移行することになった。

株主第一主義は、役員報酬の見直しにつながった。新しい報酬制度は、株主価値の増大を「奨励」するために、経営者と株主の間の対立を軽減するために、そして、株主に最大の利益をもたらす経営者が他企業に引き抜かれることを防いで企業利益を守るために考案された。役員の給与は、株式保有やストックオプション、株価連動型ボーナスという形で、株主価値と直接結びついていた。この時代に、役員の報酬が一般労働者の報酬と比べて大幅に増加したことは、驚くにあたらない。たとえばアメリカでは、１９７８年のＣＥＯの報酬は一般労働者の約30倍だったが、１９８０年代末には約60倍と倍増した。１９９０年代末には４００倍に達した。[23]

経済社会学者のヨハン・ハイルブロン、ヨッヘム・フェアフール、サンダー・クアックは、こうした傾向をまとめて次のように説明する。

> 株主価値がビジネスの主要目的として普及したこと[……]に付随して、役員の報酬は著しく増加した。これは、この新しい概念が経営者のエリートたちに比較的早く受け入れられた一因である。１９８０年代から１９９０年代初頭にかけての株主価値の普及は、企業幹部の報酬の増加と明らかに一致しており、これによって、所得と富の不平等の増大のかなりの部分が説明される。[24]

株式に関連したインセンティブが導入されたことで、経営者は自らの懐に利益をもたらす経営戦略を打ち出すようになり、その意思決定は変化した[25]。経営者の報酬が膨らむと、それに伴い、金融危機への対応としてではなく、経済成長期に株価を上昇させるために、企業の人員削減や従業員の一時解雇が広く実施されることになった。すると、生活の糧として当たり前のように与えられていた雇用が失われただけではなく、これ以降は経済全体で雇用不安が増大した[26]。サッチャーが約束した資本所有による繁栄の共有は、良くても夢物語であり、最悪の場合は詐欺であることが明らかになった。株主が誰よりも優先されるのだから、株主とその経営代理人は、他のすべての人々を犠牲にして、ますます多くの世界の富を手に入れていた[27]。

株主第一主義と企業の社会的責任

資本主義の権威の新形態としての株主価値という考え方は、１９５０年代から提唱されてきた社会的責任とは相容れないように思われるだろう。フリードマンがそうした考え方に反対していたことを考えれば、なおさらである。これを検討する際に、フリードマンによる資本所有者以外への経営責任の否定は、純粋にフリードマンの言葉に基づいて効力を発したと見なすのは早計だろう。実際、１９８０年代以降も、社会的責任を求める声はなくなっていなかった。それどころか、現実には、株主価値の時代には、企業への社会的責任、いわゆるＣＳＲへの支持も急激に高まったのだ。だが、企業の社会的責任（ＣＳＲ）というこの新概念が、従来の社会的責任と大きく異なるのは、ＣＳＲも株主価値の武器の一部になったことだ。社会的責任は、社会への関心や社会主義の代用よりも、自己中心的な企業戦略に完全に組み込まれるようになった。

「社会的責任のビジネスケース」は、こうした変化の先頭に立った。この新しい形態では、社会的責任は、経営者が株主価値の向上のために意図的に利用できる企業戦略の一部だった。企業がＣＳＲを採用する場合は、それが財務実績の向上につながることを示して正当化するビジネスケースが存在する。もちろん、これは必然的に、社会的に有益な企業活動が株主価値に寄与しないのであれば、企業はその活動にまったく関わらないようにすべきだということになる。「たいていの企業は、ステークホルダーに対する事前のコミットメントからではなく、長期的な価値を最大化する手段としてＣＳＲ構想に資源を投入する」という傾向が一般に見られた[28]。とりわけ、ＣＳＲは企業活動の正当性を向上させ、友好ムードを高め、最終的には、資本主義のあからさまな搾取に対しステークホルダーが抵抗する危険性を軽減できることから、戦略的つながりが生じると見られていた。よく言われるように、「優れた倫理観は良好なビジネスをもたらす」、あるいは少なくとも、優れた倫理観のように見えるものは、ということだ。このようにして、社会的責任は、株主価値の最大化という企業目標と完全に一致すると見なされるようになった。

コーポレート・ガバナンスを研究するパディ・アイルランドとレジーヌ・ピレイは、株主価値とＣＳＲの関係についてまとめた。彼らによれば、初期のＣＳＲには株主第一主義に異を唱えようとする動きもあったが、21世紀を迎える頃には状況が大きく変化したという。

> ＣＳＲの考え方には、取締役は株主に対してのみ強制力のある義務を負う民間企業として、株主重視モデルを前提とする傾向がある。社会的責任を負う企業という初期の考え方は、真に変革的側面があったが［……］現代のＣＳＲは本質的に改善に役立つもの、株主と利益のみを重視する私企業としての企業の考え方を、揺るがせたり置き換えたりするのではなく、強化しようとしている。[29]

では、なぜ株主価値運動はＣＳＲを必要としたのだろうか？　株主第一主義は１９８０年代から１９９０年代にかけて主流であったが、その価値観は２０００年の最初の10年間で、大いに疑問視されるようになった。２００１年のエンロン、２００２年のワールドコムといった企業の会計不祥事を世間の人々が目の当たりにし、企業に対する信頼が薄れた。２０００年のドットコムバブル崩壊による金融危機と２００７年の世界金融危機も、経済システムの有効性について多くの人々に疑念を抱かせることになった。グローバル資本主義は、もはやサッチャーやレーガンが約束した繁栄への王道とは思えなくなった。それどころか、こうした出来事は、ＣＥＯの強欲ぶりや、株式市場の熱狂、腐敗した利己主義が招いたという見方が広まった。これに対して、ＣＳＲは株主第一主義を根本的に変えることなく、より受け入れやすくするための救済策となった。そして、「企業のステークホルダー集団に対する１ドルの投資は、限られた時間における少なくとも１ドルの期待リターンによって正当化されるべきだ」という、「啓発された価値最大化」と呼ばれるものが生じた。[30]

かつては、企業は社会的責任を果たすべきか、それとも株主に対してのみ責任を負うべきかについて白熱した議論が交わされていたが、サッチャーとレーガンの後には、ＣＳＲが株主価値を高める企業戦略として完全に定着した。ＣＳＲがいかに企業社会に浸透していたのかについては、過小評価してはならない。21世紀を迎える頃には、ＣＳＲは大企業のなかでほぼ制度化されていた。正式には任意だが実際には、企業の慈善活動から「倫理的《エシカル》な」製品の販売、環境管理まで、想定されたビジネスケースに基づいてすべて正当化されるＣＳＲ活動に投資することが、あらゆる企業に期待された。[31]これに関する認識で最もよく知られているのは、おそらくハーバード大学のマイケル・ポーター教授とマーク・クレイマー教授だろう。２人は２０１１年に発表した論文「共通価値の創造」[32]で、優れた企業は、短期的な財務結果を重視する近視眼的で古風な「価値の創造」の概念から脱却したと論じて、大きな影響を与えた。彼らは、企業が長期的利益を達成するためには、社会的課題に取り組むと同時に、企業自身の価値を最大化する方法を見出すことが必要だと提言した。ポーターとクレイマーは、この取り組みの実践モデルとして、ゼネラル・エレクトリック、ウォルマート、ネスレ、ジョンソン・エンド・ジョンソン、ユニリーバなどの企業を挙げた。

ポーターとクレイマーが提唱した共通価値の概念によって、かつては社会問題だったことが、ビジネスの戦略的機会、すなわち株主価値を高める手段として見直されるようになった。この考え方は、ビジネス界では広くもてはやされたが、ビジネスの利益と社会問題との緊張関係をごまかし、拡大する不平等を無視し、ビジネス活動の複雑さをかなり単純化したものだった。組織にとっては好都合なことに、共通価値は、「企業の利己主義が神聖なものであることを疑問視せずに、企業の目的を再考する」ふりをしていたのだ[33]。

株主価値がコーポレート・ガバナンスの指導原理として定着するにつれて、企業はグローバル化する経済を次第に支配するようになってきた。多国籍企業は非常に強力であったため、本来なら国民国家のものである主権に匹敵するまでの水準に到達したと評された。グローバル企業の売上高を国内総生産にたとえて算出すると、前世紀末の段階で、世界有数の経済大国のうち51カ国は企業となった[34]。この場合、企業への権力の移行は、個々の企業体の富や権力にとどまらず、企業部門へと、一般的には資本主義へと権力を譲る、政治システムの変化だと認識することが重要だ。とどのつまり、個々の企業は現れては消えるものだ。金融学が専門のデイヴィッド・ミシェイルック教授は、これまでニューヨーク証券取引所で「一文字のティッカーシンボル」［訳注　ティッカーシンボルとは、証券取引所で取引されている公開企業を識別するための文字］を持つ企業を選び出し、追跡して分析したところ、見えてきたことがあった。一文字のティッカーシンボルは、株式取引量の多いトップエリート企業に与えられた。一文字なのでキー操作ひとつで取引をたどることができた。20世紀初頭から21世紀初頭にかけて、とりわけ1960年代から、一文字のティッカーシンボルを持つ企業の価値は、大幅に下落した。一文字のティッカーシンボルの企業はほとんど入れ替わり、かつて使われていた文字は、現在では別の企業に使われている。かつての一文字のティッカーシンボル企業は消滅したか、重要性が低下したのである。(35)

道徳化を隠れ蓑に

企業資本主義は、新しい企業や慣行によってそれ自体を再創造することによって、環境の変化に適応するシステムとして成功を収めていることが判明している。企業の社会的責任による企業の道徳化は、近年におけるその一例として重要である。企業主権の時代を迎えて、社会的責任は、ビジネスを道徳化することによって企業の力を拡張するという新たな目的を持つようになった。それは、貪欲な世界進出を世間の目から隠すために、企業の倫理的信用を確立することであった。(36)経営学教授のボビー・バネルジーは、その状況を明確に説明している。

> 解放のための主張であるというのに、企業市民や社会的責任、持続可能性についての言説は、ビジネスの利益への偏りが際立ち、外部のステークホルダーの利益を抑制する働きをする。［それらは］大企業の力を正当化することを目的としたイデオロギー運動である。(37)

１９８０年代以前の社会的責任は、企業の力を抑制して資本主義を維持しようと努める形をとっていたが、２０００年代までに状況は変化した。ビジネスに明確に責任を持たせるということは、企業資本主義を強化するために企業の力を維持し拡大しているも同然だった[38]。現在ではついに、社会的責任が株主価値という考え方に完全に組み込まれるに至った。

社会的責任と企業権力、株主価値との結びつきは、その後のウォーク資本主義となるものの基礎を築いた。その重要な変化としては、企業がＣＳＲのビジネスケースを利用するのではなく、ウォーク資本主義が「政治的ケース」とでも呼ぶべきものに依存するようになったことが挙げられる。中核事業の活動とは直接関係がないが、一見したところ責任ある行動をとっているため、ウォーク資本主義によって企業の活動範囲は広がる。これは一般的に、進歩的な社会的大義への公的支援や資金提供に関連することが多い。それは単に企業ブランディングの問題にすぎず、社会に広く訴えるはずの政治的問題に関わることで、企業が利益を得たいと考えている、と結論づけるのは簡単だろう。確かにそうかもしれないが、少なくとも民主主義の伝統においては国家と市民社会の領域であった公共圏をコントロールしようと企業が押し入るという点で、ウォーク資本主義はさらに踏み込んでいる。ウォーク資本主義が主に関わるのは、企業の権力である。ウォーク資本主義には、企業が政治と経済の領域で世界支配の道を歩み続けられるように、自由民主主義と資本主義を長年つないできた鎖を断ち切ることが、必然的に含まれるのだ。

ウォーク資本主義という新時代への移行を知らせる重要な兆候は、２０２０年までに株主価値についての議論に終止符が打たれたと思われることだ。スイスアルプスのダボスで開催された世界経済フォーラムの総会ほど、その国際的な影響が顕著だったところはないだろう。第2章で述べたように、２０２０年の総会の明確なテーマは「ステークホルダー資本主義」であった。ダボス会議で明言された目的は、「政界、財界、文化界などのトップリーダーを巻き込み、「世界、地域、産業のアジェンダを形成する」ことである。[39] 毎年1月に、世界の指導者、億万長者、著名人、その他陰の実力者などのグローバルエリートが、この「形成」のために招集される。２０２０年は、フォーラムの50周年にあたるだけではなく、ウォーク資本主義の時代の到来を示していたことから、とくに興味深い会議となった。コロンビア大学法学教授のティム・ウーは、会議場を歩いているときに、参加者たちが「企業界は行いを改めつつある」というメッセージを熱心に語っていることに気づいた。サッチャーは40年前に企業と自由市場の美徳を擁護したかもしれないが、ダボス会議でのウォークネスから受けた印象を、ウーはこう語った。「無制限な資本主義は行き過ぎたとか、企業の貪欲ぶりが地球を危険にさらしているとか、抜本的変革の時が来たのだなどと聞いて、ビジネスカジュアルなバーニー・サンダースの集会[40]」に間違って足を踏み入れてしまったのかと思ったという。そこでは、資本主義が反資本主義的な社会主義のマントを身にまとっていたのだ！

ウーが言及したのは、２０２０年の懇親会にあわせて発表された世界経済フォーラムのマニフエストだった。このマニフェストは、経済的に持続不可能なステークホルダー資本主義の性質とされるものの先に進んだ、「資本主義の新形態」の必要性を明言していた。「企業を導く一連の倫理原則」と称するマニフェストは、企業の目的について、強制力のない、心地よい気分にさせるステートメントを提示した。企業は「共有された持続的な価値創造に、すべてのステークホルダーを巻き込む」ことになっていた。つまり、顧客には魅力的で価値ある提案が示され、労働者は敬意をもって扱われ、サプライヤーはパートナーであり、政府には税金が納められ、企業は世界を改善する義務を負う地球市民と自らを見なすのである。それはまるで、新形態の「愛情あふれる」資本主義というユートピアに思われるかもしれない。そこでは、かつて利己的で、貪欲に利益を求め、株価を最大化した者たちが、自分たちのやり方が間違いだと気づき、その力を公共の利益のために使い始めることになる。ここが難しいところだ。マニフェストは、その原則の動機を明確に示している。「企業の長期的な繁栄を強化する政策と決定への共通のコミットメント」によって、すべての「ステークホルダー」は活気づけられるべきだとされている[41]。ウォーク資本主義は、進歩的な体裁を整えてはいるが、根本的には、主として長期的な企業の利益と結びついたままである。さらに、一見すると、企業の寛大さを示す真に他者に配慮したプログラムのように見えるが、よく読むと、企業は、社会を構成するすべての者と組織を自己の利益に取り込もうとしていることがわかる。イケアの小売部門の責任者であるトルガ・エンチュは、ダボス会議でこう言い表した。「良いことをするのが良いビジネスだ[42]」。

『ニュー・ステイツマン』誌で海外関連記事を担当する編集者のジェレミー・クリフは、ダボス会議のウォークなアジェンダについて、示唆に富む分析を行っている。この新しいマニフェストは基本的に、1980年代にサッチャーとレーガンによって解き放たれ、21世紀初頭までに成熟した、企業の行き過ぎと不平等に対する反応であり、少なくとも口先だけの反応であった。不平等の拡大と世界の多くの人々の権利剥奪に対し、大衆が反発している時代に、クリフは新しいウォーク資本主義を、「世界で起こる問題に対する真剣な答えであると同時に、怒りを覚える労働者や消費者、有権者に対する保険証券」であると呼びかけた。[43] 課税による富の分配、市場の国家的規制、労働者の組合化に基づいた社会民主主義に対する直接的な侮辱として、ウォーク資本主義によって政治的主導権を握るのは資本家たちである。今日のウォーク資本主義が過去の企業の社会的責任と異なるのは、単に正統性を維持し、反乱を防止し、規制を回避するのではなく、思想的にも実質的にも、民主主義を直に乗っ取ろうとしていることである。

第6章

ウォークネスの皮を被った狼

ラリー・フィンクの主張

「根本的な経済の変化と、永続的解決策を提供できない政府の失敗によって社会は動揺しており、官民を問わず、企業が差し迫った社会的・経済的課題に取り組むことを、社会は一層期待するようになっています」[1]。投資運用会社ブラックロックのＣＥＯで大富豪のラリー・フィンクはそう綴った。このメッセージは、同社が投資する企業のＣＥＯたちに宛てた、２０１９年の年次書簡の一部である。この書簡を利用して、フィンクは社会に対する企業の責任についての自説を展開した。金融市場が不透明で、信用が低下し、賃金が低迷し、テクノロジーが雇用を脅かすという暗い世界が訪れ、やがて、社会不安が「民衆の怒り、ナショナリズム、外国人排斥」となって世界中に押し寄せる。そうなれば、民主国家は機能不全に陥り、公的機関への信頼は低下するだろう、と彼は考えた。

このような暗黒の時代から抜け出すには、どうしたらよいのだろうか？「企業が解決策を打ち出すことを人々は望んでいる」とフィンクは答えた。彼によれば、環境保護であれ、持続可能な年金や、ジェンダーの不平等、人種差別であれ、企業がその解決策を考案することが必要だという。「世界はあなた方のリーダーシップを必要としています」とＣＥＯたちに説いた書簡から、彼が確固たる道義心を持っていることが窺われた。これは、投資先企業のＣＥＯたちに宛てた

２０１８年の年次書簡を強化する内容となっていた。２０１８年の書簡では、「社会は以前にも増して民間企業に目を向け、幅広い社会問題に対応するよう彼らに求めているのです」とも主張していた。彼のメッセージは明確で、「社会は、企業が官民を挙げて社会的目的に役立つことを求めています」と訴えていた。[2]

フィンクの書簡はメディアで大きな注目を集め、企業は社会的目的を持つ必要があるという彼の主張について、識者が白熱した議論を繰り広げた。極右ではブライトバート・ニュースが、「ブラックロックの裏切り――#WokeWallStreetが左派のアジェンダをアメリカ企業に押しつける」というセンセーショナルな見出しで反応した。ブライトバート・ニュースには、経営する企業に社会への貢献をさせる責任がＣＥＯにあるとするフィンクの主張は、権力の乱用にあたると映ったのだ。さらに、これはフィンクが自分の立場を悪用して、企業が「企業責任の名の下に左派的な政策目標を取り入れる」ように仕向けた、社会主義者の陰謀だと断じた。[3]ケーブルテレビのニュースチャンネルであるフォックス・ビジネスも同様の評価を下しており、フィンクの姿勢は「企業社会主義」の危険な傾向だと決めつけた。フォックスは、「経済的見返りを生まないような目標に儲けた金を使ってはならない」という陳腐な右翼の信条を唱える、コーポレート・ガバナンスを研究するデラウェア大学教授のチャールズ・エルソンの言葉を引用した。[4]ここに、ウォーク資本主義に対するお決まりの、予想通りの批判がある。すなわち、ウォーク資本主義は道徳的に完全に悪いとは言えないまでも、左翼の進歩的政治の堕落した魅力に屈しているのだから危険だというのだ。
２０２０年にフィンクがＣＥＯに向けた年次書簡を発表したときも、同じような反応が起こった。その当時彼が念頭に置いていたのは、環境問題だった。彼は、環境問題に対する行動を求めて何百万人もが街頭で繰り広げた２０１９年の気候変動抗議デモを取り上げて、「気候リスクが我々の物理的世界に、そして経済成長に資金を提供するグローバルシステムにどのような影響を与えるか」理解するようＣＥＯたちに求めた。フィンクが伝えようとしたのは、ＣＥＯには、エネルギー源としての化石燃料からの脱却を世界的に支援する責任があるということだった。これは単なる親切なアドバイスではなかった。フィンクの会社に力があり、彼が投資の方向性を決める権限を持つということは、彼が強硬策をとれることを意味しており、彼はそうすると誓っている。婉曲な脅しと受け取れる文面で、フィンクはこう明言した。「持続可能性関連の開示や、基本的なビジネス慣行や計画について企業に十分な進捗が見られない場合、［ブラックロックが］経営陣や取締役に対して反対票を投じる見込みは強まるでしょう」。要するに、ＣＥＯたちが気候変動への取り組みを支持しなければ、ブラックロックは資金を別のところへ移すと脅したのだ。[5]
ブラックロックは、ウォークネスでメッキされた中身のない言葉を繰り返していただけではなかった。２０２０年1月、同社は持続可能性リスクの高い投資から撤退することを正式に発表した。ほんの数年前までは政治的に不可能だと思われていたことに、環境活動家たちはフィンクと彼の会社のもとに馳せ参じて、これは「歴史的瞬間」で「驚くべき躍進」だと言い放った。[6] フィンクは大勢から称賛され、現代のＣＥＯの模範だとされた。ピーター・ホーストは『フォーブス』誌に寄せた記事で、フィンクの２０１８年の書簡を、インターネットの発明ならびにアイフォンの発売と比べた。その類似点はというと、どれも「環境を再定義し、出来事の流れを方向転換させる転換点として際立つ」ことだ。この書簡は「衝撃的」だったとホーストは言う。これは、単に利益を出すことにとどまらず、「世界をより良い場所にするためにリーダーシップを発揮するようにという、ＣＥＯに対する高らかな呼びかけ」にほかならなかった。[7]

　フィンクはハッタリをかけていたのではなかった。２０２０年7月14日の『フィナンシャル・タイムズ』紙には、「ブラックロック、気候変動対策への不作為を理由に53社の処分に踏み切る」との見出しが躍った。気候変動対策に十分な進展が見られないと判断した企業の名前を挙げた報告書を、ブラックロックは発表していた。『フィナンシャル・タイムズ』紙はその報告書について取り上げた。十分な取り組みをしていないと非難された企業は、２４４社にのぼった。そのなかには、自動車メーカーのダイムラー（現・メルセデス・ベンツグループ）、石炭大手のピーボディ、電力会社のフォータムといった大企業の名前もあった。ブラックロックは53社に対し年次株主総会で行動を起こした。ブラックロックは主に、持ち株を利用して取締役の再選に反対票を投じ、提案された経営判断を阻止したのだ。同社は方針に従おうとしない企業に対して、脅しをかけることも厭わなかった。進展が見られないという理由で、ブラックロックの「監視」下に置くと通告された企業もあった。彼らは１年から１年以内に行いを改めるように指示された。それに従わない場合は、ブラックロックによれば、「実質的な進捗がない場合、２０２１年に議決権行使を選択することも辞さない」ということだった。[8]

　こうした高圧的な手段をとっていたものの、フィンクが投資を引き揚げる動機は、「地球を救うためにさらに行動すべきというポピュリズムの圧力」に屈したためではないかと疑問視された。[9]ブラックロックは、国内ではウォークネスを声高に掲げているのに、温室効果ガスを排出する中国企業の株式を大量に保有していることから、偽善的だとの批判を広く受けていた。[10]これが欧米のポピュリズムを反映しているならば、企業がウォーク資本主義に関わるのは、世論の支持を得た時流に乗っているからだという考えを認めることになる。これをさらに進めて、企業がウォークネスの流れに乗ると、政治的左傾化へと追い込まれるという見方がある。これまでにも、圧力団体が企業活動を方向転換させることに成功した事例は豊富にある。たとえば、清潔な水を手に入れられない女性たちに粉ミルクを広めたネスレが、１９８０年代に受けた圧力や、フランス政府がムルロア環礁で行った核実験に続いて、１９９０年代に世界中で起こったフランス製品のボイコットなどがそうだ。

　ウォーク資本主義は違う。活動家や抗議者の要求に応じるだけではなく、企業が率先してその大義を推進し、そのことを大々的に触れ回ってもいる。ブラックロックは早速、「企業の社会的責任、サステナビリティ、インベストメント・スチュワードシップ、透明性、インクルージョンと多様性における、我が社のリーダーシップを評価する数多くの組織のほんの数例」として、

『フォーブス』誌などが選ぶ「アメリカで最も公正な企業」に2020年に選出、「責任投資原則（ＰＲＩ）評価報告書の戦略＆ガバナンス部門でＡ＋」、ダウ・ジョーンズ・サステナビリティ・インデックス（北米）に選定[11]と、得々とその評価を紹介している。そして、「すべての政府や企業、株主は気候変動に立ち向かうべきだ」と明言したわずか1週間後の2020年2月、フィンクはニューヨークで、9800万ドルの自社プライベートジェットに乗り込み、世界の現状についてオーストラリアの金融業界にレクチャーするためにシドニーへと飛んだ。その飛行距離は1万6000キロで、1時間に1100キロのジェット燃料を消費した。マスコミが彼を独善的、偽善的と見なしたのも無理はない[12]。

『スペクテイター』誌はラリー・フィンクの行動を、「政党の政治闘争で肩を持つことなど夢にも思わない企業が文化闘争に参入するという、〝ウォーク資本主義〟のきわめて一般的な傾向」を示すものだとした。この記事によれば、企業は、反ビジネス的な要求に従わなければ生計を脅かすとする、怒りに身を任せた左翼の政治的暴徒の圧力に屈している。同誌は、「地中から石炭や石油、ガスを採掘することは、〝見識ある〟銀行家による処罰を必要とする反社会的行為ではなく、過去2世紀にわたり生活水準を見違えるほど変化させたプロセスの一部である［……］」との見解を述べた[13]。ブラックロックは、資本主義への攻撃を目的とする、環境に優しい暴君に屈したにすぎない、と見なされた。

フィンクの言動に対するこうした反応からわかるのは、純粋な資本主義の美徳に対して誤解に基づき攻撃しているとして、ウォーク資本主義に対する批判が右派の間で広まっていることだ。企業が本来の使命とそれを支えるイデオロギー的な経済保守主義を見失っていることが窺われる。ウォークな資本家は、気候変動活動やポリティカル・コレクトネス、アイデンティティ・ポリティクスなどを広める左翼の詐欺師たちに抵抗できない、意志が弱く取るに足らない存在だと位置づけられている。エモリー大学アクトン研究所のサミュエル・グレッグは単刀直入に、「ウォーク資本主義はビジネスを腐敗させる」と語る[14]。それは、進歩的な政治が企業を誘惑しており、そうすることによって、政治はその真の社会的目的を忘れてしまったことが明らかになるからだと彼は言う。

企業には特定の目的があり、それを追求する際には、厄介な左翼のアジェンダに干渉して道からそれるべきでないと、グレッグは主張する。その目的は経済領域に限られており、政治的大義（とくに進歩的な大義）はビジネスの主要目的から外れているので、全面的に避けるべきである、と。現代のウォーク資本主義に対する批判と社会的責任に対する批判との大きな違いは、政治面の重視である。ウォーク資本主義が非難されるのは、企業が必ずしもビジネスとは言えない活動に携わるからだけではなく、その活動が政治的に進歩的だと見なされるからだ。

企業をウォークだとして非難するのは、左翼的な考えなら何であれ攻撃するための、保守政治の大きな動きの一部である。企業が社会に貢献しないことが保守派の立場だというわけではない。だが、少なくともグレッグにとっては、そうした貢献は「人々の物質的な必要性と欲求を満たす富の創造と成長」に限られるということだ。グレッグは保守的な虚勢を張って、「ビジネスは、マルクス主義的な意識を向上させる計画や、家族構成の変更、世界平和の確立のために、あるいは国家の歴史的過ちを正すために存在するのではない」と言い切る。[15] どうやらウォークな資本家は、紺のスーツを着た銀行家や金融業者の姿でトロイの木馬に乗り込み資本主義に潜入する、急進的な共産主義者らしい！

主張に対する反応

『アメリカン・コンサバティブ』誌のシニア・エディターであるロッド・ドレハーは、何であれウォークなものにビジネスは手を出すべきではないという考えを、ことさら声高に訴える。ドレハーは「ウォーク資本主義は我々の敵だ」と断言する。この場合の「我々」とは政治的保守派のことだ。彼はウォーク資本主義のことを、全体主義的だと見なし、進歩的政治に付随する、彼いわく一種の宗教的熱情に浮かされた状態に人々を変えようとする点で、人心を操作するものだと見なす。「［ウォーク資本主義とは］革命の目標や方法をビジネスにとって望ましいものとして、そして従業員が真価を発揮する機会として再定義することによって、要は人々に文化的な革命の受容と参加を強要するものだ[16]」と憤慨する。ドレハーにとって、ウォーク資本主義は「文化的帝国主義」または「ソフトな全体主義」の一形態であり、企業が進歩的な立場を取り入れることで、他の人々、たとえば従業員に相当な政治的圧力をかけて、彼らがたとえそれを信じていなくても、同じ立場をとるように迫るのだ。たとえば、スウェーデンの家具メーカーのイケアがゲイ・プライド運動を支援することに対して、個人の宗教的信条に反するという理由で反対した従業員男性が解雇されたという事例を、ドレハーは挙げた[17]。

すでに述べたように、ウォーク資本主義が進歩的大義と文化的観点から結びつけられる限り、それは「本来の」資本主義の優れた真価を放棄することだと断じるところまで、保守派の批判は及んでいる。ウォーク資本主義は、ＣＥＯを虜にし、反資本主義の小道に導いた、左翼の洗脳にすぎない、と彼らは言う。だが、フィンクの話に戻り、その書簡を読むと、これは彼の見解とはまったく異なることがわかる。彼は数々の理由から、ウォークになるようＣＥＯに勧めているのだが、その最大の理由は、それがビジネスにとって好ましいことだからだ。フィンクはＣＥＯの道徳意識に訴えているのではなく、長期的にお金を稼ぐための最良の方法に関してＣＥＯの考えを変えようとしているのだ。それどころか、フィンクは自分を資本主義の救世主と見なしている。彼の教えに従えば、ビジネスは救済され経済は活性化する。企業は公共の問題に取り組むことができるし、取り組むべきであるとする一方で、フィンクはその動機も示していた。「自社の目的とステークホルダーに対する責任を果たす企業は、長期にわたり報酬を得る[18]」というのだ。

それはどのような報酬なのだろうか？　公共の問題に対処しない企業は、企業活動を脅かすような市民の不安や労働者の攻撃性を生みかねないと、フィンクは負の報酬を示して警鐘を鳴らしている。フィンクは第二の動機として、新しい世代が出現するにしたがい、企業の財務的価値と長期的な収益性は次第に「環境、社会、ガバナンスの問題[19]」に基づくようになる、と提示した。たとえば彼は環境問題について、「気候変動は企業の長期的展望を決定づける要因となった」とする。つまり、多くの利益を得るためには気候変動に配慮した企業に投資すべきだということだ。これについての解釈や分析は必要ないだろう。フィンクははっきりとこう語る。「我々の投資信念は、持続可能性《サステナビリティ》と気候変動の要素を統合したポートフォリオが、投資家に高いリスク調整後リターンを提供できるということだ[20]」。

集団的利益を根拠に進歩的大義は追求されるべきだと、フィンクが卑劣な左翼に騙されて信じ込まされたと結論づけるよりも、彼の信念に偽りはないと結論づけるほうが妥当だろう。いや、そうではない。年次書簡を宛てたCEOたちに象徴されるように、彼は私的な利益に訴えているのだ。フィンクは、企業がさらなる社会的責任を負い、環境に配慮し、労働者の年金に気を配り、地域社会を支援することを提唱しているが、それはつまり、「企業の目的とステークホルダーに対する責任を果たす企業は、長期にわたり報酬を得る[21]」ということなのだ。言い換えるなら、ウォークにならなければ破滅する、ということだ！

フィンクの立場から、ウォーク資本主義は、復活した社会主義の波に乗って資本主義を否認するものではないことがわかる。ウォーク資本主義は、資本主義、少なくとも企業資本主義が将来も存続するために、現状に適応する方法として登場したのだ。これは喜ばしいことだとする者もいる。ハーバード・ビジネス・スクールのビル・ジョージは、『フォーブス』誌に寄稿し、「フィンクは社会主義者ではない」としたうえに、「世界の偉大な資本家のひとりである」とまで述べた。ジョージによれば、企業が社会的な目的を持つと、社員は自分の人生を有意義にしようとして、自らの目的意識を企業の目的意識に一致させるようになるからだという。すると、社員は一層懸命に働きイノベーティブになり、「その結果として収益が増加し、最終的には、継続的な株主価値創造の基礎となる生産性が高まる」[22]。言い換えれば、ウォークに行動することは、労働者の給料を上げずに生産性を引き出す方法なのである。

　公共の目的のためというフィンクのメッセージは偽装された社会主義だという批判に対して、社会的インパクト戦略を専門とするハーバード・ビジネス・スクールのマーク・クレイマーは、次のように力説した。「ビジネスリーダーはついに、社会的要因［……］は企業の経済的成功とは無関係だという、時代遅れの誤った概念をきっぱりと手放さなくてはならない。経済的成功は企業の社会問題への取り組み方によって大きく左右されるものなのだ」[23]。クレイマーはさらに、これは、フィンクの行動が将来の成功に向けた自社再構築を目的とするものであることを示しており、フィンクは現に、すべての企業がそうすべきだと考えている、と続けた。社会的インパクトとは、とどのつまり、善行に扮した競争優位のことなのである。

　ＣＥＯに宛てた、社会的インパクトと目的に関するフィンクの書簡に対し、３つの反応があったことを紹介した。第一は、その社会貢献を理由にフィンクを受け入れるという反応。第二は、企業資本主義の有利な美点を損なう、環境問題重視で左寄りの政治的アジェンダを売り込んでいるとして、彼に対する非難が起こったこと。第三は、社会的信用度からではなく、社会的インパクトを株主価値の新原動力として利用し金儲けをする、新たな方法を見つけたという理由で、再び彼が賞賛されたこと。第三の反応では、彼のアプローチが企業資本主義の救世主になると見なされた。第一の反応は、騙されやすいとは言わないまでも、素朴な反応である。第二と第三の反応は、企業システムの支配を長続きさせる方法について意見が分かれるとしても、根本的・経済的な保守性を保っている。

企業による民主主義の乗っ取り

本書で提唱する見方のなかには、さらに政治的で、はるかに厄介な見方がもうひとつある。それは、ウォーク資本主義とは、企業が民主主義を乗っ取るための策略であるという見方だ。ウォーク資本主義とは、民間企業が政府から政治権力を奪いそれを手中にしようとする手段なのである。これについては、フィンクの書簡の行間をさほど深読みしなくてもわかる。２０１８年の書簡では、２００７年の世界金融危機以降、「資本を持つ者が莫大な利益を得ている」一方で、資本を持たない者は「賃金の伸び悩み、不十分な年金制度」に苦しんでいることを認めている。その結果、世界が持つ者と持たざる者の間で二極化したと述べ、この二極化は、彼が「資本を持つ者」とした人々の富に対するリスクとなることを窺わせた。[24] 社会的目的に関するフィンクの高尚な道徳的主張が、にわかに、階級に基づいた自己の利益を守るためのように思えてくる。資本を持たない人々に対する彼の懸念が、純粋な正義感や他者への関心に基づいているのかどうか、わたしたちは問いただすべきかもしれない。それは、彼が属する億万長者階級が、資本主義の不平等をこれほどまでに推し進め、不満を抱く人々がついに反乱を起こすかもしれないと怯えて、不安を抱いたからではないのだろうか？

誇張や過大解釈をするまでもなく、これについてはフィンクがはっきりと述べているので、分析する必要はない。２０１９年の書簡で、資本主義が生み出したとてつもなく大きな不平等が、「人々の怒りや、ナショナリズム、外国人に対する嫌悪感を煽った」ことを彼は認めている。言い換えるならば、現代の資本主義がこれほど大きな不平等を生み出したという事実が、資本主義自体の存続を脅かしているということだ。彼によれば、この脅威は、社会主義ではなくファシズムから生じるものだという。企業が一体となってこの問題に対処しなければ、「政治的、経済的な大混乱」の影響をもろに受ける危険があると、フィンクは指摘する。[25] 思いやりにあふれたような彼の言葉が、一転して深刻な恐怖心の表れに聞こえてくる。彼の言う「経済的混乱」が、資本主義そのものを危うくするかもしれないという恐怖だ。

フィンクが提案するのは、平等と連帯という民主主義の価値観を取り戻すことではなく、必要ならば敵意をもって、企業が政府の機能を掌握すべきだということだ。そうしなければ、彼自身が利益を得ている不平等を可能にするシステムが破壊される危険性があるという、深刻な懸念を抱いているのだ。こうして、ウォーク資本主義の目的は、資本主義そのものを救うことだということが露呈する。政府は失敗したのだから、企業が介入することを国民は望んでいると、フィンクは明言してはばからない。２０１９年、彼は経済の不確実性に対する「持続的な解決策の提供に政府が失敗」したと断言した[26]。２０１８年にも、労働者の経済的生存に関して「政府が将来に備えていない」と述べていた[27]。

　壊れた民主主義制度を修復しようとするのではなく、投資銀行家さながらに、企業による企業のための敵対的買収をフィンクは提案する。政府が埋められなかったギャップを企業が埋めることを社会の一員である政治的市民が要求していると言って、彼はこれを正当化する。「社会」に対するこの宣誓は、それ自体が民主主義の放棄である。フィンクは、企業が介入する必要があるのは、「社会」、つまり国民が、それを要求しているからだと言い立てる。たとえそれが主に企業側の長期的な経済的利益のためであったとしても、企業は国家の問題に干渉する何らかの民主的な権限を付与されていると主張しているのだ。彼は繰り返しこう語る。「ステークホルダーは企業に対し、デリケートな社会的・政治的問題に踏み込むように迫っている――彼らは政府が効果的な介入を行っていないことを知っているので、なおさらだ[28]」。

　経済的不平等の拡大によって崩壊しつつある世界に対してフィンクが提示した解決策と、その不平等が生み出したポピュリスト的反応について、根本的な問題となるのは、それが民主主義の回復ではなく破壊につながることだ。フィンクは無数の人々の民意を主張する一方で、自らの提案の本来の意味を隠している——それは、企業が国家の民主的機能を引き継ぐことができるし、引き継ぐべきであるということだ。フィンクは実利を重んじているように見えるが、それは彼の見解の政治的意味を隠すための実利主義である。当然ながら、企業が私的利害によって支配されていることが問題であるし、そもそも企業は、労働組合という労働者の代表であれ、労働者との決定権の共有であれ、長い間民主化に抵抗してきたのだ[29]。しかし、私的利害が公的機能を引き継ごうとするとき、それがいかに倫理的な観点から表現されていても、それは民主主義の終焉へとまっしぐらに突き進む道であり、選ばれた者ではなく富める者によって国家が統治される、新たな金権政治の到来を意味する。

フィンクがウォークなアジェンダを追求し、そのアジェンダを自らの組織の権力と利益を強化するために利用している一匹狼だと片付けるのは簡単だろう。だが、フィンクはウォーク資本主義を一般に普及させようとする大使か何かではないのだ。その好例が、「米国主要企業の最高経営責任者[30]」を会員とする団体であるビジネス・ラウンドテーブルである。２０１９年8月、ビジネス・ラウンドテーブルは「企業の目的に関する声明[31]」を公表した。この声明で、彼らはあることを厳粛に認めるらしい内容を出した。１９９７年以降に発表したコーポレート・ガバナンスの原則のいずれも、「企業は主に株主に奉仕するために存在する」と述べていたことを、彼らは告白したのだ。この明らかな過失の自認の瞬間に、２０１９年の声明は、それまでとは１８０度方向転換して、彼らの言によれば、「すべてのアメリカ人に奉仕する自由市場経済へのコミットメントをより正確に反映する」原則を明言したのである。このコミットメントとは何だろうか？この声明は、現代の資本主義が深刻化させた不平等に対するフィンクの恐怖症的な反応を繰り返しており、「わたしたちのシステムの成功が包括的な長期的成長のうえに成り立つことを企業が認識できなければ、社会における大企業の役割について多くの人が当然の疑問を投げかけるだろう」としている。ここでも、ウォーク資本主義が、資本主義とそれが生み出す不平等が民衆の反乱なしに存続することを目的としていることが、はっきり見て取れる。

ラウンドテーブルの声明は、ステークホルダーとして挙げる人々に対して、さまざまなコミットメントを提示した。その究極的な目標は、顧客に価値を提供すること、従業員に公正な報酬を支払うこと、サプライヤーに倫理的な対応をすること、地域社会を支援すること、そして投資家に長期的な価値を生み出すことだ。この好印象を与え包括的な、ラウンドテーブルのビジネスに対する新アプローチは、さまざまな反響を呼んだ。資本主義の啓蒙時代の幕開けを告げる、歓迎すべき転換だという意見もあった。ドラッカー研究所のリック・ワルツマンはこの声明について、野心的であると同時に、「企業のリーダーシップの広範な基準設定に向かう記念すべき一歩」[32]だと述べた。その一方で、米国企業がついに左翼の度を越えた暴挙に屈し、資本主義がおかしくなったという見方もある。保守系シンクタンクであるアメリカン・エンタープライズ研究所のマシュー・コンティネッティは、「政治スペクトラムでは左派に安住する企業が、社会的地位と市場シェア［を利用して］、その文化的優先事項を気難しい大衆に押しつける」傾向の一端だと指摘した[33]。

こうした両極端でやや単純化された反応を先読みすることは、あら探しになる。ラウンドテーブルの声明に見られるのは、フィンクの言葉と同じウォークなレトリックである。このレトリックが、現代資本主義の欲望がひどく行き過ぎて自滅の種をまいたという、根強い恐怖を覆う薄い仮面だという点でも、やはり同じである。フォーチュン・メディア・グループ・ホールディングスの社長兼ＣＥＯであるアラン・マレーは、単刀直入にこう語った。「影響力の大きいビジネス・ラウンドテーブルは、20年以上にわたり、明らかに株主を第一に考えてきた。経済的不平等が拡大し、ビジネスに対する不信感が深まるなかで、この強力な団体は使命を再定義した[34]」。

新自由主義による不平等の拡大

ラリー・フィンクのような人たちを億万長者にした新自由主義的資本主義という形態は、不平等を大幅に拡大させる結果ももたらしている。ここで再び、一般に「新自由主義」と呼ばれるものについて取り上げよう。これは、１９８０年代にイギリスとアメリカで導入され、すぐに世界的な動きとなった一連の政治・経済改革である。新自由主義が重点を置いているのは、小さな政府、公営企業の民営化、減税、規制緩和、そしてグローバル市場の効率性が経済成長と繁栄につながるという一般的信頼である。政府の方策に企業とその株主を繁栄させる効果があれば、その繁栄は何らかの形で一般労働者に「滴り落ち《トリクルダウン》」、結果として繁栄を共有することになると謳われていた。「トリクルダウン経済学」という用語は、自己正当化しようとするも究極的には欠陥のある、新自由主義イデオロギーの論理の都合の良さを批判するためによく使われる。簡単に言えば、トリクルダウン経済学はまやかしであり、所得は低所得者から高所得者へと移転するので結果はまったく逆になることが、実証的研究からわかっている。[35] ウォーク資本主義は大方において、ビジネスが生み出した不平等の行き過ぎが、それを破壊しようと躍起になる怒れる暴徒を生まないように、ビジネスにエシカルという光を当てようとしたことで起こる神経質な反応なのである。

ルーズベルト研究所のマイク・コンツァル、ケイティ・ミラーニ、アリエル・エヴァンズがまとめた報告書で、その事実が明らかにされている。米国経済を例にとり、新自由主義的な経済政策が、それがもたらすはずのものとはまったく逆の結果をもたらしたことを、彼らは示した。１９６０年から１９８０年までの経済成長率は年率３・９％だったが、１９８０年以降は平均２・６％に鈍化した。つまり、規制緩和は経済成長にはつながらなかったが、不平等を拡大させるというトリクルアップ効果をもたらしたのだ。２０００年から２０１１年にかけて、労働分配率は85・３％から78・５％に低下し、平均時給は毎年０・６％しか上昇しなかった。[36] このような傾向はアメリカに限ったことではない。世界不平等研究所の最近の報告書によると、「過去数十年の間に、ほぼすべての国において所得の不均衡が拡大した」ことが判明した。[37] また、同報告書によれば、１９８０年に上位１％の富裕層が世界の所得の16％を手に入れたのに対し、下位50％が得た所得の割合は約９％にとどまった。この不均衡拡大の中心にあるのは、民営化による公的資本の民間企業への移転と、企業や富裕層を優遇する税制の変更である。

大金持ちたちが恐れているのは、40年にわたる新自由主義的改革がもたらした利益を、自分たちがすべてかすめ取っていたことに気づかれつつあるからだ。トランプ大統領時代に甚だしく象徴されるように、世界各地での政治的ポピュリズムの高まりは、新自由主義による金持ちの暴挙に虐げられてきた人々が、反体制政治の右翼的新形態を通して怒りを向けているという、確かな兆候を示している。大企業はまさにその体制側の一部を占める。フィンクのこれまでの発言がそのまま世相に反映し、ポピュリズムが台頭している。彼は２０１９年のＣＥＯ宛ての書簡で次のように述べた。

> 世界中で、長年にわたる賃金の伸び悩み、テクノロジーが雇用に及ぼす影響、将来への不安が、国民の怒りや、ナショナリズム、外国人嫌悪を煽っています。これを受けて、世界の主要な民主主義国家の一部は、政治的機能不全に陥っており、それが、このような国民の苛立ちを鎮めるどころか悪化させているのです。多国間主義や公的機関に対する信頼は崩れつつあります。[38]

ウォーク資本主義は、企業が大きな政治的権力を握っているという現状を増進とは言わなくても維持するために、この苛立ちを鎮めるのに役立つ防衛的な手段なのだ。だが、資本主義の見えざる手が繁栄を共有するという考え方では、もはやこの権力を正当化することはできない。その神話は、歴史の事実によって打ち砕かれた。見えざる手の代わりにウォーク資本主義を用いて、企業は、自分たちが作り出した不平等を生む搾取的なシステムの救世主であると自らを位置づけ、自らの存在を道徳的に正当化しようとしている。これは民主主義の敵対的な乗っ取りによって達成されつつある。フィンクの言葉を借りれば、まず、「持続的な解決策を出せない政府の失敗[39]」を指摘することによって、次に、「国民」が待ち望んでいた救世主だと自らを位置づけることによって。民主主義が約束する平等を大事なビジョンとして守り維持するためには、このような利己的で脆弱な権威主義の論理を見抜くことが絶対に必要である。そうしなければ、ウォークネスの皮を被った狼に騙される危険がある。

第7章

見た目が良くても環境に良いとは限らない

ウォークな億万長者

２０２０年2月17日、巨大テクノロジー企業アマゾンの創業者で当時ＣＥＯだったジェフ・ベゾスは、ベゾス・アース・ファンドという基金の設立をインスタグラムで発表した。ベゾスはこの基金に１００億ドルという莫大な資金を投入し、「気候変動がわたしたちが住むこの惑星に与える壊滅的な影響と闘うために、従来の方法を拡大し、また新しい方法を模索し、他者と協力して」取り組むという目的を表明した。科学者や活動家、非政府組織が「自然界を保全し保護する」方法を開発するプロジェクトに資金提供する手段として、ベゾスはこの基金を考案したのだ[1]。これは、アマゾンの企業予算から拠出されたのではなかった。世界一裕福な人物であるベゾスは、私財を投じていたのだ。かなりの大金である。ベゾスが同基金の設立を発表した頃、彼が保有する個人資産は１３１０億ドルにも達していた[2]。

ベゾスが莫大な資金を投じると表明したのは、「気候意識の年」と言われた年の翌年早々だった[3]。２０１９年は、気候変動に対する認識と活動がかつてないほど進んだ年となった。この進展は、スウェーデンの16歳の学生、グレタ・トゥーンベリの政治活動の効果によるところが大きかった。２０１８年、トゥーンベリは学校をサボり、気候変動への取り組みがされていないことに抗議した。彼女はたったひとりで、スウェーデン議会の前で「気候のための学校ストライキ」と書かれた自作のプラカードの横に座り込んだ。この単純な抵抗が引き金となり世界的な運動へと発展した。これによって、トゥーンベリが一躍有名になっただけではなく、政府や企業が気候変動対策に無為無策を貫いていることに対する、世界規模の抗議運動へと発展したのだ。２０１９年9月、事態はヤマ場に達し、世界１８５カ国で４００万人が参加する、史上最大の気候変動抗議デモが行われた。気候変動はもはや無視できないものとなり、富裕層や権力者層は、トゥーンベリが獲得した影響力に脅かされるようになった。

　これほど大きな影響力を持つようになったおかげで、トゥーンベリは気候の崩壊という現状に既得権を持つ、世界の多くの指導者たちの怒りを買うことになった。当時の米国大統領だったドナルド・トランプは、トゥーンベリは「自分の怒りのコントロールに取り組まなくてはならない」と述べた。[4] ロシアのウラジーミル・プーチン大統領は、彼女を「優しいが、知識に乏しいティーンエイジャー」と片付けた。[5] 一方、トゥーンベリはノーベル平和賞に2度推薦され、『タイム』誌の２０１９年「パーソン・オブ・ザ・イヤー」に選ばれた。コリンズ辞書は「気候ストライキ」をその年の言葉に挙げた。[6] ２０１９年末、トゥーンベリは2年連続して国連気候変動会議で演説し、政府高官からなる国際代表団に民主主義の意味を教えた。

　わたしはそれを目にしましたが、それは政府や企業にはありません。人々にあります。これまで気づかなかった人たちが、目覚め始めています。そして、いったん意識すれば、変わるのです。人々は変わることができます。人々は変化を受け入れる準備ができています。それが希望です。わたしたちには民主主義があり、民主主義は常に存在しているからです。選挙の日だけでなく、毎秒、毎時間、存在しています。自由な世界を動かしているのは世論です。実際、歴史上の偉大な変革は、どれも人々から生まれています。待つ必要はありません。今すぐにでも、変化を始めることができるのです。わたしたち人々が[7]。

トゥーンベリの民主的な草の根運動とは対照的に、ベゾスの気候変動対策のための基金は、世界の財界エリートのトップによる、厳密に計算された行動だった。皮肉にも、あるいは偽善的と言えるのかもしれないが、ベゾスが気候変動に対して注目を集めるような行動を起こしたのは、彼の会社が毎年４４４０万メートルトン相当の二酸化炭素を排出していることを認めた時であった。これは、企業としては化石燃料会社に次いで2番目に多い排出量だ[8]。アマゾンは二酸化炭素排出量の削減を約束したが、長年従業員から取り組みを迫られており[9]、公約の発表は遅きに失したうえに削減ペースも遅いと言う者も多かった。炭素排出削減のために迅速な行動をとり、資源採掘産業との関係を断ったほうが、はるかに大きく直接的な影響を与えていたはずだ。しかし、それは１００億ドルの資金投入の約束よりも、世間を騒がせることはなかっただろう[10]。

それがベゾスが私財を投入した理由だとすれば、なぜこの時期に表明したのだろうか？　ベゾスはかつて、天文学的な数字の富がありながら慈善活動に熱心でないと批判されたことがあった。

確かに、それまで彼が寄付した金額は、相対的に見ればかなり少なかった。ベゾス・アース・ファンド設立以前の彼個人としての最大の寄付には、シアトルの歴史産業博物館へ１０００万ドル、プリンストン神経科学研究所へ１５００万ドル（いずれも２０１１年）、同性婚支援のために２５０万ドル（２０１２年）などが挙げられる。[11] ２０１８年に学校やホームレスへの支援で20億ドルを寄付してから、状況が変わってきた。[12] その寄付をしたことで、ベゾスはアメリカで一番の慈善家として名前が挙げられた。２０１８年、上位50人の慈善家による寄付の総額は78億ドルだった。[13] これは、２０２０年にベゾスが発表した気候変動についての公約と比べると、影が薄くなる。

ベゾスの気候変動対策のための基金設立の公約は特大であったが、これは、世界の億万長者たちが自己資金を自らが選択した大義に使おうという、定着したトレンドの一例である。バークシャー・ハサウェイのウォーレン・バフェットは、貧困撲滅や社会正義支援のために数十億ドルを寄付している。マイクロソフトの創業者ビル・ゲイツは、ワクチン開発や、ＨＩＶとマラリアの予防にやはり数十億ドルを寄付している。ビジネス界の大物で元ニューヨーク市長のマイケル・ブルームバーグは、その巨万の富を薬物依存症対策や教育支援に充てている。[14] 気候変動との闘いは、多くの億万長者や大企業がそれなりに関心を抱いているプロジェクトだった。２０１９年に、マイケル・ブルームバーグは石炭発電所の閉鎖に5億ドルの寄付を確約した。同年、投資銀行のゴールドマン・サックスは、「持続可能な金融プロジェクト」に7億５０００万ドルの拠出を約束した。ビル＆メリンダ・ゲイツ財団も、４７０億ドルのエンダウメントの用途を決める際に、気候変動を正式に優先事項に加え、この活動を支援した。[15]

億万長者たちが多額の寄付を競い合うなか、ベゾスは多くの点で彼らを出し抜いていた。もっとも、事業から上がる利益のおかげで、彼らの個人資産は増える一方だった。人目を引く慈善活動は、資本主義がもたらす構造的問題から注意をそらし、寄付をしたＣＥＯや億万長者を善人に仕立て上げるにはうってつけの方法である。[16] 富裕層に関するデータサービスを行うウェルス－Ｘ社（Wealth-X）によると、世界のメガ富裕層は年間１５００億ドルを超える金額を寄付しているという。[17] その半分以上は教育、健康、芸術、文化、スポーツに充てられている。[18] そのなかでもとくに、実業家のマイケル・ブルームバーグ、ホテル経営者の故バロン・ヒルトン、元グーグルＣＥＯのエリック・シュミット、ウォルマートのジム・ウォルトンなどは、莫大な額を寄付したことで知られている。[19] このような寄付が広がりを見せたため、保守系政治評論家のタッカー・カールソンは２０１９年を「ウォークな億万長者の年」と呼んだほどだ。タッカーは、誤った情報に基づくわけではないが、右派特有の皮肉を込めてこき下ろした。

では、そのメッセージはというと？　金持ちは目下、非常に進歩的だ。その理由はおわかりだろう。彼らは大量移民を熱望している――何しろ召使いにできる。環境保護主義を装った、連邦政府が強制する俗物主義を支持している。中絶は彼らにとって本質的に神聖な儀式で、貧困地域で行われる場合には、なおさらそうだ。[20]

タッカーに代表されるような、ウォーク資本主義に対するお決まりの反動的な批判は、とりわけ皮相的だ。彼は、ウォークな億万長者を偽社会主義エリートと見なしている。自分たちの利益を追求するメガ富裕層は、退歩的な保守的価値観を破壊するためにこれ見よがしの政治的立場をとっている、と言いたい放題だ。さらに、こうした億万長者たちは現実の人間やその価値観を実際には把握しておらず、高尚で見当違いの進歩的目標を追求している、とまで語る。

寄付行為と納税

ウォーク資本主義に対する右派の批判は、アメリカのドナルド・トランプやイギリスのボリス・ジョンソンのような新たな国家指導者たちが台頭する、現代の保守的ポピュリズムの延長線上にある。こうした政治家たちは、専門家を時代遅れの学者先生と見なし、文化的エリート主義とされるものはもったいぶっていて当てにならないと非難する。同様に、このようなポピュリストからは、ウォークな億万長者は無価値の進歩的大義に金を浪費する、表面的なナルシシストの慈善家だと見られている。

当然のことながら、ベゾスの莫大な寄付もウォークだと見なされている。ベゾスは何年もの間、

「最初のウォークな億万長者のフィランソロピスト」と呼ばれていた。[21] １００億ドルという巨額の寄付を行ったことで、ベゾスは「世界を席巻する〝気候のウォークネス〟の流行」の原動力に挙げられた。[22] そのうえ、ベゾスは世間から左派寄りのリベラルだと見なされている。中道左派系の新聞として知られる『ワシントン・ポスト』紙を彼が所有していることも、その一因だ。また、ベゾスはドナルド・トランプと長年にわたり公の場で反目しあっている。『ワシントン・ポスト』は反共和党（つまり反トランプ）のプロパガンダを掲載しているとして、トランプはツイッターでよくベゾスと同紙を批判していた。

トランプは、まるで学校のいじめっ子のようないつものノリで、アマゾンのボスを「ジェフ・ボゾ」［訳注　「ボゾ」はまぬけを意味する俗語］と呼んだ。[23] トランプとポルノ女優のストーミー・ダニエルズとの関係が、トランプ家の事業にダメージを与えているという記事を『ワシントン・ポスト』が掲載すると、彼はすぐさま反撃に出た。トランプはその翌日、アマゾンが流通取引で米国郵政公社から何十億ドルも「だましとった」と、ツイッターでまくし立てたのだ。「郵政公社をだますのは止めるべきだ。アマゾンは実際にかかる費用（と税金）を今すぐ払うべきだ！」。トランプは、マー・ア・ラゴの敷地からトランプ・インターナショナル・ゴルフ・クラブに向かう短いドライブ中に、そうツイートした。[24]

ベゾスは、トランプと真っ向からぶつかることを恐れていなかった。２０１７年には、イスラム教徒が多数を占める特定の国々からアメリカを訪れようとする人にビザを与えないとするトランプの政策を、ベゾスはあからさまに批判した。ポピュリズムでさんざん使われてきた反移民カードをトランプが使う一方で、ベゾスはアメリカについて「これほど移民のエネルギーや才能を活用することに長けている国は、他にはない」と語った[25]。また、同性婚などの進歩的活動への支持表明と資金援助が評価され、ベゾスは人権団体ヒューマン・ライツ・キャンペーンの平等賞を受賞した[26]。彼は困窮家庭の救済や幼児教育支援についても賞賛されている[27]。

批判もあるが、ベゾスのようなメガ富裕層の資本家によるフィランソロピー［訳注　企業や個人による社会貢献活動。慈善活動］は、利他的な億万長者たちが口先だけではなく、社会的・政治的大義に実際に資金を提供する、寄付の本当の形態と理解することができるだろう。進取の気性を活かすことで生み出した莫大な利益を自分のためにため込むのではなく、社会に還元している。このような行動は、億万長者が恵まれない人々に救いの手を差し伸べるという、まさしく善意と寛容の証しとして示される。億万長者のヒーローが、貧困のせいで自らの利益をうまく守ることができない不幸な市民を救うという、ハッピーエンドを迎えるおとぎ話であるかのように、すっかり知れ渡っている。億万長者たちは、そのビジネス感覚と胆力を万人のために役立てる、企業のアクション・ヒーロー――それも男性の。女性は7人に1人ほどしかいない[28]――のような存在である[29]。

メガ富裕層のフィランソロピーは、これほど簡単に説明がつくものだろうか？　億万長者が21世紀の道徳物語のヒーローだということがあり得るのだろうか？　もしかすると億万長者の「寄付」には、略奪的な資本主義や企業権力の拡大にあてはまる、利己的な理由があるのではないだろうか？　左派の風変わりな億万長者による新時代を迎えたと、単純に考えていいのだろうか？　ベゾスのような大物を情に流されやすいリベラル派だと単純に決めつけるのは、事実を軽視することになる。億万長者が純粋に政治的左派に移行したという考えは、まったく馬鹿げたものではないとしても、過激である。政治評論家のトム・ペレットは、この状況を次のように分析する。

> 「……」「ウォークな資本」は、大企業が実は庶民を敵視する左派エリートの道具だと右派が主張し、それにより資本主義自体の過失を軽視する機会を提供している。「……」これは間違いなく、企業が暴利をむさぼり続けながら目覚めた意識と進歩主義を身勝手にも装うという、実に癪に障る偽善の一例である。[30]

ペレットが言うように、ウォーク資本主義とはある意味、現代の社会的価値観に企業を一致させて、商品やサービスのマーケティングに役立てる手段である。企業の億万長者が纏う雰囲気は、ペレットいわく、メガ富裕層が「イデオロギーに動機づけられた、左翼的で、美徳シグナリングを行うエリート」である、という見せかけを生み出すかもしれない。だが、さらに掘り下げると、これでは、そもそも億万長者たちが10億ドルを稼ぐことを可能にした資本主義構造は少しも弱体化しない。症状が多少緩和したところで、根本的な病気は何も変わらない。

ベゾスは確かに、ペレットの主張の適例である。気候変動や教育、ＬＧＢＴＱＩ＋の権利のために巨額の資金を提供する一方で、彼の経営方法は、強欲な資本主義というまったく別のストーリーを物語る。租税回避はその一例だ。納税は、企業が社会に貢献するための主要手段であるということを、ここで思い起こす必要がある。納税は、企業が公正な税金を納めることで、彼らが頼る行政や司法のサービスだけではなく、社会を構成する人々が利用する学校や病院、社会サービスの維持を支えるリソースを、企業は提供している。納税は、まさしく企業の社会的責任であり、自由民主主義国家では、名目上であれ国民の利益を代表する政府によって、企業の利益の一部を社会財の提供に割り当てるための手段である。しかし、アマゾンは違う。ずばぬけて優秀な脱税者として、アマゾンは長年脱税のシンボル的存在だった。

はっきりさせておこう。アマゾンが違法行為をしていると責めているわけではない。彼らが責められているのは、あらゆる仕組みを駆使して各国の税金の抜け穴を利用し、低税率の法域で収益を計上し、納税を積極的にできる限り回避していることだ。このような過剰なまでの税金対策のおかげで、２０１０年から２０１９年までの間に、アマゾンは９６０５億ドルの収益を上げ、２６８億ドルの利益を蓄積したが、納めた税金は34億ドルだった。アメリカの標準的な法人税が35％なのに対して、この場合のアマゾンの実効税率は12・７％である。[31] ２０１８年に、アマゾンは１１０億ドルの利益を上げたにもかかわらず、アメリカで法人税をまったく払っていない。２０１９年の利益は１３０億ドルだったが、実効税率はわずか１・２％だった。[32] ベゾスの経営するアマゾンが、フェイスブック、グーグル、ネットフリックス、アップル、マイクロソフトなどの世界的大企業を含む法人税逃れのならず者たちのなかでも「最大の悪党」と呼ばれていても、驚くには当たらない[33]。

租税回避は、企業の利己主義の問題だと言えるが、政府から企業への権力移行の問題でもある。ベゾスが気候変動対策に寄付した１００億ドルは、彼の会社が10年間に納めた税金の3倍に相当する。これは、公共問題に関する意思決定が、税金を財源とする民主的政府から個人、わけても億万長者へと明らかに移行していることを示している。たとえば、２０１８年のイギリスにおけるアマゾンの租税回避額は、看護師２４００人を1年間雇用するのに必要な金額に相当すると見積もられる[34]。その積極的な租税回避のため、アマゾンは事業を展開する国の政府に対して公正な貢献をしていないと、根強い批判を浴びてきた。さらにまた、この租税回避によって、アマゾンは反競争的なビジネス戦略を推進することができるようになった。アマゾンの財政的なごまかしについて、公正な納税を行う企業を認定する非営利組織のフェア・タックス・マーク（Fair Tax Mark）は、次のような声明を発表した。

> 同社は、ほとんど課税されない収益を背景に、世界中で市場の支配を進めており、責任ある取り組みをする地元企業を不当に弱体化させるおそれがある。将来の利益や税金と相殺できる93億ドルの繰越欠損金を考えると、この状況がすぐに改善されることはないだろう[35]。

フェア・タックス・マークが言わんとしていたのは、税金を払わないことは、単に不当な利益を上げる手段だけではないということだ。それに加えて、競合企業に対する影響力と支配を獲得する戦略でもあるのだ。

アマゾンにおける疑問

アマゾンの攻撃的なビジネス手法は、税務に限ったことではない。同様の敵対的なビジネス手法は、アマゾンの労働者の扱いについて、方々から厳しい批判を受ける根拠にもなっている。２０１４年、ＣＮＢＣは、アマゾンの倉庫での非人道的な労働条件を明らかにしたドキュメンタリーを公開した。『アマゾン・ライジング』[36]というタイトルのこのドキュメンタリーは、アマゾンで働くことに伴う極端な肉体的・精神的要求を、赤裸々に示していた。このドキュメンタリーでは、アマゾンの職場を「刑務所」のようだと言い表し、多くのアマゾン労働者がすでに知っていたことを、すなわち、同社はどんな犠牲を払っても顧客満足と効率を確保するために運営されているということを、白日の下に晒した。そのおおもとにあるのは、容赦ないスピードで処理することを求められる倉庫の作業員に強いられる犠牲だ。ある倉庫作業員は、気温がほぼ40℃に達するなかで、「みんな暑さで倒れ、呼吸困難に陥っていた［……］何が何でも１００％を求められていて、暑いなかで作業するのはそれはもう大変なんだ。本当につらい」。こうして、多くの苦情や訴訟、労働者の抗議運動が起こった。

他にも、強制的な残業や、最低限の休憩、一挙手一投足を厳しく監視する管理体制に不満を漏らす労働者もいた。元従業員のひとりは当時をこう語る。

アマゾンが刑務所のように思えた。トイレに行ける時間は決まっていて、その時間内にトイレから戻らないと、探しに来る。どこにいるのか疑われるものだから、気分が悪くなっても休めないし、水を飲みにも行けない。[37]

こうした暴露があっても事態は変わらず、世界中の労働者へのひどい扱いは相変わらず続いた。２０１８年には、業績目標を達成できなかったり、怠けていると叱責されたりしないように、イギリスの倉庫労働者が、トイレに行かずにボトルに排尿していると報告された。２０１９年には、ドイツのアマゾン労働者がストライキを行い、労働組合は、労働者が受ける極度の圧力は「基本的権利の抑制」にあたると主張した。[38] ニューヨークでは２０２０年、アマゾンの労働者６００人が経営陣に嘆願書を届け、適切な休憩時間、負傷率の低減（米国平均の3倍だった）、不可能な労働条件の廃止などの基本事項を要求した。倉庫の在庫管理を担当するストワーと呼ばれる人は、次のように語った。

> 倉庫にいる間、ずっとコンピューターに追跡されている。報告したり、記録するのはマネジャーではない。アルゴリズムが記録している。［……］アルゴリズムが追跡していることをよくわかっているので、できるだけ速く作業をし続けるようにする。商品と商品の間に時間がかかりすぎると、コンピューターがそれを検知して記録し、解雇につながるからだ。(39)

このストワーの仕事は悪名高く、風刺のきいたTシャツを作るスワガゾン(40)という会社は、アマゾンで働く人々のためにこんな文言をプリントしたシャツを発売したほどだ。

> ストワーの仕事は自転車に乗るようなもの。ただし、自転車は燃えている、あなたも燃えている、すべてが燃えている。つまりあなたは地獄にいる。

本書の執筆時点では、このTシャツはアメリカのアマゾンのサイトで購入することもできた。(41)

職場での新型コロナの感染リスクに対するアマゾンの対応も、何ら違いはなかった。流行が始まった当初から、アマゾンの労働者は職場で感染対策がとられていないことに抗議していたが、効果的な対策はほとんどとられなかった。10月までに、2万人弱のアマゾンの労働者が感染した。(42)活動家たちがアマゾン労働者とともに「メイク・アマゾン・ペイ」キャンペーンに参加し、次のように述べた。

わたしたちは、世界一の富豪とその背後にある多国籍企業と闘っている倉庫労働者、気候変動活動家、そして世界中の市民だ。

新型コロナのパンデミックの間に、アマゾンは１兆ドル規模の企業になり、ＣＥＯのジェフ・ベゾスは個人資産２０００億ドルを蓄えた史上初の人物になった。

一方でアマゾンの倉庫労働者は、エッセンシャル・ワーカーとして命を危険にさらし、公正な賃金を得る権利を主張すれば、脅迫され威嚇された[43]。

アマゾンの事例は、ウォーク資本主義の明らかな矛盾の一例である。企業は一般に進歩的で、リベラルな、あるいは左翼的とさえ見なされる社会的・政治的大義を支持し、支援する。アマゾンの場合だと、気候変動、貧困、教育、同性婚、人権などである。その一方で、アマゾンの事業運営では、前述した積極的な租税回避や労働者搾取など、資本主義の強欲さと搾取という極端な特徴が浮き彫りになる。だが、ウォーク資本主義の仕組みを徹底的に分析する場合には、この矛盾が本当かどうかが問題となる。公共の利益を重視するように見える太っ腹な企業活動が、実は、企業の財政的利益を追求するための手の込んだ手段にすぎないなどということがあるのだろうか？　言い換えれば、ウォーク資本主義は、コストを最小限に抑え、労働者から労働力を最大限に引き出そうとする典型的であからさまな企業戦略と完全に両立するのだろうか？

ジェフ・ベゾスが気候変動対策に１００億ドルを投入するという公約は、これをとくによく物語っている。表面的には、億万長者のビジネスマンが、人類の存続に関わる最大の課題にその財力を投じるという、単純な行為に見える。だが、ベゾスが単に地球を救おうとしているという見方以外にも、これは、ベゾスが２０２４年に米国大統領選の選挙戦を展開するための布石ではないかという推測さえある。[44] より保守的側面としては、ベゾスのような億万長者のフィランソロピストの動機を考える手がかりについて、アナンド・ギリダラダスの著書 *Winners Take All*（『勝者独り勝ち』、未邦訳）[45]で批判的な分析がなされている。ギリダラダスは、世界の超富裕層が大胆なフィランソロピーを行い、社会・環境・政治的大義に巨額を投じ、公然と関わっていることを指摘した。ところが、その理由は「世界をより良い場所にする」ためというよりも、彼らにとてつもない富をもたらす現状を維持する、あるいは強化するためだというのだ。何らかの変化があるとすれば、それは富裕層と権力者層が許容できる範囲に限定された「偽りの変化」である。[46] 社会の進歩や平等は、この見せかけの利他主義によっては促進されない。それどころか、富裕層と権力者層が頂点に立ち、それ以外の人々は彼らの言いなりになるという、既存の社会構造を強化する。

　ギリダラダスが強調する非常に重要な点は、政治的問題に取り組む富裕層の見せる寛容さが、とくにその解決策の裏をかくという点において、きわめて非民主的だということだ。そのうえ、ベゾスを頂点とする億万長者階級が好む「解決策」は、一般に「欠陥に取り組むのではなく、欠陥のあるシステムのなかでの生活を改善する」ことに重点が置かれている[47]。これは要するに、彼らの活動によって環境や社会的平等に害が及んでいることを認めずに、そもそも差し出した富を蓄えることができたのはその活動のおかげだというのに、社会に何かを還元するというジェスチャーなのである。億万長者が世界を救うと提唱することは、民主主義の失敗を宣言するに等しい、とギリダラダスは主張する。

問題は、公共生活の改革が、国民によって選ばれ、国民に説明責任を負う政府によって行われるか、それとも、わたしたちの最善の利益を心得ているとする裕福なエリートによって行われるか、ということである。効率や規模といった上昇志向の価値観の下に、誠実に物事の改善を希求することも多いが、自分たちを第一に守ろうとする民間主体に、民主主義の目的が奪われることを許容するかどうかを、わたしたちは決めなくてはならない[48]。

自己防衛と自己利益が第一の関心事である事実から、アマゾンが逃れることはない。ベゾス・アース・ファンド設立の意図をよそに、事業活動が気候変動に及ぼす影響について、アマゾンは大きな批判を浴びてきた。２０１９年４月、アマゾンの８７０３人の社員は、アマゾンは気候危機対策への貢献をさらに高めるべきだとする書簡[49]をベゾスに送った。書簡では、アマゾンが炭素排出量の削減で主導的役割を果たしていないこと、採掘産業の支援や、気候否定論を支持する議員への政治献金、適切なサステナビリティの目標などがないことについて、猛烈に抗議していた。ベゾスが２０２０年初頭にベゾス・アース・ファンド設立を発表したとき、気候正義を求めるアマゾン社員（Amazon Employees for Climate Justice）というグループは、その矛盾をいち早く指摘した。本当の問題はもっと身近なところにあると、彼らは主張した。

アマゾンはいつになったら、油井やガス井を掘削して地球を荒廃させる石油会社やガス会社への支援をやめるのだろうか？　アマゾンはいつになったら、コンペティティブ・エンタープライズ・インスティテュートのような気候変動を否定するシンクタンクや、気候変動対策を遅らせる政策への資金提供をやめるのだろうか？　アマゾンはいつになったら、ディーゼルから全電気式トラックの輸送に移行して、倉庫付近の子どもたちの肺を守る責任を果たすつもりなのか？　アマゾンはなぜ、気候危機におけるアマゾンの役割と石油・ガス事業について警鐘を鳴らしていた従業員を解雇すると脅したのか？[50]

ベゾスはなぜ、自分の会社では何もしないのに、世間に対してこれほど大々的に気候変動対策への姿勢を示すのかという、さらに大きな疑問が残されている。フランクリン・フォアは『アトランティック』誌の記事で、ベゾスのいささか奇妙で予期せぬ寄付は、かつて国家の領域であったプロジェクトに億万長者が資金提供するという、政治的機能不全の初期段階の兆候だと述べている。ベゾスの寄付は、超富裕層の個人的な気まぐれや気質が世界市民の未来を定める、新たな「私的国家」が発展する兆しだというのだ。フォアはさらに、このように気候変動議論を形成できる力は、最終的にアマゾン自身にとって計り知れない価値となると述べる。何にしても、政府が自分のビジネスに害を及ぼす方向に政策を転じることを、ベゾスは望まないだろう。彼の１００億ドルの資金で運営されるプロジェクトが、迅速な配送を提供する世界的ネットワークが環境に与える影響について、真剣に問いかけることなどできるだろうか？　フォアはこう語る。

> 地球の未来について曲がりなりにも筋の通った議論をするならば、中国製のプラスチックの小物を即日配達することが果たして賢明なのかについて問うことになる。次に、アマゾンのような企業が実質的にまったく税金を払わないことが許される政策についても問われる――こうした企業からの税収は、たとえば、グリーン・ニューディールの理想的な資金源となるはずだ。ベゾス・アース・ファウンデーション［原文ママ］が、その資金源である財産の根幹を損なおうとする可能性は、ほとんどないように思われる。[51]

以上のことが示すのは、ウォーク資本主義が金権政治《プルトクラシー》、すなわち富裕層による政府の延長線上にあるということだ。世界一の富豪であるベゾスは個人で１００億ドルを寄付することができたが、この金額は、米国政府が気候変動対策のために投入した資金と同程度である。(52) もちろん、アメリカのプルトクラシーは今に始まったことではなく、ベゾス自身は長年、富裕層によるアメリカの政治や政治ロビー活動、選挙資金の支配の典型例として挙げられてきた。(53) 私人や民間企業が公共財の提供を直接引き受け、公共問題の解決に責任を持つようになれば、ウォーク資本主義はこうした支配を拡大する。

その違いは、ウォーク資本主義が民主主義にもたらす重大なリスクを知る手がかりとなる。政府は、少なくともあるレベルでは国民に説明責任を負っているが、法律の範囲内で自分以外の誰にも従わない一市民としてもっぱら行動するベゾスについては、その限りではない。さらに悪いことに、世界的問題に対処する際には、民主的な政府が余計な存在に思われかねない。ベゾスは、資本主義で広く見られる傾向の代表例である。つまり、自分たちが中心となって築き上げ、自分たちに数十億ドルの資産をもたらしたシステムの救世主として、超富裕層は自分たちのイメージを世に示す傾向がある。その贈り物は、民主主義の終焉と引き換えに支払われる、裏切りの代償とも言える銀貨である。

第8章

CEOアクティビスト

CEOアクティビズムが利益を生む

かつて、大企業のトップは、ある程度型にはまったタイプだと考えられていた。会社員である彼らの主な関心は、自らが率いる企業の商業的目標を一心に追求することであり、保守的で裕福なエリートの一員である彼らは、実際にそのように行動していた。経営陣のこうしたイメージは、政治活動家のイメージとは対照的であった。活動家は、進歩や正義の名の下に現状に抵抗する、体制に従わない反逆児だった。企業が体制側であるのに対し、活動家は、支配的体系が作り出し利用する不平等や不公正と闘っていた。

ウォーク資本主義はこの秩序を覆した。今日のCEOたちにはその地位を、政治的アクティビズムとおぼしきもののプラットフォームとして利用する者が増えている。たとえば、スターバックスのケビン・ジョンソンCEO（当時）は、人種差別防止を目的とした教育をスタッフ全員に受けさせるため、店舗を一時閉店した。批判的人種理論の言葉を借用しながら、ジョンソンは「白人至上主義者の暴力、憎悪、権力強化」を嘆いた。[1] さらに、アップルのティム・クックはドナルド・トランプ大統領に逆らい、以前から「若年移民に対する国外強制退去の延期措置」の支持をはっきり表明している。この政策は、若年時にアメリカに入国した不法移民に対して滞在許可を与えるものだ。[2]

他には、2017年にバージニア州シャーロッツビルで、ネオナチによるユナイト・ザ・ライト・ラリーという集会で1人が死亡し、19人が負傷する事件が起きた後、CEOたちは団結して抗議した。インテルのブライアン・クルザニッチ、メルクのケネス・フレーザー、アンダーアーマーのケビン・プランクという、いずれも著名なCEOたちは、トランプ大統領の諮問機関である米国製造業評議会から脱退を表明した。彼らは、シャーロッツビルの事件の人種差別的過激主義に対するトランプ大統領の言動に反発し、脱退したのだ。[3]

「アメリカの道徳的な声」と評された、ゼネラルモーターズのメアリー・T・バーラやウォルマートのダグ・マクミロンなどのCEOたちも、集会のデモ参加者とトランプの決断力の欠如をはっきり非難した。バーラは声明を出し、大統領を真っ向から非難した。

> 最近の出来事、なかでもバージニア州シャーロッツビルの事件とその影響から、わたしたちが国として一丸となり、寛容、包括、多様性など、わたしたちを団結させる価値観と理想を強化し、人種差別、偏見、そしてエスニシティに基づく政治など、わたしたちを分裂させるものに対して発言することが求められている。[4]

フォード財団のダレン・ウォーカー会長は、こうしたCEOアクティビズムの実例について、「アメリカのビジネス史にとって大きな意味を持つ瞬間［……］この大混乱のなかで、最もきっぱりした声は、ビジネス界の声だった」と述べた。もはやエリートの権威の型を破ったウォーカーは、「こうしたＣＥＯたちは、危険を冒し権力に対して真実を語った[5]」と述べて、経営者たちによる反体制の新形態を示した。「権力に対して真実を語る」とは、歴史的に見れば、人権擁護者や内部告発者、反戦活動家、左派知識人、反体制の小説家が、公然と勇気ある言動をすることを表す言葉である。だがＣＥＯは？　ＣＥＯはかつて、真実を語られる側のエリート権力者であって、他者に語るべき存在ではないと見なされていたはずだ！

２０１８年、ＪＰモルガン・チェースの会長兼ＣＥＯのジェイミー・ダイモンが、「ＣＥＯへ。国はあなたを必要としている！」と呼びかけて、かつてのＣＥＯ像にとどめを刺した。ウォーカーは、手頃な価格の住宅、人種間の経済格差、貧困や失業、労働者教育に至るまで、ありとあらゆる社会問題に取り組むために、企業はいかに手腕を振るえるのか、また振るうべきかについて、熱心に説いていた[6]。その2年前には、バンク・オブ・アメリカＣＥＯのブライアン・モイニハンが真顔で、「ビジネスを超えた問題に関して［……］自分たちが正しいと思うことを推進するのが、我々ＣＥＯの仕事のひとつである」と語った[7]。

企業トップがこのように活動家のごとくふるまう傾向について、さまざまな理由が挙げられている。最も単純で、企業にとって都合の良い説明は、現代のビジネスには利潤動機を超えた高尚な目的が出現している、というものだ。わたしたちは「啓蒙的資本主義」の長い伝統を土台としているので、企業の利潤動機は倫理的美徳と完全に両立しうることを受け入れられるかもしれない。ウォークな経営者は、事業活動を通じて社会の病弊に取り組むことで、「立派に善行をなす」ことになるのである。[8] メディアから好意的に取り上げられる、信頼できる雰囲気が生まれる、従業員のエンゲージメント向上、ブランドへの忠誠心の強化などは、どれもすべて、CEOアクティビズムが収益を押し上げることができる方法だとされている。[9]

また、アクティビズムが、自らの倫理的・政治的信念の名の下にCEOが権力を行使することを許しているという指摘もある。多くの草の根運動家とは異なり、CEOには大きな影響力がある。CEOが社会での知名度を生かして関心を高め、企業の資金力を政治的な目的に活用する場合、彼らのアクティビズムはとくに効果を上げられる。[10] さらには、過去にも企業経営者が政治的問題に介入したことがあったが、現代はソーシャルメディアによってそれが容易にできるようになったため、彼らは以前にも増して大きな影響力を持つようになった。今日、CEOアクティビズムが発揮される機会が増えたことは、まだ話の半分にすぎない。マーケティング・コンサルタントのフランク・グリロとマーク・ブレッシントンが言うように、その本質的な違いは、第一に、「より多くのCEOが政治問題に対し、保守的または宗教的立場ではなく、リベラルな立場をとっている」こと、第二に、政治的アクティビズムを「ブランド戦略」の中心に据えたい企業によって、リベラルなアクティビズム、ブランドの成功、株価との間の建設的な関係が利用されやすくなっていることだ。[11]

文化的には、企業がかつてないほど強力になり、世界の資源をますます支配するようになった現在において、企業が政治的アクティビストの役割も引き継ぐことがふさわしいと思わせることができる。ＣＥＯアクティビズムを、ウォークネスを利用してさほど楽観的と言えない動機を追求する「ブランドのからくり」にすぎないとこき下ろすのは単純すぎる、という議論もある。政治学者のコーリー・マクス＝ソロモンは、ＣＥＯアクティビズムとは「政策決定プロセスへの誠実な関与」であるとまで言っている。マクス＝ソロモンの調査によると、２００８年から２０１７年の間に、アメリカの大企業の半数近くが、ＬＧＢＴＱＩ＋の権利を支持することや、人種的正義の擁護を表明していた。一方、このような大企業のなかで、ＬＧＢＴＱＩ＋の人権や人種的正義に関して保守的な立場をとった企業はひとつもなかった。ＣＥＯが進歩的な活動を支援する限りにおいて、これは、彼らの政治的イデオロギーと正の関係があった[12]。

そのため、ＣＥＯはビジネスリーダーとしての強力な地位を利用して、公的な場で政治的アジェンダを推進していることも、どうやら一部にはあるようだ。さらに望ましいことに、これによって彼らの企業の業績も向上する。これが本当なら、企業の懐は潤い、ＣＥＯアクティビストはますます力をつけていくと同時に、道徳的に正しいことをしたという喜びを感じることになる。ＣＥＯがこのような形で権力を行使することは、現代においてはさほど驚くようなことではないだろう。アメリカのドナルド・トランプやイギリスのナイジェル・ファラージをはじめとする新しいタイプのポピュリストの政治家が、一般市民に影響を与える経済問題の根源として大企業を標的にしようと躍起になっている時代である。企業アクティビズムは、道徳的な立場を取り戻すための反撃手段なのかもしれない[13]。

インターネット起業家で、クラウドコンピューティング・サービスを提供するセールスフォースの代表として数十億ドルを稼ぐマーク・ベニオフは、CEOアクティビストの役割を次のように説明し、これを体現している。

> わたしたちがしているのは、我が社の従業員を擁護することだ。我が社には2万人の従業員がいる。［……］従来、それはビジネスの一部ではない。しかし、今わたしが本を書くとしたら、『CEO2・0――次世代のCEOが株主のみならずステークホルダーの擁護者とならなくてはいけない理由』という題名をつけるだろう。つまり、今日のCEOは株主だけではなく、従業員、顧客、パートナー、地域社会、環境、学校、すべての人のために立ち上がる必要がある。そのエコシステムの中核となる、あらゆるもののために[14]。

ベニオフの発言からは、CEOは社会のなかで裕福で影響力のある立場にあるのだから、政治的問題に関し、多様な有権者を代表する権利と道徳的責任がある、という考え方がわかる。このようなCEOたちは、選挙で選ばれていない庶民の代表であり、その政治的権威は経済的力によってのみ正当化されるという、自己矛盾をはらむ立場に身を置いている。これは、企業のリーダーであることの意味について、今まさに進化が起きていることを示している。それは、不確実な現代という時代に、世の中にひどく欠落している強力なリーダーシップをもたらすために、ＣＥＯが立ち上がっているというナラティブである。[15]当然、ＣＥＯアクティビズムが、民主主義の失敗を修正しようとするのではなく、これまでなかった企業プルトクラシーへ向かう傾向を反映しているという危険性はある。

なぜＬＧＢＴＱＩ＋に取り組むのか

　ＣＥＯたちがとくに声高に主張している重要な社会問題のひとつが、ＬＧＢＴＱＩ＋の人々の平等である。実際、ＬＧＢＴＱＩ＋のアクティビストは、企業に狙いを定めて活動の支持を得ようとした。これは非常に効果的で、２０００年代には多くの大企業から、積極的に、熱心に支持されるようになった。ほんの数十年前まで、企業はＬＧＢＴＱＩ＋の権利に対して無関心か抵抗を示していたが、最近は完全に一転した。アップル、グーグル、マリオット、ウォルマートなどの多種多様な企業がその立場を公言し、目に見える形で支持を表しており、ＬＧＢＴＱＩ＋の擁護団体は、とくに婚姻の平等を支持するように、企業に対し積極的に働きかけている。直接的かつ組織的な運動の一環として、アクティビストたちは企業幹部と個人的に面会をして圧力をかけ、企業間の提携を促し、支持を表明する用意のある企業にそれを公表するように促した。[16]これは、進歩的目標を支援しようとした企業による大胆な構想と思われたものが、平等という名目で自分たちの影響力を創造的に利用する市民が民主的に行動を起こした結果であることを、如実に物語っている。企業は追随者であって、指導者ではないのだ。

２０１７年に、婚姻の平等に関する国民投票がオーストラリアで実施された。この事例から、企業が進歩的大義を支援するようになった経緯がよくわかる。それ以上に問題となるのは、この婚姻の平等に対する支援が、民主的平等の基本に関する国民的議論を利用して、企業の利益を図ろうとしたことだ。２０１７年11月、同性婚を合法化すべきかどうかを判断するために、オーストラリアで郵便による世論調査が行われた。投票に至るまでの前段階は、右派による激しい扇動的政治のケーススタディとなった。保守的な反対派のなかには、婚姻の平等が認められたら、宗教系の学校や病院、福祉機関、高齢者介護サービスなどが、その職員、生徒、患者、入居者にＬＧＢＴＱＩ＋の人がいた場合にその人たちを差別することができなくなるので、婚姻の平等は、実は信仰の自由に関する問題なのだと主張する人たちもいた。[17]宗教的不寛容が公の場で堂々と擁護されていたのだ。国民投票後に行われた宗教の自由に関する政府調査に対して、クリスチャン・スクール・オーストラリアとアドベンチスト・スクール・オーストラリアが共同で提出した文書には、それが明記されていた。

> 信仰の自由が合法的にオーストラリアの教育の特質として存続するためには、学校共同体が宗教的信念に従って運営する権利が擁護されなくてはなりません。これには、その信仰、お

よび関係する宗教の信心、信条、教義に基づき、全職員を選ぶ権利も含まれなければなりません。キリスト教系の学校を含む信仰共同体は、個人の行動が共同体を損なう場合、その個人を共同体から引き離す行動をとれる必要があります。[18]

要するに、宗教的信条を盾にして、セクシュアリティやジェンダーに基づいて人々を差別し、公然と中傷する権利が自分たちに授けられていると、彼らは主張したのだ。

また、同性カップルに育てられた子どもは、ネグレクトや虐待を受ける危険性が高いという、人心を煽る、根も葉もない主張も見られた。[19] 主要都市の街頭には、「ホモ野郎を止めろ」というスローガンのポスターが貼られ、「ゲイの親に育てられた子どもの92％が虐待されている。51％が鬱病になる。72％は肥満である」[20] という虚偽の情報が書かれていた。同性愛は「死の呪い」だとする印刷物も配布された。反動的な政治評論家たちは、ＬＧＢＴＱＩ＋の権利が拡大すれば、ゲイやレズビアンの結婚を祝うウェディングケーキを作ることを、ケーキ職人は宗教上の理由で拒否できるのかどうかと問いかけて、騒ぎを煽り立てようとした。[21] 神を恐れる右派は、民主主義の自由や平等よりも宗教的偏狭さを優先させようと必死になっているようだった。

最終的にはオーストラリア国民の80％弱の人々が、この自主的な調査に票を投じることを選んだ。「同性カップルの結婚を認めるよう法律を改正すべきか」という質問に対して、回答者の61・6％が「イエス」と答えて、婚姻の平等に大勝利がもたらされた。国内のすべての州と準州で、「賛成」票は過半数を占めたのである。[22] 長年の激しい政治論争は、この勝利によって終わりを告げた。国民は圧倒的に婚姻の平等を支持していたのに、保守の多数派政府が意図的にそれを阻んでいたのだ。同性婚についての国民投票が実施される13年前、右派の与党政府は、少数意見であるその独断的な偏見をオーストラリア国民全員に確実に押しつけようとして、憲法改正まで行っていた。2004年に可決された婚姻法改正案は、次に示すように差別を法制化したものだった。

> 婚姻とは、自発的に生涯にわたる、他のいかなる者も除外した男女の結合である。［……］外国において執り行われた、（a）男性と男性、または（b）女性と女性の結合は、オーストラリアでは婚姻として承認されない。[23]

2017年の国民投票は、オーストラリアにおける自由、平等、民主主義の勝利であり、憲法に明記されていた長年にわたる差別と不公平に終止符を打つ必要があることを、国民がはっきりと示した。国は祝杯を挙げた。

大企業は「賛成」票運動で重要な役割を果たした。800を超える企業が、婚姻の平等キャンペーンの公開書簡に署名して、平等キャンペーンと世論に歩調を合わせた。この書簡には次のようにある。

オーストラリアでは婚姻の平等を支持する機運がますます高まっています。最近の［……］調査によれば、72％の人が同性カップルの結婚を認めるべきだと考えています。わたしたちもこれに同意します。残りの28％のうち、この提案に強く反対したのは14％だけでした。[24]

企業はキャンペーンに対する資金援助をほとんど行わなかったが、銀行、自動車メーカー、大手小売業者、ビール会社、ハイテク企業などがキャンペーンに名を連ねていた。[25] 最も声高に支持した著名人は、世界で3番目に古い航空会社であるカンタス航空のＣＥＯ、アラン・ジョイスだった。[26] 彼は当時、次のように語っている。

> わたしたちはこのキャンペーンを支持して、必ず賛成票を投じなくてはならないと思う。賛成票を得られるように、力を入れてキャンペーンを行うつもりだ。［……］これは、我が社の従業員や顧客や株主にとって非常に重要なことだと思うので、カンタス航空は婚姻の平等を支持する。[27]

彼は実際にキャンペーンを行った。１００万米ドルを個人的に寄付しただけではなく、他の企業にも婚姻の平等を支持するよう圧力をかけ、このテーマについて公の場で率直に話した。彼の行動は大きな注目を集め、最も影響力のあるLGBT支持の経営者として、『フィナンシャル・タイムズ』が発表する2017年のアウトスタンディング・リストに選ばれ、国際的に認められた[28]。彼はまた、当時のオーストラリア移民相ピーター・ダットンと激論を交わしたこともあった。右派のポピュリスト的政策で知られるダットンは、次のように述べた。

> ジョイス氏は並外れたCEOだ。好人物だし、わたしは個人的に彼を知っている――彼に対して不満はない。しかし、彼が何らかの問題について特定の見解を抱いているならば、それは個人として表明すべきだ。企業や上場企業の資金を利用して、権力を振りかざすようなことは容認できない。[……]個人や選挙で選ばれた意思決定者の判断に委ねられるべき問題に、象徴的なブランドと数十億ドル規模の事業の力を利用すべきではない。上場企業には、他のことに首を突っ込まずに、顧客にサービスを提供し、株主に利益をもたらすことに専念してほしいと思う[29]。

ダットンはおそらく知らぬ間に、企業の社会的責任に関する昔ながらの議論に入り込み、企業は資本主義の領域を超えたことに干渉する権利はないという、フリードマン理論の立場をとっていたのだろう。だが、民主主義を維持するために、「選挙で選ばれた意思決定者」が率いる政府が担う役割についての言及は、イデオロギー的なコミットメントというよりも、むしろ政治的な位置づけであるように思われた。婚姻の平等に対して強硬に反対するダットンは、オーストラリア自由党の保守派の一翼を担っている。同党は、婚姻の平等について不必要に郵便投票を企て、対立を引き起こした。この国民投票は、ＬＧＢＴＱＩ＋の権利を政治対立の火種として利用する、長期的な反動戦略の一部だった。野党である労働党が同性婚を支持すれば、労働党支持者で同性婚に反対する有権者が、自由党支持に鞍替えするのではないかと画策したのだ。[30] 長年にわたる世論調査から、オーストラリア国民の大多数が同性婚を支持していることがわかり、国民投票は最終的に不要であったことが判明した。[31]

「美徳の市場」

オーストラリアでの同性婚の権利を求める運動の事例は、ジョイスのようなＣＥＯアクティビストが、その目的は社会をより良いところにしたいという願いに根ざすものだと主張するとき、本当にその言葉を守るのかという問題を提起する。[32] このような社会的・道徳的動機に駆られたウォークな主張は、現代企業が自らのブランドを社会的大義と結びつける理由についての数々の研究と相反する。意地の悪い見方をしなくても、ブランドと評判の良い政治姿勢とを結びつければ、そのブランドが商業的に成功する可能性が高まることは、たいてい想像がつくだろう。[33] ウォーク資本主義がこれほど広まるよりもかなり前に、企業倫理学が専門のデービッド・ボーゲル教授は

「美徳の市場」という言葉を作り出した。[34] ごく単純な言い方をすれば、これは倫理的な行動（あるいは少なくとも倫理的な行動に見えること）が、世間が抱くイメージの向上や規制の回避と引き換えになる市場のことである。この考え方によれば、企業はビジネスマインドで社会的責任の活動に取り組む。商業的な見返りがあるならば、その活動に投資する。これはある意味では、企業が社会的に有益だと見なす活動に取り組むインセンティブとなる。だが一方で、そうしたインセンティブは企業ができること、あるいは実際にすることに限界を設ける。ボーゲルの説明によれば、企業の美徳は市場のメカニズムによって規制され、市場の制約を受ける。したがって、その限界は、なされた行為の交換価値に基づいている。言うまでもなく、このような企業活動は、人々の自由、平等、連帯を第一の目標とする、一般市民に対する市民の政治的責任とされるものとはかけ離れている。美徳の市場にとって、美徳そのものが目的なのではなく、美徳は目的のための手段なのだ。商業的利益を追求することで経営者が正義を感じられるなら、それはボーナスだ。

　アラン・ジョイスが自身の政治姿勢について弁明した内容を検証すると、彼が美徳の市場でどのように取引しているかが明らかになる。ピーター・ダットンから、政治的信念の追求に株主の資金を浪費していると非難され、ジョイスが応戦したときに、この取引が浮き彫りにされた。ジョイスは公式声明で次のように述べた。

婚姻の平等には、それを擁護する、調査に裏づけられた経済的論拠があります。つまり、開かれた社会ほど、有能な人々を引きつけるということです。しかし、基本的には、カンタス航空は、一部の人々の権利がその他の人々の権利よりも制限されるべきではないと考えることから、婚姻の平等を支持しており、婚姻の平等を公言するオーストラリア企業２００社のうちのひとつです。世論調査によると、オーストラリア社会の大多数の人々も同様に考えています——それは、我が社の株主、顧客、従業員でもあります。よって、わたしたちは自分たちの姿勢に納得し、堂々と考えを表明しているのです。[35]

この声明からは、婚姻の平等を擁護する経済的論拠と政治的論拠の明らかな混同が見て取れる。同性婚の合法化は基本的人権の問題だとする一方で、カンタス航空のような組織にとって、経済的に生産的だとしている。ジョイスは婚姻の平等を支持するビジネスケースを主張する際に、自分の立場を裏づけるものとして、コンサルティング会社デロイトの調査を引き合いに出した。[36]デロイトの調査によると、ＬＧＢＴＱＩ＋、先住民族出身者、障害者の顧客は、敬意を持って公正に扱われるなどの「多様性の問題」に関して評判が悪い組織を避ける傾向が、他の顧客より３倍も高いことがわかった。回答者全体の４分の１、若年層では４０％以上が、婚姻の平等に対する組織の立場が購入の決定に影響するとした。

ウォーク資本主義ではよくあるように、この場合も、経済と政治の区別が曖昧になっている。

婚姻の平等は、自由と平等という民主主義の基本的側面だから支持するべきなのか、それともビジネスに有利だから支持するべきなのか？　この2つの主張が一致しているとするジョイスの主張は、たまたま幸運にも一致したというだけではすまないはずだ。もし、政治的論拠と経済的論拠が対立していたら、一体どうなるのだろうか？　ビジネスにとって不利であることがわかれば、社会はＬＧＢＴＱＩ＋の市民の権利を簡単にあきらめるのだろうか？　ジョイスが正当性を訴える主張を文字通りに受け取れば、その答えは「イエス」となるだろう。

　政治への関与を正当化する理由として、ＣＥＯアクティビストはよくビジネスケースを挙げるが、現実には、それほど単純である場合や、経済的合理性がある場合はほとんどない。調査によると、経営者自身の信念が、企業がどんな大義名分を追求するかに影響を与え、実際の根本的理由よりも費用便益分析が、政治的大義を持つことを正当化する場合が多いと明らかになった[37]。こうした知見は、アクティビズムにイデオロギー的な要素を加える。経営者は、投資に見合う最高の価値を企業にもたらす大義よりも、自分が強く信じる大義を支援する傾向が強いのだ。ビジネスケースとモラルケースも論じられるかもしれないが、ＣＥＯアクティビズムに関しては、重要で人気のある政治的姿勢と提携することによって企業の力を高めようとする、強力な政治的動機が働いているのだ[38]。

　このことは、カンタス航空などの企業が婚姻の平等を支持したのは、それがオーストラリアで大多数の支持を得た後だったという事実からもわかる。婚姻の平等の正当性を信じていたわたしたちにとって、これは朗報である。ともあれ、セクシュアリティに関係なくすべての人は平等な権利を有するという、民主主義の基本となる特質をオーストラリア人が支持したことを示しているからだ。ジョイスがこの考えを支持していたことについても、疑う余地はない。だが、このような問題は、一個人の倫理的・政治的な信念よりも大きいのだ。２０１０年代後半には、婚姻の平等は政治的問題として認識され、人々はこの大義のためにそれまで何年も闘ってきた。ところが、変わったのはビジネスケースだった。デロイトの調査で判明したように、ＬＧＢＴＱＩ＋の権利をサポートすることは好ましいビジネスであることから、企業はこの機に乗じるようになった。ジョイスや他のＣＥＯの個人的な信念はどうあれ、ウォーク資本主義の下では、商業的論理が、政治的に可能なことに対して制限を課している。２０１７年までに、ＬＧＢＴＱＩ＋の権利は、かつてない形式で美徳の市場で取引されるようになった。

　婚姻の平等について、企業はたやすく賛同を表明するようになった。プレスリリースを出したり、著名な経営者にこれを支持する発言を人前でしてもらったりすることに、ほとんどコストはかからない。さらに、デロイトの調査からわかるように、この件で良い評判を得られたならば、従業員や顧客に対し、とりわけ将来消費者の大半を占める若い世代に対し、好印象を与えられる。このような場合、たとえ企業経営者が個人的に倫理的追求に賛同したとしても、商業的利益を犠牲にしてまでそれを追求をすることはできない。

　経営者や企業には、社会全体よりも狭い範囲での利害しかなく、彼らは単に親近感を持つ政治的大義名分に、自らを結びつけている場合が多い。ＣＥＯアクティビストを偽善者として片付けることもできるが、それはあまりにも単純化がすぎるというものだろう。たとえば、ジョイスは自身がゲイであることを公にしており、彼がこの運動に対して個人的に寄付したり賛同を促したりなどしたことから、彼が本当に婚姻の平等を支持していることがわかる[39]。それでも、婚姻の平等に対する企業の支援は有益な影響を与えたとはいえ、さらに広い範囲で見ると、ウォーク資本主義の発展に内在する危険性がはっきりと示されている。企業が直接的な商業的利益を超えた領域で政治的アクターとなるにしたがい、その個人的・商業的利益の限界は、公共の議論を形成すると同時に、それを制限するかもしれない。

　たとえば、大企業が作成する企業の社会的責任報告書は、当然ながら、租税回避に言及することはほとんどなく、ＣＥＯがそれを非難することもない。納税は、教育や医療、貧困撲滅のために重要であるというのに、これが現実なのだ。企業はその代わり、名目上は倫理的な行動とされる、環境対策や多様性への取り組みなどを重視する。カンタス航空の事例が示すのは、ジョイスはこの件に関しては歴史の流れに乗っていたが、彼の個人的信念と雇用主の利益を組み合わせて行動したということだ。企業の利害がいつどの問題を政治的に取り上げるかに影響を与える場合、税制や所得格差、不安定な労働といった重要な問題が除かれる可能性がある。富と所得はとくに重要であり、現代において最も差し迫った政治問題であるのに[40]、ＣＥＯアクティビストがこうした問題に正面から取り組むことはほとんどない。この場合、ＣＥＯ自身の個人的な金銭的利害が、企業がどのような政治のために闘うか、あるいは闘わないかに対して考慮すべき要素となる。

婚姻の平等を求めるキャンペーンを支持した直後、アラン・ジョイスはオーストラリアで最高額の報酬を得る経営者となり、２０１８年の給与は２３００万豪ドルと推定されている。[41] ジョイスが社会正義を実現したい衝動に駆られるのがどんな問題であるにせよ、彼は不平等について語るべきではない。彼は、不平等に関する問題に口をつぐんでいただけではない。その法外な給与が公表されたとき、彼は自分の会計事務所に引きこもるどころか、強気な姿勢に出て、オーストラリアの平均所得のほぼ３００倍の報酬について自己弁護したのだ。「わたしの給料は株主が決めたものだ。それは、我が社の時価総額が20億ドル強から１００億ドルになったからだ。株主はこれで莫大な儲けを得た」[42]。ジョイスの発言は、ウォーク資本主義の基本的考え方を反映している。つまり、商業的な自己利益と企業のアクティビズムは、まったく両立しないということはない、ということだ。当然の帰結として、限られた範囲の進歩的な社会的大義の支援と、超高額の役員報酬に代表される不平等を擁護することとは、完全に両立する。

ジョイスは商業的根拠だけで自分の給料を正当化したが、ＣＥＯアクティビズムに関しては、これに政治的・道徳的な正当化が加わる。ジョイスの言によれば、婚姻の平等を支持することは、彼とカンタス航空の民主的義務であった。「大きなビジネスケース」が存在しただけではなく、それは「道徳的に正しい行動」であったのだ。[43] ところが、道徳的な正義は、婚姻の平等に対して行動を起こす際には役割があるが、所得の不平等との対峙となると、急にどこかへ行ってしまうようなのだ。ウォーク資本主義は、企業の商業的利益や経営者個人の財政的利益を脅かさない政治問題にしか関心を示さない。では、これは民主主義に何をもたらすのだろうか？

ジョイスが断言したように、選挙で選ばれたわけでもない企業経営者に、経済的序列における特権的地位を利用して、ビジネスに有利な政治的大義を押しつける責任があると断言すれば、いくら何でも議論を呼ぶことは避けられない。それは下手をすると、大企業のボスには自分たちを政治家として選んでいない人々を代表する権利がある、という考えと同じになる。このように政治的役割をもって自任することは、ウォーク資本主義の大きな特徴であり、完全に反民主主義的である。これは現実的には、労働者間の経済繁栄の公正な分配が、民主主義の俎上に載せられていないことを意味する。これがウォーク資本主義の限界である。

第9章

人種、スポーツ、ウォークネス

スポーツと公民権運動

ナショナル・フットボール・リーグ（ＮＦＬ）の元選手でクォーターバックだったコリン・キャパニックが、２０１８年９月の最初の月曜日にツイッターに上げた投稿が、政治的大混乱の始まりとなった。モノクロで撮られたアップの顔写真を添えたそのツイートには、「何かを信じろ、たとえすべてを犠牲にすることになっても。#JustDoIt」と書かれていた。ツイートにはスポーツ用品会社のナイキの名前はなかったが、有名なスローガンの「just do it」が使われていることから、ナイキが何らかの形で関わっていることは明らかだった。よく知られた話だが、ナイキがキャパニックを支持し、「スケートボードの反逆のクイーン」レイシー・ベイカーも支持したことに腹を立てたドナルド・トランプ大統領は、翌日、悪名高い自分のアカウントでツイートした。「ナイキは怒りとボイコットで息の根を止められるだろう。こんなことになると彼らは予想していなかったのか」と息巻いた。数日後、彼は明らかに絶望したようにつぶやいた。「ナイキは何を考えていたんだ？[1]」。

このキャパニックのツイートは、ＮＦＬシーズン開幕直前に投稿された。その直後に、ナイキは紙面やテレビで大規模な広告キャンペーンを開始した。「ドリーム・クレイジー」（とことん夢見ろ）と名付けられたテレビＣＭでは、キャパニックがナレーションを担当し、どんな障害があっても自分の夢を追いかけようと呼びかけた。「地上で最高のバスケットボール選手になるな、バスケットボールよりも大きな存在になれ」と彼は語りかけた。このなかで、ナショナル・バスケットボール・アソシエーション（ＮＢＡ）のスーパースターであるレブロン・ジェームズが、オハイオ州アクロンに、家族が運営する財団が支援して「アイ・プロミス・スクール」という小学校を開校したことも紹介された。ドイツのボクシング選手ゼイナ・ナサール、パラリンピックの車椅子バスケットボールの選手メーガン・ブランク、そして「スケートボードの反逆のクイーン」レイシー・ベイカーも、「夢がクレイジーかどうかを問うな。とことんクレイジーかどうかを問え」というキャパニックの言葉を支持する人物として描かれている。[2]

文字通り受け取るなら、これもアメリカンドリームの神話を強調した広告キャンペーンのように思われるかもしれない。情熱と努力と決意があれば、誰でも自分の選んだ分野でトップに立てるという考えが、強化されている。人種や階級や性別など、生まれながらの構造的な障壁が何であれ、何を成し遂げるかを左右するのは個人の真価である。このアメリカンドリームを達成できないのは、社会が悪いのではなく、個人のせいであり、各人が自分の成功に責任を負うものだ。ニューヨークの裕福な白人家庭に生まれようが、その近隣の公営住宅で育とうが、人生で成功するかどうかは、とどのつまり、自分が人生の主導権を握るかどうかにかかっている、ということだ。

ナイキがアメリカ文化に長く根づいている幻想を利用したことは明らかだが、「ドリーム・クレイジー」に込められたのはそれだけではなかった。何と言っても、ナイキがキャンペーンの中心人物にキャパニックを起用することにしたからだ。この広告が発表される前から、キャパニックはアメリカン・フットボール選手として何年も活躍していたが、アフリカ系アメリカ人の権利を求める公然たる不屈の政治的アクティビズムによってその名が知られるようになった。このアクティビズムは、アメリカの黒人男性に対する警察の暴力や殺害に対する抗議が中心だった[3]。キャパニックはそのアクティビズムで大きな注目を集め、男性向けファッション・カルチャー雑誌の『ＧＱ』で２０１７年の「シチズン・オブ・ザ・イヤー」に選ばれた。キャパニックは「避雷針であり、アクティビズムと抵抗の強力なシンボル」と評された[4]。

　最も人々の心をとらえたのは、キャパニックがフットボールの試合が始まる前の国歌斉唱を拒否し、膝をついていた姿である。この膝をついた姿勢は、警察官によるアフリカ系アメリカ人の殺害が相次いだことに対する明確な抗議だった。事の起こりは２０１６年、キャパニックがアメリカン・フットボールチームのサンフランシスコ・49ersのクォーターバックだった頃に遡る。彼はそれまで約6年の間このチームでプレーしていた。２０１６年8月26日、グリーンベイ・パッカーズとのプレシーズンゲームで、試合前にアメリカ国歌が流れると、他の選手が愛国心を示すために起立するなかで、キャパニックは座ったままでいた。次の試合でも、彼は国歌斉唱時に起立しなかった。このときは、チームメイトでアフリカ系アメリカ人のエリック・リードも彼のそばで片膝をつき、連帯感を示した。キャパニックはインタビューに応じ、不起立の理由をこう説明した。

> 黒人や有色人種を抑圧する国の国旗に誇りを示すために立ち上がるつもりはありません。わたしにとって、これはアメリカン・フットボールよりも大きな問題であり、見て見ぬふりをするのは自己中心的だと思います。路上で殺される人たちがいるのに、有給休暇をとるだけで、殺人の罪を逃れている人たちがいます。〔……〕これは、誰かに相談して実行するようなことではありません。賛成してほしいのでもありません。虐げられている人々のために、わたしは立ち上がらなくてはならないのです。〔……〕ブランドがNFLのスポンサーを降りようとも、わたしとのパートナーシップ契約を打ち切ろうとも、わたしは正しいことのために立ち上がったのです。[5]

アメリカン・フットボールのシーズンが始まると、キャパニックは国歌斉唱時には毎回跪くようになった。これに対して全米で論争が巻き起こった。予想に違わず、トランプのポピュリズムの時代に後押しされた反動的な保守派は、キャパニックはアメリカへの敬意を欠いていると非難した。なかには彼のユニフォームのレプリカを燃やす人たちまでいた。[6] そのような過激な反発行為でも、キャパニックの決然としたアクティビズムは怯むことなく、大きな影響を与える有意義な成果につながった。黒人左翼系のニュースサイトであるブラック・アジェンダ・レポートのマーガレット・キンバリーは、キャパニックは選出議員や著名人の多くがしてこなかったような形でアメリカの人種的暴力に立ち向かう、「革命的人物」として登場した、と評した。[7]「新しい公民権運動の顔」とされたキャパニックは、商業的な機会を通じてではあるが、国民の意識と政治論争を復活させた。コミュニティ組織ユナイテッド・ウィー・スタンド・コアリションの掲げる旗印の下で、公民権運動家たちに歓迎されたキャパニックは、まさにアメリカの人種平等を求める声を生き返らせたのだ。公民権擁護団体ピープルズ・コンソーシアムの代表であるスティーブン・A・グリーンは、当時次のように説明した。

> 彼がそのために自分自身を危険にさらしたこと、彼が失うかもしれないもの、経験したことについて考えると、それは「大げさなこと」ではない。彼は、アメリカの黒人や褐色の肌の人々に影響する問題を提起するために、数々の危険を冒してきた。わたしたちのコミュニティのために、彼を沈黙させるわけにはいかないのだ。[8]

キャパニックが政治的抗議運動のリーダーとして活動したことは、アフリカ系アメリカ人に対する差別や警察による暴力との闘いをまとめる上で、主要な役割を果たしている。政治学者のクリストファー・タウラー、ナイロン・クロフォード、ロバート・ベネットによれば、「キャパニックは黒人の政治行動に大きな影響を与え、とくに投票以外の行動を促している」として、「黒人のプロスポーツ選手のアクティビズムは黒人の政治行動にとって重要である」と結論づけた[9]。

キャパニックは、その抗議行動に対して大きな代償を払った。２０１６－２０１７年のシーズンが閉幕したとき、彼のスポーツ選手としてのキャリアは早すぎる終わりを迎えた。彼は２０１７年に49ｅｒｓを去り、フリーエージェントとなった。彼のスキルと成績はリーグのその他多くの選手よりも優れているのに、彼に入団契約を提示するチームはなかった。ＮＦＬは一致団結して、キャパニックの抗議活動が自分たちの商業的利益にならないと判断し、彼を事実上排除したのだ。彼が抗議活動をしていたときにＮＦＬの広報担当上級副社長だったジョー・ロックハートは、数年後にこう打ち明けた。「どのチームも、たとえキャパニックほどの才能のある選手であっても、物議を醸すと見なした選手、つまりビジネスに不利になる選手とは、契約したくなかった[10]」。

トランプのスローガン

２０１７年にキャパニック論争を再び煽ったのは、ドナルド・トランプ米国大統領だった。ナイキの姿勢は、人々にとことん夢見させることだったが、トランプは「アメリカを再び偉大にする」（ＭＡＧＡ）というスローガンを掲げて、まったく異なる方法でアメリカンドリームという切り札を使った。ノーム・チョムスキーが著書 *Requiem for the American Dream*『アメリカンドリームの終わり――あるいは、富と権力を集中させる10の原理』、ディスカヴァー・トゥエンティワン、2017年）で述べているように、1950年代から1960年代にかけては、経済が成長して、その恩恵が比較的公平に分配された、アメリカンドリームの黄金時代だった。

成長はかなり平等で、人口の下位5分の1が上位5分の1とほぼ同程度に向上していた。また、福祉国家としての施策もあり、多くの国民の生活を向上させた。たとえば、黒人労働者が自動車工場できちんとした仕事に就き、マイホームを購入し、車を手に入れ、子どもを学校に通わせることなどが可能だった。それは社会全体にわたり同じだった。[11]

現代はこの時代とは根本的に異なる。ある意味では、経済成長は主に富裕層に生じ、不平等が世界中で拡大しているのだ。[12]しかし、チョムスキーが説明するように、さらに質的な違いがある。アメリカでも、その他多くの自由民主主義国家でも、戦後は希望の時代であり、「事態が好転するという期待」があった。そのような希望を抱くことは、今日では非常に困難である。とことん夢見ていようと、アメリカが再び偉大になれると信じていようと、わたしたちは過去の希望的観測を利用しているのだ。

トランプは、ナイキの人種間平等の進歩や機会均等のアメリカンドリームと、ＭＡＧＡの白人至上主義ややみくもな愛国主義とを、明確に区別していた。２０１７年には、キャパニックは

ＮＦＬを去っていたが、選手たちが国歌斉唱時にフィールドに姿を見せないか、キャパニックに倣い国歌斉唱時に膝をつくことで、彼の抗議は広まっていた。２０１７年9月22日にアラバマ州で演説したトランプは、完全に聴衆を扇動していた。

国旗に不敬な態度をとるヤツには、ＮＦＬのオーナーが「あのクソ野郎を今すぐフィールドから追い出せ。出て行け。あいつはクビだ。クビだ！」と言ったらいいと思わないか？　そうするオーナーもいるかもしれない。「国旗に不敬な態度をとるヤツはクビだ」と言って。そのオーナーはな、今はまだわからんかもしれないが、彼らは1週間は人気者になる。この国で一番の人気者になる。[13]

トランプの発言は、アメリカ人のある種の愛国心に訴えていただけではない。伝統的な資本主義の基本中の基本である、資本所有者には労働者を支配する権利があるという前提も、指摘していたのだ。トランプはＮＦＬチームのオーナーに対し、アメリカへの忠誠とはどういうものかという保守的ビジョンに基づいた権限の行使を要求して、この権力関係を政治化した。トランプの考え方では、アフリカ系アメリカ人に対する暴力や殺害、人種的不公正の歴史に対する抗議を表明したキャパニックは、非愛国的だということになる。これは、あらゆる手段を用いて異論を封じて進歩の邪魔をする、ひどく反動的な政治である。また、言論の自由の行使を禁止する法的根拠は存在しないと明記される合衆国憲法修正第一条を侵害しようとする、露骨な試みでもある。そうすることで、最初にアメリカ先住民の大量虐殺において、次にアフリカ人の奴隷化によって犯した、白人による人種差別という「アメリカの原罪」に対する認識や責任も、黙殺されることになる。[14] この罪の遺産は現代にまで持ち越されており、平等と自由というアメリカの信奉する価値観と、今なお折り合いがついていない。[15] アメリカの根幹にある人種的矛盾に取り組もうとする揺るぎないコミットメントのために、キャパニックはＮＦＬから排除され、自国の政府の長から公然と槍玉に挙げられたのである。

ただ座るのではなく、地面に片膝をつくという動作が示す象徴的意味は、戦死した兵士の墓前で膝をついて敬意を表するという米軍の伝統から借用したことは、注目に値する。[16] 実際に、米国陸軍のグリーンベレーで退役軍人のネイト・ボイヤーからこれについてアドバイスを受けたキャパニックは、まさしくそこから着想を得て、抗議を示す形として膝をつくことにしたのだ。[17] だが、膝をつくという行為をトランプは尊敬の念としては見なさず、彼の抗議活動を利用して自分の支持者たちの間に怒りを煽った。それは、意図的に分裂を生み、政治的に自己利益を図るポピュリストのやり方だった。トランプが誘発した分断には、明らかに商業的な性質があったが、ウォーク資本主義の高まりには気づいていなかった。膝をつく抗議に対抗する抗議行動として、ファンがアメリカン・フットボールのテレビ放映を視聴しなくなったために視聴率が低下し、ＮＦＬに打撃を与えている、ともトランプは主張した。トランプの姿勢は、このように政治と経済の区別を少しも認識していないことが明らかになった。現に、商業的な理由でボスが選手を解雇するという考え方と、愛国的な理由で解雇するという考え方が一緒になっていた。これは、企業は社会的な問題に関与せず、利潤追求に徹するべきであることを前提とした資本主義を擁護するものではなかった。それどころか、企業は政治に関与すべきだと、少なくともその政治が彼独特の共和党の退行的な保守主義と一致する限りにおいては関与すべきだと、トランプは考えていた。

ナイキの戦略

ナイキがキャパニックを「ドリーム・クレイジー」キャンペーンのスポークスマンに起用したのは、トランプとは正反対の商業的・政治的論理に賭けていたからだ。バスケットボールのスーパースター、マイケル・ジョーダンの名前をブランドに取り入れたシューズであるエア・ジョーダン・シリーズが、大成功を収めたナイキのブランドとして世界展開を始めた１９９０年を振り返ってもらいたい。発売開始以来、このシリーズはジョーダンに推定13億ドルの利益をもたらし[18]、「アメリカで大成功を収めたマーケティングの一例」としてもてはやされている。[19]しかし、これは特殊なマーケティングだった。１９９０年のノースカロライナ州上院議員選挙で、共和党のジェシー・ヘルムズ候補と民主党のハーヴェイ・ガント候補のどちらを支持するかという質問に対し、ジョーダンは答えることを拒んだ。「共和党員もスニーカーを買う」と言って、答えをはぐらかしたと報道された。[20] これはもちろん、政治的姿勢を示せば潜在顧客を遠ざける危険性があり、商業的な判断としては不利になると考えての冗談だった。

顧客を失う恐怖が、２０１７年の騒動でＮＦＬがとった行動の動機となった。トランプとＮＦＬが気づいていなかったのは、その間に文化において資本主義が果たす役割が大きく変化しており、トランプと彼の同類たちのビジネス手法がほとんど時代錯誤になっていたことだ。一方ナイキは、政治的問題を遠ざけるジョーダンの姿勢をよそに、ウォーク資本主義的なビジネスのやり方を早くから取り入れていた。１９７０年代後半には、女性のムーブメントと協調し、女性用ランニングシューズに「ザ・リベレーター」と名付けた。それ以来、自社のブランドと社会的意識の高い主義主張とを結びつけることは、ナイキの特色となっている。１９８８年、ナイキは80歳のランナーを最初の「Just do it」の広告に起用し、エイジズムに取り組んだ。その1年後、障害者支援のために、パラリンピック選手のクレイグ・ブランシェットをこのシリーズの広告に起用し、２００７年には車椅子バスケットボール選手のマット・スコットを別のナイキの広告に起用した。１９９５年には、「社会的意識の高いブランディング」の一環として、ＨＩＶ陽性のランナー、リック・ムニョスを起用したキャンペーンを行った。[21]

ナイキの広告キャンペーンは、社会的に進歩的な政治的姿勢と提携することで論争から利益を得ることを意図していたが、シューズの生産に関しては異なる種類の注目を集めた。１９９０年代後半、ナイキのシューズを生産するアジアの搾取工場《スウェットショップ》で労働者が酷使されているとして、同社は糾弾された。貧困生活を送る労働者たちは、過酷な長時間勤務を強いられ、身体に危険を及ぼすほどの有毒ガスに曝されていた。そのなかには児童労働者も含まれていた。１９９１年、労働問題活動家のジェフリー・バリンジャーは、インドネシアのナイキ工場での児童搾取を暴露する報告書を発表した。

１９９０年代後半、ジム・キーディが制作したドキュメンタリー『ビハインド・ザ・スウッシュ』(Behind the Swoosh) は、ナイキ工場の労働者が低賃金のせいで過酷な生活を送らざるをえないことを明らかにした[22]。これは、ナイキのビジネスを根本的に脅かす世界的なスキャンダルとなった。ナイキは工場の労働条件を改善すると約束したが、世間の大きな注目を集めながらも、あまり変化は見られなかった。人権活動家のレイラ・サラザールが２００１年に指摘したように、「ナイキはスウェットショップの問題を深刻な人権問題としてではなく、相変わらず広報にとって不都合なものとして扱っている[23]」。ナイキにとってはそれが功を奏した。その後の20年間で、ナイキは搾取工場のイメージを弱め、社会的に進歩的なウォーク資本主義のリーダーとしてのアイデンティティを強化することができた。工場の劣悪な労働条件に対する非難が今日まで続いているのに、ナイキはそれを成し遂げた[24]。

ナイキの「ドリーム・クレイジー」の広告は大きな成功を収めた。これは、スウェットショップで暴利を貪る企業というナイキのイメージを緩和する役割を果たした。それと同時に、トランプのような人々が従う古いタイプの資本主義は、もう唯一の選択肢でなくなったことを見せつけた。当時の反応は、政治的境界線で二分された。右派の人たちは、ナイキがウォークな左派の圧力に屈していると不満を漏らした。ナイキの靴を燃やしたり、ナイキの服から有名なスウッシュのマークを切り取ったりするなど、時代に逆らってささやかな抵抗を示す人々もいた。一方で、キャンペーンではその支援は明確にされなかったが、大手企業ブランドがキャパニックのアクティビストとしての大義を支援することに、感銘を受けた左派の人々もいた。[25] だが、こうした分裂は、ナイキがキャパニックとの提携に資金を投入する妨げにはならなかった。

１９９０年代にジョーダンが答えをはぐらかしたときに懸念した、政治的姿勢を示すことがビジネスに与える危険な影響は、２０１０年代後半には生じなかった。最終的に、このキャンペーンは商業的に大成功を収め、キャパニックのような、世論を二分させる、揺るぎない政治信念を持つ人物と関わるリスクは十分に報われた。ナイキは過去にも、論争の的となるマーケティングを行った経験があった。ＮＢＡのスター選手、コービー・ブライアントが性的暴行で起訴されたとき、ナイキは彼の支援を継続した。マンチェスター・ユナイテッドのスター選手、エリック・カントナがナイキのブーツを履いた足でファンを蹴りその頭を殴ったときも、支援をやめなかった。ゴルファーのタイガー・ウッズが不倫でスキャンダルまみれになっても、契約を続けた。収益は増える一方だった。[26] どちらかと言えば、人種差別に反対して跪くキャパニックを支持するほうが、政治的には物議を醸すことはあっても、はるかに正当化しやすかった。

「ドリーム・クレイジー」の広告は、エミー賞のクリエイティブアート部門で、最優秀コマーシャル賞を受賞した[27]。財政面では、この広告をリリースした後にナイキの株価は5％上昇し、時価総額は約60億ドル増加した。それ以降というもの、うらやむ競合他社を横目に、ナイキの収益と株価は毎年上昇を続けている。ナイキにはどんな戦略があったのだろうか？　彼らは、自分たちに有利な計算済みのリスクをとっていたのだ。金融市場ストラテジストのアート・ホーガンは、ナイキの動機について率直に語った。「ナイキが、『ポリティカル・コレクトネスの自殺を図ろう』と考えて、ただ出たとこ勝負でこの広告を出すことにしたとは思えない。人は自分の懐具合で投票するものだし、スポーツ用品で唯一のまぎれもない勝者は、相変わらずナイキのままだ[28]」。

　ウォーク資本主義の中核をなす信条を体現するナイキは、進歩的な政治的大義と結びつくことは、通常の商業的目的と何ら矛盾しないことを証明した。実際にナイキは、論争を利用した露出が、ナイキ社にとってきわめて有利な商業的成果をもたらすことを示しさえした。同時に、「ドリーム・クレイジー」の広告は、有名なスポーツ選手が、コートであれトラックであれ路上であれ、ナイキの靴を履いている姿を見せるというナイキの長期的マーケティング戦略とほぼ一致するものだ。ナイキとマイケル・ジョーダンの長期にわたる関係はその好例である。２０１９年に発売されたエアジョーダン11の復刻モデルは、ナイキが販売したシューズのなかで史上最高の売れ行きを記録し[29]、ジョーダン・ブランドのシリーズは現在でもナイキにとって数十億ドル規模のビジネスとなっている[30]。セリーナ・ウィリアムズも「ドリーム・クレイジー」の広告に登場しており、これはナイキのエンドースメント戦略という点では同じ軌跡をたどっている。キャパニックとの大きな違いは、ジョーダンやウィリアムズのアフリカ系アメリカ人の文化的ロールモデルとしての立場は、個人主義や成功、競争、意志の強さなどのアメリカ社会の支配的価値観を代表する、彼ら自身に基づくことだった。「ドリーム・クレイジー」の広告キャンペーンは、こうした理想を強化した上で、人種差別と闘い社会的平等のために闘うという形で、自由と平等という民主主義の価値を加えたものだ。ナイキのこの政治姿勢の変化から、それが自らの商業的立場を強化すると彼らが考えたことが見て取れ、そのこと自体が資本主義においてウォークネスへの移行が起きたことを示している。

正義と資本主義の間

社会主義は、資本主義によって生み出されて助長する不正義についての根本的な疑問の上に成立しているが、ウォーク資本主義の進歩的政治との関連性はこれを認めない。ウォークな資本主義者にとっては、ウォークであるという考え方が左派進歩的政治と結びついていても、正義と資本主義との間に必然的な矛盾は存在しない。「新たな公民権運動の顔」と言われたキャパニックは、前述したように、右翼のポピュリストたちの怒りを、果てはドナルド・トランプの怒りまで買った[31]。ナイキは、「ドリーム・クレイジー」によって、ウォーク資本主義がどのように作用するのかを示した。キャパニックのような物議を醸す人物および彼の進歩的な政治姿勢を受け入れることは、彼らの拡張主義的な企業アジェンダと完全に一致していたからだ。
その政治姿勢のために、多くのアメリカ人がキャパニックを中傷していたことを忘れてはならない。たとえば、ケンタッキー州の共和党の上院議員候補であるアレックス・ホワイトは、トランプによるキャパニックへの非難を足場にして、次のような記事を寄稿した。

> キャパニックは明らかに人種差別主義者である。アメリカは世界の歴史に類を見ない最高の文化であり、軍人は尊敬と名誉に値し、共産主義の残忍な独裁者は、称賛されたりＴシャツにプリントされたりするのではなく、公共の広場で吊るされるか撃たれるべきだという現実から、彼は完全に乖離している。[32]

Ｔシャツの件《くだり》は、１９６０年代の黒人権利活動家マルコムＸと、共産主義者でキューバの元最高指導者のフィデル・カストロの会談の写真がプリントされたＴシャツを着たキャパニックが写る、昔の写真があるからだ。

アフリカ系アメリカ人のスター選手が人種差別に抗議するために公の場やメディアの注目を利用したのは、コリン・キャパニックが初めてではない。アメリカで公民権運動が盛んだった時代、ジョン・カーロスとトミー・スミスが２００メートル走の金メダルと銅メダルをそれぞれ獲得し、１９６８年のメキシコシティ・オリンピックで表彰台に立った。彼らは、アフリカ系アメリカ人の平等を求める力強いシンボルとして、黒い手袋をした片方の拳を頭上に突き上げた。これは、その場の思いつきでしたことではなかった。カーロスとスミスは、創設者の一員としてスミスも名を連ねる、人権を求めるオリンピック・プロジェクトという団体と関わりがあった。２人は、国際的なスポーツの舞台と注目度を用いて、黒人の解放を促進しようと考えていたのだ。数十年後のキャパニックのように、２人の行為はアメリカの主流派からの批判を招いた。ある記者はこの抗議を、「競技の素晴らしいパフォーマンスを台無しにする、不名誉なパフォーマンス」とし、スミスとカーロスを「黒い肌をした突撃隊員」と非難した[33]。

このような反動的な反応は、アフリカ系アメリカ人のアスリートの成功が持つ文化的・政治的重要性を完全に蔑ろにしている。競技スポーツは、「公平な競争の場」という理想主義的な考え方に依拠しており、生活のその他領域で明らかにされる偏見や差別、分裂とはっきりと対照をなしている。歴史的に見ると、プロボクシングの場合は特殊で、20世紀初頭まで、アメリカの白人ボクサーはアフリカ系アメリカ人との戦いを拒否していた。その例外が、１９０８年にアフリカ系アメリカ人のヘビー級ボクサー、ジャック・ジョンソンが、カナダ人のチャンピオン、トミー・バーンズを14ラウンドで破ったときだった。これは、黒人のヘビー級ボクサーがリングで白人ボクサーと戦った初めての試合だった。この試合は議論を呼んだので、アメリカではどの都市も試合の開催に応じなかった。結局、試合が行われたのはオーストラリアのシドニーで、会場には２万人の観客が詰めかけた。観客は熱心に観戦しながら、ジョンソン選手に人種差別的な言葉をやたら浴びせかけた。支配的な白人社会は、黒人のほうが優れているところを目の当たりにするのはどんなことであっても耐えられなかったのだ。[34] 同じくヘビー級チャンピオンのジェームズ・J・ジェフリーズは、当時次のように語った。

> バーンズは自らのプライドを、白人としてのプライドを売ったのだ［……］世界一強い男の証明であるタイトルをアフリカ人種に奪われたことで、世間は決してこのカナダ人を許さないだろう［……］わたしがタイトルを保持していたときは、ジョンソンとの対峙を何度も拒んだ。彼に勝てるとわかっていてもだ。わたしなら黒人が世界チャンピオンになる機会を決して与えないだろうし、他のチャンピオンにも同じことをするように勧める。[35]

2年後、ジェフリーズはその誓いを破った。「わたしは白人が黒人よりも優れていることを証明するためだけに、この試合に臨む[36]」と、彼は試合に向けて息巻いた。ジェフリーズが「偉大なる白人の希望」ともてはやされたので、リノで行われる試合は常に人種が話題の中心だった。アメリカの白人メディアからは、黒人アメリカの象徴であるジョンソンを、彼にふさわしい従属的位置と彼らが考える場所に戻すことによって、白人至上主義の信念を回復することに関心が集まった。『シカゴ・ディフェンダー』紙が報じたように、この戦いは「議論の余地のある優位性の問題に決着をつける」ことになる。[37]『ニューヨーク・タイムズ』紙は、「もしこの黒人が勝てば、何千何万という彼の無知な同胞がその勝利を誤って解釈するだろう」と述べた[38]。そのような事態にはならなかった。15ラウンド苦しんだ後、ジェフリーズのコーナーはタオルを投げ入れ、ジョンソンはタイトルを防衛した。これを受けて全米で暴動が起こり、ホワイト・アメリカは、自分たちの優位性を脅かす不安に対して、場合によっては殺傷力のある武器を用いて、激しく反応した[39]。

　ジョンソンは政治的な抗議をしたわけではなく、他のアフリカ系アメリカ人と連帯したわけでもないが、ジョンソンとキャパニックの背景には共通するものがある[40]。だが、精神科医のＪ・コーリー・ウィリアムズが説明するように、2人が受けた反発は「黒人が社会秩序の外に踏み出し、あるいはそれに抗議しても、結局それが認められない黒人の全歴史」の一部である。「[このことは]根底にある憎悪、嫌悪、そして人目を引く「行儀の悪い」黒人を罰しようとする衝動[を反映している]」[41]。それはキャパニックにとっては、ＮＦＬから事実上追放されたことであり、ジョンソンにとっては、全員白人からなる陪審員にでっち上げられた罪状で、刑務所に送られたことだった。

　他にもアフリカ系アメリカ人のアスリートが有力な政治アクティビストの役目を果たした例は歴史に数多く残っているが、多くの者は大きな代償を支払った。ジェシー・オーエンスは、アドルフ・ヒトラーが観戦するなか、１９３６年のベルリン・オリンピックで4つの金メダルを獲得した。ところが、陸上競技大会に出場するにはアマチュア選手しか認められなかった時代に、エンドースメントを得ようとしたためアマチュア資格を剥奪され、彼の陸上人生はおしまいになった。モハメド・アリは、アメリカの帝国主義に対する抗議として、ベトナム戦争への徴兵を拒否したことから、ボクシングのライセンス停止処分を受けた。１９９０年代には、バスケットボール選手のマクムード・アブドゥル゠ラウーフが、アメリカの国旗は「抑圧と専制」を象徴していると主張し、国歌斉唱の際に起立することを拒否してＮＢＡから出場停止処分を受けた[42]。以上は、アフリカ系アメリカ人のアスリートたちが、そのスターとしての地位を利用して、アメリカの人種差別の厳しい現実に世間の耳目を集め、平等と正義を求める幅広い政治的プロジェクトを、自ら犠牲を払って支援した、ほんの一部の例にすぎない。

コリン・キャパニックが彼らと違っていたのは、彼のアクティビズムが、数十億ドル規模の企業によって支援され、資金を提供されたことだ。ナイキは、意図的に自社ブランドとキャパニックを結びつけた。こうした動きに伴い、政治的アクティビズムが企業のマーケティングに深く関わるようになった。にわかに、政治的な抗議運動や反対意見に商業的な価値があることがはっきりと認識されるようになってきた。これに基づいて、プロのマーケターは、「経営者や消費者が最も関心を寄せる問題に関して、ナイキやキャパニックのようなアプローチを選択するリスクを冒すのか？　それとも現実から目をそらし見て見ぬ振りをするのか？」と自問し始めた[43]。

このような問いの有無こそが、ウォークな資本家が政治アクティビズムにどのようにアプローチするかを定めるのだ。もちろん、これに関わる企業のボスたち（あるいは少なくともその一部）が、人種間の平等や、人種に基づく警察の暴力行為をやめさせることに対して、本心から政治的コミットメントを示していることを疑うべき理由はない。また、商業的利益を得られると判断した場合に、そのような大義名分を企業の評判に役立たせようとしているだけだろうと疑う理由もない。これは「ウィン－ウィン」のシナリオと呼ばれることがある。一方で「下品なご都合主義」と呼ばれることもある。いずれにしても、これは、多国籍大企業に支配されつつある世界において、どのような政治的主張が広告放映枠を獲得するのかという限界を示している。その大義を支持する人々にとって、ナイキのような企業が作り出す評判は魅力的かもしれないが、あら探しをする価値はある。都市社会学者のジョルダナ・マトロンは次のように述べている。

> コリン・キャパニックのナイキとの契約をめぐる論争では、闘争の領域が［……］ブランドの知名度と消費者の忠誠へと変容した。しかし、キャパニックがエンドースメントを得たことは、勝利と受け止められているが、彼がナイキのスポークスパーソンに選ばれても、アメリカの黒人の不安定な生活は少しも変わらないという事実が覆い隠されている――ナイキの海外のスウェットショップの労働者たちの劣悪な環境については言うまでもない。[44]

マトロンがさらに踏み込んでいるように、現実に大きな変化をもたらす可能性がナイキの行動にあるのか、それとも、「黒人と男らしさ」を資本主義の価値観と結びつける人種資本主義の新たな例となるのか、わたしたちは問うべきだろう。アフリカ系アメリカ人に対する警察の暴力に対して認識を高めようとした、キャパニックの抗議の価値や誠意を疑う理由はない。企業が自分たちの利益のために、他者が作り出した流行に乗っているだけではないかと問うべき理由は十分にある。

第10章

人種的資本主義とウォーク資本主義

息ができない

２０２０年7月、ナショナル・フットボール・リーグ（ＮＦＬ）は、２０２０年シーズンの各開幕戦で、国歌斉唱の直前に『リフト・エヴリ・ヴォイス・アンド・シング』（Lift Every Voice and Sing）を演奏すると発表した。わずか数年前に、コリン・キャパニックらが国歌斉唱の際に片膝をついて抗議したことをめぐり論争が起きたことを考えると、これはリーグによる、きわめて重要な意思表示であった[1]。アフリカ系アメリカ人に対する人種差別や警察の暴力行為に対して声を上げたキャパニックを事実上排斥したＮＦＬが、政治的にＵターンしたように思われた。

『リフト・エヴリ・ヴォイス・アンド・シング』は、公民権運動団体の全米有色人種地位向上協会（ＮＡＡＣＰ）のリーダーであるジェームズ・ウェルドン・ジョンソンが書いた詩から生まれた。１８９９年に、彼の兄弟であるジョン・ロザモンド・ジョンソンがこの詩に曲をつけた[2]。その後、アフリカ系アメリカ人の間で人気が高まり、１９１９年にＮＡＡＣＰはこの曲を「黒人の国歌」と呼んだ[3]。この曲は、１９９０年にネルソン・マンデラが刑務所から釈放されたときに歌われた。２００９年にバラク・オバマが大統領に就任したときにも演奏された[4]。

国歌である『星条旗』の愛国的な勝利主義と比べ、『リフト・エヴリ・ヴォイス・アンド・シング』は、アメリカンドリームに内在する機会と矛盾を露わにする。その夢とは、約束された自由が人種問題によって損なわれた夢である。音楽学とアフリカ系アメリカ人研究を専門とするシャナ・L・レドモンド教授によれば、この歌は「黒人の経験の生きた記録」として、奴隷制、隔離、人種差別、抑圧の歴史に対する自決のための闘いとして、意義があるという[5]。レドモンドは、「この歌を歌うことは、そうした過去を蘇らせることだが、同時に、その歌詞からわかるように、そうした過去から生まれる希望に満ちた未来の可能性を認識することでもある」と説明する[6]。

通常は讃美歌として歌われるこの曲は、希望に満ちて始まり、人間の精神が持つ可能性を証明する。

ひとりひとりが声を上げて歌おう、
天と地が鳴り響くまで、
自由のハーモニーを響かせよう。

これは単に無邪気な希望でもなければ、悲痛な夢物語でもない。歌詞は、より良い未来を追求するために、過去の苦難を決して忘れてはいけないことを思い起こさせる。

踏みしめる石ころだらけの道、
棍棒の強烈な痛み、

生まれてもいない希望が死んだ日々に感じていた。[7]

アメリカ研究が専門のルドルフ・Ｒ・バード教授は、この曲の歴史と意味を探り、これはアフリカ系アメリカ人の人種的プライドを表明する歌であると語る。歌詞はアメリカの人種と人種差別化の歴史についてはっきりと言及していないが、この歌には、奴隷制というアメリカの土台に対する記憶と、絶え間なく自由を求める闘いから生まれる希望が含まれている。[8]この歌は、アフリカ系アメリカ人のコミュニティにとっては深い意味を持ち、希望とインスピレーションの源だと広く考えられている。また、この歌は議論を呼ぶので、アメリカの人種的平等のために闘う必要性を喚起する手段にもなる。[9]

『リフト・エヴリ・ヴォイス・アンド・シング』を開幕戦で流すことについては、ＮＦＬコミッショナーのロジャー・グッデルが、人種差別の抗議への過去の対応について謝罪するビデオ声明を出してから程なくして発表された。リーグは今後より良い対応をすると誓い、グッデルは次のように述べた。

> わたしたちナショナル・フットボール・リーグは、人種差別と黒人への組織的抑圧を非難します。わたしたちナショナル・フットボール・リーグは、かつてＮＦＬ選手たちの声に耳を傾けなかったことは過ちであると認め、声を上げて平和的に抗議することを全員に奨励しま

> す。わたしたちナショナル・フットボール・リーグは、ブラック・ライヴズ・マターを信用します。わたし自身、皆さんとともに抗議し、この国で大いに必要とされる変化に加わりたいと思っています。黒人選手がいなければ、ナショナル・フットボール・リーグは存在しないでしょう。そして、全米での抗議活動は、黒人選手、コーチ、ファン、スタッフの長年にわたる沈黙や、彼らに対する不平等、抑圧を象徴するものです。わたしたちは耳を傾けます、わたしは耳を傾けます、より望ましく、より団結したＮＦＬファミリーを目指してともに前に進む方法について、声を上げた選手やその他の人々に働きかけるつもりです。[10]

グッデルの声明は、ジョージ・フロイド暴行死事件に対する世界的な反発に、はっきりと反応していた。これは、警察官デレク・ショービンが、フロイドの首に容赦なく膝を押しつけ、死亡させた事件だ。２０２０年5月25日、フロイドはミネソタ州ミネアポリスのコンビニエンス・ストアにタバコを買いに行った。レジ係は、彼が払った20ドル紙幣が偽札ではないかと疑い、警察に通報した。警察が到着したとき、フロイドは近くに駐車した車のなかにいた。警察は銃を抜き、丸腰のフロイドに対し、両手を見せるように命じた。フロイドは無理やり車から引きずり出され、手錠をかけられ、「偽札使用」の容疑で逮捕された。警察が到着してわずか10分後に、フロイドは手錠をかけられて地面にうつ伏せにされた。ショービンはそのとき彼の首に膝を押しつけた。その後の7分46秒間に、フロイドは息ができないと20回以上も訴えた。「死んでしまう」とフロイドは命乞いをしながら言った。「子どもたちに愛していると伝えてくれ。もう死ぬ」と息も絶え絶えに口にした。数分後、彼は死亡した。[11]

傍観者が携帯電話で撮影した事件の映像は、ＳＮＳであっという間に拡散された。アメリカ国内で、そして世界中で、市民の抗議デモがあちこちで発生し、ブラック・ライヴズ・マターを再び主張しなくてはならなかった。かつて見たことがないほどの、体系的な人種差別と人種的暴力に対する怒りと団結が国際的に示されたのだ。アメリカでは、全50州で、４００の町や都市で、およそ１０００の抗議運動が行われた。とくに注目すべきは、それまで人種的正義や警察による暴力について積極的に発言をしていなかった白人が多数を占める保守的な州でも、抗議活動が行われたことだ。ジョージ・フロイドが警官に膝を押しつけられて窒息死するという衝撃的な現実が、ついに世間の多くの人によるブラック・ライヴズ・マターの支持へとつながったのだ。[12]プラカードには、「沈黙は暴力」、「人種差別もパンデミックだ」、「平和がなければ、正義はない」、そして押さえつけられたフロイドが何度も訴えていた「息ができない」というメッセージが書かれていた。

この抗議はすぐに世界に広まり、ヨーロッパ、アジア、カナダ、オーストラリアの１００以上の都市でデモが行われた。こうした抗議は、フロイドの殺害がきっかけではあったが、世界中の人々が経験した人種間暴力の積年の歴史に対し、連帯を示すパフォーマンスでもあった。オーストラリアはとくに連帯を示した。フロイドの死は、ニューサウスウェールズ州北部のダングッティ族という先住民の若者、デイヴィッド・ダンゲイが、２０１５年に獄中で痛ましい死を遂げた記憶を呼び覚ました。12月29日、刑務官が彼の監房に入ったのは、彼がビスケットを食べるのをやめさせるためだった。ダンゲイは糖尿病だった。やめさせるには2分しかかからなかったのに投入された5人の警官が暴力を行使してダンゲイを別の房に移した。ダンゲイは「息ができない」と12回叫び、その後、鎮静剤を投与された。彼はすぐに反応しなくなり、蘇生が試みられたが失敗した。心停止に陥り、その後まもなく死亡した。ダンゲイが亡くなったのは、出所予定日のわずか数週間前のことだった[13]。この事件も、警察に身柄を拘束されたアボリジニが死亡するという、オーストラリアで頻発する悲劇であり、「息ができない」という、絞り出すような言葉が被害者の口から漏れていた。１９９１年以降、４５０人のオーストラリア先住民が警察に拘束されて死亡している。彼らの死に対して責任を問われた警察官はひとりもいない[14]。

ブラック・ライヴズ・マターによる広がり

世界に蔓延する反黒人主義の人種差別に対する広範で効果的な政治アクティビズムは、抗議行動を支援し指導した、ブラック・ライヴズ・マターというよくまとまった組織によって可能となった。この抗議行動の成功は、人種差別に関して主流派の政治的意見が変化したことを反映していた。社会運動の専門家であるダグラス・マカダム教授は、これを次のようにまとめている。

> このような抗議活動は、あらゆる点で、ごく少数の者しかなしえていないことを達成しつつあるように思われる。重要な、持続する、広範な社会的・政治的変化の時代を引き起こしている。［……］わたしたちは、社会変革の転換点を経験しているようだが、それは潜在的重要性と同じくらい社会では稀なことである。[15]

このように世論の圧倒的な支持に直面したＮＦＬが、商業的利益を優先させる決断を下し、人種間の暴力と抗議行動に対する姿勢を一変させたことは、驚くにはあたらない。コリン・キャパニックと国旗への抗議に対するそれまでの姿勢は、アメリカをはじめとする世界中が人種間の暴力と不正を裏づける圧倒的な証拠にようやく耳を傾けるようになったため、受け入れられなくなったことに気づいたのだ。ＮＦＬはビジネスであり、ビジネスである以上、顧客を無視するわけにはいかない。数年前までは、抗議活動に反対する姿勢が、愛国心を正しく示す行為だとされていたが、たとえその姿勢を翻すことになったとしても、世界がブラック・ライヴズ・マターを支持するならば、ＮＦＬもそうすることが商業的には当然である。ＮＦＬのスター選手で、ベストセラーになった *Things that Make White People Uncomfortable*（『白人を不愉快にさせること』、未邦訳）の共著者であるマイケル・ベネットは、ＮＦＬの姿勢を次のように表現する。

> オーナーがドナルド・トランプを支持しているならば、こうした問題を認めているとは言いづらいだろう。けれども、企業であることと社会的な活動を行うこととのバランスがとれる共通点を、ＮＦＬは見つけようとしているのだと思う。問題は、それがプロパガンダのためなのか、それとも他の人たちの人生を変えるためのものなのか、ということだ。それについては、まだ結論が出ていないようだ。［……］ＮＦＬは、世界が以前のように露骨な人種差別を受け入れないことを理解し始めているはずだ。[16]

露骨で目に余る人種差別を世界が受け入れなくなった場合、企業も同じ路線をとらなければ、商業的に大打撃を被るだろう。この場合、企業の政治的信条が実際に変化しているわけではない。やはり商業的な利己主義の論理が、異なる状況に対応しているにすぎない。反人種主義が急速に多数の支持を得ていることに企業が気づくには、国際的な社会運動の成功が必要だった。ブラック・ライヴズ・マターのために声を上げないことは、広報活動上の大失敗となるかもしれないのだ。これはＮＦＬに限ったことではなかった。あらゆる種類の企業が素早くこの流れに乗り、公式に声明を出して支持を表明した。現に、反人種主義への支持が主流となった政治的環境において、世界中の企業が急に政治的に覚醒したふりをした。

こうした明らかに空虚な声明は、企業が自らのブランドを政治的大義と一致するように行動する「ブランド・アクティビズム」の一例として、多くの人々から非難を浴びた。最も楽観的で素朴なアプローチは、ブランド・アクティビズムを、社会に積極的に貢献したいという純粋な願いを持つ、啓蒙された企業の活動として示すことだ。マーケティングの第一人者であり、企業の信奉者であるフィリップ・コトラーは、こう表現する。

> 社会は社会的な問題を抱え、政府は、それに対して行動を起こすにはあまりに偏向しているか無力である。企業が、その行動を起こし人々の生活の向上を支援するリソースを持つ主要な機関である。ブランド・アクティビズムとは、共通善を推進するため企業が何らかの社会的責任を果たそうとする宣言である[17]。

企業の利己的な行動と間違いなく関連するにもかかわらず、コトラーは、ブランド・アクティビズムを正当化する別の道徳的証拠を示している。コトラーにとってブランド・アクティビズムとは、政府が社会政治的な責任を果たしていないことを受け、企業が私心なく社会政治的な責任を負うということにすぎない。それは、個人的な利益や利得を考えずに行う市民的な利他主義の行為として提示される。ジョージ・フロイド暴行死事件の後に企業がブラック・ライヴズ・マターを支援する際、企業はまた例のごとく、こうして自らを位置づけたのだ。その際、ツイッター、インスタグラム、フェイスブックといった超高速のマーケティングメディアが好んで使われた。NFLが『リフト・エヴリ・ヴォイス・アンド・シング』を演奏すると決定したのは、その好例である。ＮＦＬは人種差別に対する彼らの新しい姿勢について、公式に明らかにした。人種差別と闘うために多額の資金を約束すると、声明で発表したのだ。

> ＮＦＬは、体系的人種差別と闘うために、アフリカ系アメリカ人が直面する現在および過去から続く不正義との闘いを支援するために、10年間で総額2億５０００万ドルの資金を拠出し、社会正義の取り組みを拡大します。ＮＦＬと各クラブは選手たちと協力して、刑事司法改革、警察改革、経済・教育の向上に取り組むプログラムを支援していきます。財政的なコミットメントに加え、ＮＦＬネットワークとそのすべてのメディア資産を活用し、ファンに向けた社会正義の問題に対する意識向上と教育促進に一層の重点を置き、団結を促すように努めていきます(18)。

さらに、フィールドのエンドゾーンに「皆でやらなければ」「人種差別を終わらせる」というフレーズを掲げて、この活動を推進することにした。また、選手がヘルメットにスローガンを表示することを禁じたそれまでのルールも取り消した。２０２０年からは、人種差別の犠牲者の名前をヘルメットに表示することが許可された(19)。

表面的には、ＮＦＬは重要な政治的大義を支持していたにすぎないと思われるかもしれないが、それだけではない。批判的人種・民族学研究のロドニー・コーツ教授は、ＮＦＬの新たな政治的意識について、厳しく洞察に満ちた評価を下している。彼はＮＦＬの政治的転回を、「国民感情へのあからさまな迎合」であり、中身を伴わない「売名行為」の一例だと評した。コーツが警告する問題は、ブラック・ライヴズ・マターについて象徴的な声明を出しても、ＮＦＬはアメリカの黒人の生活に実質的な変化をもたらすようなことは何もしていなかったということだ。「コミットメントを示す方法はいくらでもある。本気なら、チャンスにつながる道をさまざまな方法で切り開くはずだ。なのに、歌だって？　そうじゃない[20]」。これは、利益を得るために黒人男性の身体を搾取するという長年の伝統が、アメリカン・フットボールで知らぬ間に確立されていることを反映している。ＮＦＬ選手の70％はアフリカ系アメリカ人だが、チームのオーナーはほぼ例外なく白人男性である。人種政治が収益を上げる可能性があるというのに、なぜフィールドでの残虐行為から利益を得るだけなのか？

　スポーツビジネス界で重責を担うノーラン・ロリンズは、これまでのキャパニックに対する姿勢に異を唱えるファンをＮＦＬはなだめようとしているだけだとの声が高まるのを受けて、同様の感想を歯に衣着せずに述べた。

> アフリカ系アメリカ人のコミュニティにおいて取り組むべきは、経済的な流動性を高めることだ。［……］『リフト・エヴリ・ヴォイス・アンド・シング』を好きなだけ演奏したところで、金が入ってくるわけではない。雇用が増えるわけではない。父親や母親が家族に食事を与え

られるようになるわけではない。［……］あの歌は何も変えてはくれない。[21]

2億5000万ドルという一見気前のいい約束も、リーグの超裕福な人たちと比べれば大した額ではない。10年間なので、計算すると、1チームあたり年間78万1250ドルの負担になる。[22]クォーターバックがNFLで平均して毎年576万ドルを稼いでいることを考えると、少ないものである。シアトル・シーホークスのラッセル・ウィルソンの個人所得は年間2500万［訳注　10年で2億5000万ドルという公約を1年に換算した金額］ドルを大きく上回る。彼は1億4000万ドルの4年契約を結んでいる。一方、NFLのテレビ広告費総額は、2019年に44億8000万ドルだった。どこに優先順位があるのかは明らかで、NFLの財政で、社会正義の取り組みに費やされる金額は、会計上の丸め誤差［訳注　端数を丸めて計算した場合と正確に計算した場合の結果のずれ］に満たない額なのだ。

NFLに限らず、実業界の大企業の多くがいち早くこの行動に加わった。マクドナルドは、普段ツイッターやインスタグラムに載せる、当たり障りのない軽快な投稿から一転して、7人の名前を挙げただけの投稿をした。「トレイボン・マーティン。マイケル・ブラウン。アルトン・スターリング。ボッサム・ジーン。アタティアナ・ジェファーソン。アフマド・アーベリー。ジョージ・フロイド」。これはすべて、アメリカで警察官に射殺された人たちの名前だ。このツイートに添えられた動画では、「マクドナルドの全員が深く悲しんでいます。だからこそ、わたしたちは彼らのために、組織的抑圧と暴力のあらゆる犠牲者のために立ち上がるのです[23]」と述べられていた。このようなアプローチをとったのは、やはりマクドナルドだけではなかった。「当社の靴《アワー・シューズ》を買ってくださいと言っているのではありません。誰かの身になって《ウォーク・イン・サムワンズ》みてほしいのです」とリーボックはメッセージを出した[24]。ナイキは「ジャスト・ドゥ・イット」(Just do it)のスローガンを用いて、「今回は、やってはいけない」(For once, Don’t Do It)を掲げた。ネットフリックスは「沈黙は共犯と同じ」というメッセージを出し、ワーナーメディアは、アフリカ系アメリカ人の小説家ジェームズ・ボールドウィンの「愛も恐怖も人を盲目にしない。無関心が人を盲目にする」という言葉を引用した。スターバックスは「勇気ある対話」を奨励した[25]。

利己的な政治アクティビズム

こうした姿勢は、アメリカで警察による黒人の殺害が頻発するという制度的人種差別に対する闘いを、本当に支援していたことになるのだろうか？　それとも、世論の変化を利用しようとする企業の無神経な日和見主義なのだろうか？　マーケティング分析会社のエース・メトリックスはこれに検討を加え、議論を呼びそうな政治的大義を支持する企業の論理について、わかりやすい例を挙げている。たとえばマクドナルドの広告のような、広告で表現される政治的信条に賛成するかどうかを消費者が考えることがあるだろう。エース・メトリックスの分析では、ウォークな広告を成功させるカギは、顧客のとらえ方における2つの要素のバランスにあるという。ひとつは、広告がどの程度「力を与える」（つまり、社会政治的な問題に対して前向きで価値ある姿勢を打ち出している）と、顧客がとらえるか。もうひとつは、広告がどの程度搾取している（つまり、社会政治的な問題を利用して企業の自己利益を増やそうとする）と、顧客がとらえるかである。

エース・メトリックスによれば、２０２０年のブラック・ライヴズ・マターの抗議デモをきっかけに、世間の人々は、大企業が声を上げて立ち上がることを期待するようになった。大企業がそうしたのは、確固たる政治的姿勢を示すためではなく、その期待に応えたにすぎなかった。マクドナルドの広告に対する消費者の反応は、実に多くを物語っていた。調査に答えた消費者の半数強が、この広告のメッセージは力を与えると回答した。また、消費者の政治的姿勢がブラック・ライヴズ・マターと同じであれば、その大半は広告が大いに搾取的だと感じると回答していた。ある回答者は次のように述べた。「ブラック・ライヴズ・マターへの支持を認めることが、アメリカ社会の主流派に受け入れられるようになるまで、マクドナルドは待っていた。キャパニックが膝をついただけで非難されていたときだったら、メッセージはもっと力強いものになっていたはずだ[26]」。

ブラック・ライヴズ・マターについて企業が行ったマーケティングや広告に対して、世間の人々が最も疑問に感じたのは、それが本物の支持かどうかということだった。世論の変化の波に乗るだけでは、真剣な姿勢だと受け取られないことは確かである。しかし、そのような波に乗ることが、長年、企業のマーケティング戦略として展開されてきた。歴史とアフリカ系アメリカ人研究を専門にする、ジョージタウン大学のマーシャ・シャトラン教授はこう語る。「マクドナルドはブランドを保っている。［……］彼らは一貫して、その立場が消費者基盤に支持されるだけではなく、注目度を高めるとわかっているときに、その立場をとってきた」[27]。

マクドナルドのような企業の見せかけの政治的アクティビズムはほとんど利己的なものであることが、暴かれたのだ。これがウォーク資本主義の仕組みである。著書 *Franchise: The Golden Arches in Black America*（『フランチャイズ――ブラック・アメリカのゴールデン・アーチ』、未邦訳）[28]のなかで、シャトランはとくにマクドナルドとアメリカの黒人活動家の関係を、１９６０年代の公民権運動にまで遡り探っている。１９４０年代から１９５０年代にかけて、アメリカのファストフード店は主に白人客のみを受け入れるか、人種分離が行われてきたが、１９６０年代に入り状況が変わり始めた。１９６８年のキング牧師の暗殺を受けて、アメリカの１００以上の都市で、市民騒乱、略奪、暴動が発生した。キング牧師暗殺事件は、都心部の貧困、劣悪な住宅事情、学校施設の不備、警察の嫌がらせなどでたまった、黒人の怒りと不満に火をつけるきっかけとなった。この暴動で、マクドナルドの白人のフランチャイズ店オーナーの多くは、黒人の多い地区で営業を再開することを嫌がるか、または再開できなくなった。これによって、人種に基づくまったく新しいビジネス戦略がマクドナルドで展開されるようになった[29]。

マクドナルドは黒人フランチャイズ加盟者を積極的に探すようになったのだ。これは、「企業は将来性のある黒人消費者という有利な成長市場を獲得できると助言する広告やマーケティング報告書を、マディソン・アベニューとウォール街は評価していた」[30]という時代のビジネス精神だった。一方、マクドナルドは、自社の企業戦略をキング牧師の夢に結びつけようとして、公民権団体への寄付を開始した。キング牧師は反資本主義的な立場をはっきり示していたにもかかわらず、マクドナルドは今日に至るまで、対外イメージの一環としてキング牧師を称賛している。シャトランが指摘するように、このような「ブラック資本主義」の形態に対する企業の支援は、アメリカ黒人に対する企業支援の証拠というよりも、多くの都市部のアメリカ黒人が直面している経済的苦境を政府が無視したことの証拠だった。これは、ウォーク資本主義のごく初期の形態のうちのひとつだったのだ。

人種的資本主義

マクドナルドとブラック・アメリカとの関係の歴史は、「資本主義がその利益のためにいかに同類の集団を団結させられるか」を示しており、その団結は「人種的トラウマ、政治的排除、社会的疎外のストレス」によってのみ可能となることを示している、とシャトランは結論づける。[31]このような理由から、シャトランはマクドナルドとブラック・アメリカとの関係を、「近代資本主義の発展と、人種差別による服従および抑圧との深いつながり」として理解される、「人種的資本主義」の代表例として描いている。[32] シャトランのいう人種的資本主義には、アメリカの資本主義の始まりまで遡る長い歴史がある。「人種的資本主義」という言葉を最初に使ったのは、セドリック・J・ロビンソンだった。彼は、資本主義が奴隷所有や人種間の暴力、さらには大量虐殺において実現された人種主義の帝国史に結びつけられていたこと、そして今なおそうであることを説明するために、この言葉を用いた。この説明によれば、人種差別は、人権や平等などの政治的問題にとどまらず、経済の構造にも組み込まれている。アメリカの場合、手っ取り早く言うなら、資本主義は奴隷制の上に成立した。[33]

　ロビンソンは、１９８３年の著書*Black Marxism: The Making of the Black Radical Tradition*（『ブラック・マルクス主義——黒人急進派の伝統の形成』、未邦訳[34]）において、資本主義以前にも、封建時代のヨーロッパに人種主義が存在したと主張する。だが、それは支配者層のキリスト教徒と、ユダヤ人、アイルランド人、スラブ人、ロマとの間の人種的分裂に基づく社会的成層を生み出した、「内的人種主義」であった。ロビンソンにとって、資本主義は封建制からの全面的な脱却として発生したのではなかった。むしろ、封建制が、人種区分された集団の搾取に基づきながら、経済活動の人種的基盤や経済的不平等を多様な方向に拡大したのだ。ロビンソンの言葉によれば、「奴隷労働は近代資本主義の始まりを越えて３００年以上も存続し、賃金労働、債務労働、農奴などの強制労働を補完した」のであり、奴隷制は人種的資本主義の極致を示すものだった。資本主義には、階級的な区分だけではなく、人種的な区分間の利害の対立と搾取も関わる。これは、ロビンソンによれば「抑圧に対して持続的かつ継続的に発展する、アフリカの人々の抵抗」で証明されている。この人種的な対立のために、「人種差別、搾取、支配に対する組織的な反対を包括し意識的に経験するもの」として、黒人の抵抗と黒人の急進主義の伝統が生まれたのだ、とロビンソンは断言する。[35]

こうした点はまさに、ブラック・ライヴズ・マター運動に通ずる伝統である。活動家団体の連合であるムーヴメント・フォー・ブラック・ライヴズ（Movement for Black Lives）（Ｍ４ＢＬ）は、２０１６年に発表した「ブラック・ライヴズのビジョン」という政策要求声明で、これを国際的な規模で明確に示した。

> 家父長制、搾取的資本主義、軍国主義、白人至上主義に国境はありません。わたしたちは、グローバル資本主義や反黒人人種主義がもたらす損害、人為的気候変動、戦争、搾取に対して、国際的な家族と連帯して立ち向かいます。わたしたちはまた、植民地主義と奴隷制の歴史的かつ継続的な損害に対する賠償を求めて奮闘する、世界中に広がるアフリカの人々の子孫とともに立ち上がります。[36]

世界中で黒人が受けている、しばしば命に関わる警察の暴力に対する抵抗と反対において、封建制から奴隷帝国主義に至るまで、人種的資本主義が今日まで継続していることが、さらに明らかになった。批判的人種理論を研究するシッダント・イッサールが説明するように、人種的資本主義は、人種が資本主義企業やその内部で起こる搾取の中心であり、常にそうであったという容認事項を喚起する。これが重要なのは、それが「奴隷制と植民地主義の歴史と、現代の黒人の経済的・物質的窮状とを結びつける(37)」役目を果たすからであり、その歴史がいかに白人至上主義や帝国主義に浸透しているかを示しているからだ。イッサールの指摘によれば、ブラック・ライヴズ・マター運動は、「植民地主義から奴隷制に至るまで、食料や住宅のレッドライニング、集団投獄、監視を通じて［……］人種的支配が資本主義経済を構造化している(38)」という確信を前提にしているという。これは、ウェブサイトやソーシャルメディアで「ブラック・ライヴズ・マター」のスローガンを宣伝するウォークな企業の姿勢とはかけ離れた、急進的な姿勢である。マクドナルドが、警察の暴力によって命を絶たれたアメリカ黒人の死を悼むときには、企業のイメージ管理のために黒人の権利擁護運動から急進主義を削除している。ＮＦＬも同様で、反抵抗運動の愛国主義が流行らなくなったと見るや、姿勢を一転することも厭わなかった。このように企業の間で大騒ぎが起こっているが、こうした企業も他の企業も、たとえばブラック・ライヴズ・マターが求める、過去の奴隷制度による搾取と黒人への抑圧に対する賠償については言及していない。

ブラック・ライヴズ・マターの政治的要求には次が含まれる。

過去および継続的な被害に対する賠償。植民地主義から奴隷制まで、黒人に与えた損害で利益を得てきた政府、責任を負うべき企業、その他機関——植民地主義から奴隷制に至るまで、食品や住宅のレッドライニング、集団投獄、監視を通じて——は、その損害を修復しなくてはならない[39]。

ブラック・ライヴズ・マターのツイートや慈善団体へのわずかな寄付は、要求されている賠償には到底及ばない些細なことである。アメリカ資本主義が奴隷労働の上に成り立っているのであれば、アメリカ資本主義が責任をとるということは、広報のスローガンのようなものではない。ブラック・ライヴズ・マターは、過去も現在も人種的抑圧と結びついている資本主義の構造を破壊しないように、大幅に非急進化された形で企業に受け入れられたのだ。

ウォークな企業によって非急進化されたブラック・ライヴズ・マターは、その根本的な政治的性質も剥ぎ取られた——それは、バーバラ・ランスビーが著書 *Making All Black Lives Matter*（『ブラック・ライヴズ・マター運動 誕生の歴史』、彩流社、２０２２年）のなかで「黒人主導の階級闘争」と呼ぶ性質である[40]。ランスビーは人種的正義と経済的正義は互いに切り離せないと指摘する。経済的な暮らしをせずに政治的な話をすることは、事実上、政治的に意味がない。資本主義の下で送る現代生活の中心的特徴である不平等は、保守派の弁解者たちが言うように、実績や勤勉さの違いによる結果ではない。むしろ、不平等は、奴隷制と植民地主義から発展した抑圧の形態である階級主義と人種主義の結びつきに根ざしている場合が、あまりにも多すぎる。ランスビーはこの点を明確にするために、グウェン・カーの言葉を引用している。彼女の息子のエリック・ガーナーは、2014年にニューヨークで喧嘩を止めようとして警察官に殺された。

当時［エリックは］家族を養うためにタバコを売っていました。この2つのことは、もちろんつながっています。それは、黒人社会が日々直面している、人種的・経済的正義を求める、いまだ終わらない闘争を反映しています。それはブラック・ライヴズ・マターの核心でもあります。エリックの無意味な死によって、国は警察の残虐な行為による損害に直面せざるをえなくなりました。わたしの願いは、息子と、この町や国の多くの黒人を貧困に陥れたシステムを、皆が一緒になって変えていくことです。[41]

企業が支援を公式に表明するのは結構なことだ。しかし、必要なのは、人種や階級に基づく、一様ではない貧困や抑圧を根絶するための根本的な変化である。多くの企業アクティビズムに織り込まれた表面的なものだけでは十分ではないとしても、その媚びへつらうアクティビズムも「ビジネスケース」と見なすべきだと要求するときに、ブラック・ライヴズ・マターに対する企業の熱意は、傷口にさらに塩を塗り込むことになる。賠償を回避するどころか、企業はアクティビズムとの一時の戯れから金銭的、商業的な見返りを求めている。ブラック・ライヴズ・マターがブラック・ライヴズ・マーケティング［訳注　企業やブランドが黒人をターゲットにしたマーケティングを行うこと］に利用されるようになるとき、わたしたちは真の変化を目撃しているのではなく、企業の富と利益を増大させるために黒人の抵抗を利用する、一筋縄では行かない人種的資本主義の拡張を見ているのだ。この場合のウォーク資本主義は、黒人や労働者階級の人々を搾取するもうひとつの形態にすぎない。搾取は彼らの身体の労働にとどまらず、彼らの闘争、政治、思想、精神にまで及んでいる。

ティファニー・ホーガンはそれを、オンライン・マガジンの『ブラック・エンタープライズ』で次のように表現している。

> わたしたちはすでに、このようなブラック・ライヴズ・マターの声明の一部がいかに空々しく聞こえるか、気づいている。多くの企業は、人種差別や有色人種搾取の歴史があり、黒人を雇用せず、黒人従業員に昇進や公正な報酬を与えてこなかった。そうした企業の投稿に対するコメントが、多くを物語っている——現従業員や元従業員が、監視や、過重労働、低賃金、虐待などについてコメントしている。企業の偽善や搾取が暴かれているのだ。[42]

たとえばアップル、グーグル、フェイスブック、ツイッターなどのハイテク企業が、ブラック・ライヴズ・マターの支持を表明するのは、確かに結構なことである。しかし、果たしてこれが変化をもたらすのだろうか？　こうした企業の従業員はほとんどが白人男性であり、企業がオフィスを構える地域の労働者階級の人々から、そうした白人男性たちが手頃な価格の住宅を奪ってきたという事実に対して、企業は何もしてこなかったというのに。(43)ウォーク資本主義が人種的資本主義と出合うとき、企業はブラック・ライヴズ・マター運動のスローガンを増幅させるかもしれない。だが、企業は、資本主義の不平等と搾取を変えようとするときに必要になる急進的な政治性をこの運動から奪おうとしながら、自分たちの利益のためにこの運動を利用しているのだ。

第11章

ウォークな企業の最高のあり方

有害な男らしさ

２０１９年１月12日の日曜日、ジレットは「最高の男であれ」（The best men can be）というスローガンを使ったテレビ広告を公開した。表向きは、有害な男らしさ《トキシック・マスキュリニティ》に正面から挑む広告だった。男性によるセクハラ、いじめ、ドメスティック・バイオレンスが普通だと受け入れられていた時代にはもう戻れない、と広告は明言した。[1] この広告はジレットにとって、いくらか転機となるものだった。それ以前は、競争心の強い野心的なアルファオスのイメージで製品を販売しており、そのイメージは、ジレットが今回問題にしている支配的な男らしさと関連していた。では、ジレットはなぜ突然、左派のフェミニズムによく見られる男性らしさへの政治的批判を行うようになったのだろうか？[2]

企業創設にまで遡ると、ジレット社は、１９０１年にキング・C・ジレットが安全カミソリを発明し、設立された。この発明によって、理髪店に定期的に通わなくても、自宅で簡単に自分の髭を剃ることができるようになり、男性の身だしなみに革命をもたらした。この素晴らしい革新的技術のおかげで、ジレットは今日までシェービング製品のなかで１、２を争う有名ブランドの地位を保っている。[3] マーケティングに関しては、ジレットの広告スローガンは１９８０年代後半から、「最高を、男の手に」（The best a man can get）だった。これは、同社のカミソリが手に入るなかで最高のものであり、これが男性らしさの頂点を示しているという、言葉遊びだった。「最高を、男の手に」の広告が最初に流されたのは、１９８９年のスーパーボウルで、ＮＦＬの優勝を賭けてシンシナティ・ベンガルズとサンフランシスコ・49ersが対戦したときだった。

ハーフタイムを迎えたときに試合は同点で、それはスーパーボウル史上初めてのことだった。スーパーボウル名物のハーフタイムショーには、エルヴィス・プレスリーの物マネ芸人でマジシャンの、エルヴィス・プレストが登場した。彼は、バックシンガーのマジック・ワンダズとともに、「ビバップ・バムブーザルド」と呼ばれるパフォーマンスを行った。１９５０年代の劇場を模したセットで、プレストはエルヴィスの曲を口パクで歌いながら手品を披露し、淡いブルーに白い水玉模様のホルターネックのドレスを着た女性たちが、彼の周りで踊った。[4] アメリカが自信に満ちていた戦後の時代を思い起こさせるような、男性が主役で女性がその周りで媚びていた頃のアメリカを称える、奇妙な光景であった。

１９８９年のジレットのスーパーボウル広告のテーマは、伝統的な従来型の西洋の男性らしさの形を称えることだった。バックに流れる歌には、父と息子、レース、チャンピオンなど、力強い、男性的なイメージの言葉が散りばめられ、最後は、よく知られた「最高を、男の手に」というキャッチフレーズで締めくくられる。この歌が男性のチャンピオンを称賛しているように、このテレビ広告に登場する男性は、よく働きよく遊ぶ、異性愛者の大黒柱として描かれている。彼らは、男性的な文化遺産を息子に伝える父親であり、優しい妻から愛され、固い絆を結んだ男性同士の付き合いを楽しんでいる。身だしなみが良く、ハンサムで、筋肉質で、よく運動する男性たちだ。ウェイトリフティングをし、マラソンに参加し、サーフィンをし、アメリカン・フットボールをする。彼らはウォール街の幹部、プロのスポーツ選手、宇宙飛行士などで、みんな勝者である。ほぼ全員が白人だ。[5] このキャンペーンは大成功でジレットの売上が増大し、１９９０年には、製品の需要に生産が追いつかなくなることを危惧して、テレビ広告の放映を中止したほどだった。[6]

その後の30年間も、ジレットは「最高を、男の手に」のスローガンを掲げ、１９８９年のスーパーボウルのテレビ広告とほぼ同じ路線で、支配的な男らしさに根ざしたイメージ戦略を用いていた。最高の男とは、人生の競争を勝ち抜いた者たちだった。最高の仕事を持ち、非常にハンサムで、すこぶる健康で、目を見張るほど美しい妻を持ち、自分みたいな男性になるように息子を育てる。独立心旺盛な勝者である彼らは、目標を達成するたくましいリーダーであり、何者にも行く手を阻まれることはなかった。数十年にわたり成功を収めていたが、ジレットは２０１０年代後半にこの戦略に疑問を持ち始め、カミソリ購入市場にとってこの戦略がまだ適切であるかどうかを問い始めた。そこでジレットは、以前のイメージよりも繊細で、ストイックではない姿として「現代の男性」を描くマーケティング戦略を試みるようになった。「男性に対し、めそめそするな、感情を抑えろ、弱さを見せるなと言うことは、もはや受け入れられない」というのが、ジレットのクリエイティブチームのメッセージだった。[7]

２０１９年１月12日にリリースされた広告は、この新しい方向性に最大限まで合わせたものだった。まず、スローガンの「最高を、男の手に」(The best a man can get) は、「最高の男であれ」(The best men can be) へと変更された。ジレットが描いていた新しい男とは、どのような人なのだろうか？　新しい広告は冒頭で、「いじめ」、「セクシャル・ハラスメント」、「有害な男らしさ」が、少女や女性だけではなく男性や少年にも影響を与える、重大な社会問題であると呼びかける。[8]「弱虫」といじめられる少年、女性に冷やかしの声をかけたりセクハラをしたりする男性、女性の同僚にマンスプレイニングする役員などのぎょっとするような映像を流し、「これが男が得られる最高のものなのか？」と問いかける。「長い間ずっとこうだった」、「男の子だから仕方ない」という古い言い訳はやめる必要がある。その代わり、性差別的、暴力的な行動に対して男性は互いに責任を負うという、新しい形の男らしさがこの広告で描かれる。女性をハラスメントから守り、女性につきまとう男性を止め、娘が強い人間になるように育て、喧嘩を仲裁し、いじめられている人を助けに入る男性の姿が描かれる。広告は最後に、「もっと頑張ろうと自ら意欲をかき立ててこそ、ベストに近づける」というメッセージで締めくくられる。

最初にユーチューブで公開されたこの広告は急速に拡散し、大論争を巻き起こした。公開から２日で約４００万回も再生された。この広告を支持する人々は、ジレットが有害な男らしさに立ち向かう姿勢を示したことに拍手喝采した。たとえば『グラマー』誌は、「ジレットが誇るべき断固とした広告」と評価した。ジレットは時代とともに変化することができ、社会、とくに男性は、セクハラの現実から目をそらすべきでないとする進歩的な姿勢を示したと、称賛された。この広告によって、他の男性に責任をとらせる力を男性が得たと、擁護者たちは主張した[9]。大企業であるジレットがこの大義に取り組むということは、それが顧客に普通に受け入れられると考えていたということになる。コロンビア大学教授で英語とジェンダー研究が専門のジャック・ハルバースタムは、広告が発表された当時、次のように述べている。「男性らしさの規範をめぐる文化的変化が起きていることは明らかであり、男性向けのマーケティングと男性らしさの表現方法を修正する必要があることに企業広告が気づいたという事実から、この変化が単にサブカルチャーのレベルで起こっているのではないことが窺える[10]」。

この問題について、楽観的な見方をするとしよう。その場合、ジレットは、男らしさが男女に与える有害な影響に注目を集め、それを改めようと長い間闘ってきた人々の声を支援し、増幅していると言えるかもしれない。悲観的に見るなら、ジレットはジェンダー・アイデンティティ、とくに男らしさに対する世間の人々の感情の変化に乗じようとしている、ということになる。いずれにしても、ジレットが広告メッセージを変える決断を下したのは、単にイデオロギーだけが理由ではなかった。フォーカスグループや男女を対象にしたアンケートを含む広範な調査から情報を得ていたのだ。実際、男らしさのとらえ方の変化は「市場のトレンド」だと確認された[11]。そのわずか半年前に、アメリカ心理学会が初めて、「少年と男性の心理学的実践のためのガイドライン」を発表していたことも忘れてはならないだろう。このガイドラインは、男性や少年を研究対象とする臨床医を支援するために作られたもので、伝統的な男らしさの限界とそれが多くの男性の心理的幸福に及ぼす悪影響を厳しく批判しており、伝統的な男らしさを、女性や多様なジェンダーの人々に対する暴力や差別とも結びつけている[12]。

だが、ジレットの広告に対する反応は、男らしさの多様な可能性について、誰もが進歩的なビジョンを持っているわけではないことも示していた。この広告を反男性的だと非難する人たちもいた。イギリスのテレビ番組司会者のピアーズ・モーガンは、ジレットに対して真っ先に非難の矛先を向けたひとりだ。彼はこの広告を「ポリティカル・コレクトネスかぶれのたわごと」と呼んだ。「男性嫌悪」であり「男らしさへの戦争」にほかならないと声を荒らげた。モーガンは、「男らしくあること、男であることは間違いであり、有害だ」と主張して男性を骨抜きにしようとする、過激なフェミニストやウォークネスの美徳シグナリングをする人々に責任を負わせようとした[13]。世界中で、モーガンのような右派の反動主義者たちは憤っていた。この広告を男性に対する「左派」の陰謀と見なした多くの人々は、ジレットが非難した男らしさの形は守るに値すると考えた。セルウィン・デュークが『ニュー・アメリカン』誌に寄せたコメントが、この時代錯誤の姿勢を総括している。「男という性は荒々しいものであり、それが男性が危険であることの理由だが、一方で男性の力強さの理由でもある。男性による発明やイノベーション、文明の構築、人命救助は、その推進力である爆発的な男性的エネルギーなしにはありえない[14]」。

保守派はよく他人をガラスのように傷つきやすいと非難しがちだが、このような極端な反応こそ、彼らの傷つきやすい感受性を反映している。マッチョな自己イメージへの挑戦にこれほど過激に反応する男性がいること自体、伝統的な男らしさについての不安と脆さを示している。ジレットのユーチューブチャンネルでは、否定的なコメントが肯定的なコメントを10対1で上回り、そうした否定的なコメントは、この広告は男性を貶めステレオタイプ化するものであり、ジレット製品をボイコットするべきだという考えを広めている。[15] 日頃から積極的に政治的発言をし、熱心なトランプ支持者であるハリウッド俳優のジェームズ・ウッズは、ツイッターで反動的な批評をした。２０１９年1月15日にこうツイートしたのだ。「主流メディアとハリウッドのエンターテインメントに広まる〝男はひどい〟キャンペーンに@Gilletteが飛びつくとは、やってくれるね。少なくともわたしは、二度とおたくの製品を使うつもりはない[16]」。

　予想通り、ジレットもウォーク資本主義者のアンチヒーローに仕立て上げられた。保守的な政治姿勢で知られる『スペクテイター』誌の記事は、右翼の批判を代表していた。同誌は、ジレットが注目を集めるためにこの広告を制作したと非難しただけではない。「企業界隈を跋扈する事情通を気取る者たちが現代の荒廃要因である。分極化する一方の時代においては、自分たちのほうが物事をわきまえていると考える人々によって、不必要に政治利用されない生活の局面は存在しないという証しである。このウォーク資本主義を打倒せよ」と息巻いた[17]。

　アメリカでは、保守系シンクタンクのウィザースプーン研究所の所員たちも同様の主張をし、この広告を現代の「感傷的な人道主義的環境」に対する屈折した反応だと述べた。彼らは、「ビジネスとは、マルクス主義的な意識改革を行ったり、家族構成を変えたり、世界平和を確立したりするためのものではなく、ましてや国家の歴史的過ちを正すためのものでもない」と憤慨した。[18]

#MeToo運動との呼応

ジレットが迎合していると非難された「感傷的な人道主義」は、#MeToo運動の人道主義であった。それを言外にほのめかしたのではない。#MeTooは有害な男らしさを社会的に認識させる文化的な転換点だと、ジレットの広告のなかではっきり名指しされていた。ジレットのブランドは、女性へのセクシャル・ハラスメントや暴行に対して声を上げ立ち向かうために作られた、非常に影響力のある国際的な社会運動と、意図的に連携していた。#MeToo運動は、「最高の男であれ」が発表される1年数カ月ほど前に突然発生し、世間の人々の心をつかんだ。それは２０１７年10月5日、ジャーナリストのジョディ・カンターとメーガン・トゥーヒーが、ハリウッドの大物プロデューサーであるハーヴェイ・ワインスタインに関する特ダネを『ニューヨーク・タイムズ』紙に掲載したことから始まった。[19] 当時のワインスタインは、それまでの40年間でハリウッド帝国を築き上げ、成功をほしいままにしていた。２００本以上の映画を製作・監督し、アカデミー賞の最優秀作品賞を6回受賞していた。彼が手掛けたなかでも『セックスと嘘とビデオテープ』（１９８９年）、『パルプ・フィクション』（１９９４年）、『グッド・ウィル・ハンティング』（１９９７年）、『マンデラ 自由への長い道』（２０１３年）は高い評価を受け、商業的にも成功を収めた。フィランソロピストとしても積極的に活動し、貧困、エイズ、糖尿病、多発性硬化症に取り組む慈善団体を支援していた。[20]

カンターとトゥーヒーは記事に、「ハーヴェイ・ワインスタインは何十年もセクハラ告発者を買収していた」という見出しをつけた。『ニューヨーク・タイムズ』紙の調査チームは、ワインスタインの従業員や映画業界で働く人々にインタビューを行い、一方で彼のビジネスのメールや文書を精査した。すると、ワインスタインは30年もの間に何度もセクハラで告発されながら、和解調停に持ち込み被害者と金銭的に和解してきたことが判明した。この記事には、彼が長年繰り返してきた虐待行為の数々と、ハリウッドでの巨大な権力と名声を利用して、有名女優と女優志望者に圧力をかけ、嫌がらせをしたことが詳細に記されていた。女優のアシュレイ・ジャッドは、１９９０年代にワインスタインからペニンシュラ・ビバリーヒルズ・ホテルでのビジネスミーティングに招かれたことを、記事で個人的に証言した。ホテルに到着した彼女は、ミーティングが彼の部屋のベッドルームで行われると知った。バスローブ一枚のワインスタインは、ジャッドにマッサージをしてくれないかと言った。そして、自分がシャワーを浴びるところを見るようにと誘った。他の女性たちも、ワインスタインが「マッサージ」と引き換えにキャリアアップの機会を約束したこと、彼女たちにノーとは言わせなかったことを証言した。

カンターとトゥーヒーの記事が発表されてから１週間もしないうちに、ローナン・ファローが

『ザ・ニューヨーカー』誌に「強引な誘いから性的暴行へ——ハーヴェイ・ワインスタインの告発者たちが語るストーリー」という記事を発表し、暴露はエスカレートした。[21] ファローは、ワインスタインから性的暴行や嫌がらせを受けた女性たちのさらなる証言を紹介した。ワインスタインがどのように女性の身体を触り、自分の身体を露出し、女性の目の前で自慰行為を行い、女性をだまして寝室に誘い込み、オーラルセックスを強要したかというひどい話が明かされた。彼が悪質な連続性犯罪者であり強姦魔であることが明らかになった。２０２０年３月、ワインスタインはマンハッタンの裁判所から、性的暴行と強姦の罪で禁固23年を言い渡された。[22]

ワインスタインの常習的なセクハラが暴露されたことで、世界的な運動が巻き起こった。この暴露報道を受けて、２０１７年10月15日に女優のアリッサ・ミラノがツイッターに投稿した。「あなたがセクハラや暴行を受けたことがあるなら、このツイートに『わたしも』とリプライして」。数千人の女性たちがほとんど即座にリプライした。なかにはレディー・ガガやヴィオラ・デイヴィスのようなセレブもいた。性的虐待に苦しんでいる一般の人々もいた。レイプ、いじめ、脅し、失業などの悲惨な体験談がソーシャルメディアにあふれた。数週間のうちに、#MeToo運動は世界的な現象となり、女性のこうした苦しみがこれほど一般的であることに、世界の関心が集まった。[23] 体操選手のマッケイラ・マロニーは、元担当医で児童ポルノ法違反のローレンス・G・ナサールから性的暴行を受けたと証言した。アンソニー・ラップは、14歳の子役だったときに、俳優のケビン・スペイシーから積極的に性的関係を持ちかけられていたと告白した。コメディアンのルイス・C・Kは、多くの女性からのセクハラの告発が事実であることを認めた。加害者の名前はまだまだ続く。[24] 有名人、実業家、政治家など、あらゆる分野の有力者が、とうとうその暴力行為や虐待行為について責任を問われるようになった。

#MeTooの背後にある考え方は新しくはない。このMeTooというスローガンは、若い女性たちが団結して自らを力づけられるようにと、２００６年に政治活動家のタラナ・バークが最初に使い始めた。バークはこう語る。

> わたしがこの活動を始めたのは［……］２００６年から２００７年にかけてで、南部の若い黒人や有色人種の女の子たちと一緒に働きながら——彼女たちは性暴力のサバイバーであることから、彼女たちのためにリソースを探し、性暴力の経験を共有しようとしたのです。［……］それにわたし自身がサバイバーなので、彼女たちのために安全な場所を見つけることが重要だったのです。[25]

ソーシャルメディアを通じて急速に広まったことにより、バークの運動が象徴する連帯は世界的な現象となり、バークの「性的暴力から解放された世界」というビジョンが、かつてないほど近づいてきたように思えた。[26] ２０１７年の最後の3カ月間で#MeTooは非常に強力になり、この運動で「沈黙を破った人たち」を『タイム』誌は「パーソン・オブ・ザ・イヤー」に選んだ。世界中の女性たちが、何年も、時には生涯にわたって隠してきた物語を共有して、連帯の力が認められたのだ。はねつけられ、嘲笑され、恥をかかされ、嘘をついていると非難され、職を失うのではないかという不安に立ち向かい、女性たちは声を上げ、耳を傾けられるようになった。男性は責任を追及され、訴追された。『タイム』誌はこれを、ついに男性加害者に実質的な結果をもたらす「拒否の革命」と表現した。[27]

ジレットがその貴重なブランド名を#MeToo運動と結びつけると決めたのは、この革命のさなかだった。「最高の男であれ」の広告で、#MeToo運動が世界に警告を発している有害な男らしさに反対する世論の高まりに、ジレットは歩調を合わせたのである。ジレットは、新しいタイプの企業の政治的アクティビズムを体現した。[28]これは、企業とそのＣＥＯが、事業活動とは直接関係のない政治的大義を公式に支援するという、ウォーク資本主義の中心的側面である。かつては、気候変動や労働者搾取などの問題で、企業が政治アクティビストの標的になるものだと思われていたが、現代のウォークな企業は、自身がアクティビストになりつつある。とはいえ、企業アクティビズムが従来の政治運動と同じだとは考えないように気をつける必要がある。企業アクティビズムは政治的であると同時に商業的である。要するに、企業の価値観やアイデンティティの管理、ならびに評判の確立を目的とした、マーケティング戦略なのだ。企業アクティビズムは、世論に影響を与え、かつ企業に対する消費者の態度を改善するという、２つの目的を持つことが明らかにされている。[29]

これは、自分たちの組織が公然と支援している活動に対して、ジレットの誰ひとりとして、確たる政治的信念を抱いていなかったということではない。しかし、社会的利益と利己的な商業的利益を一致させることができるという「ビジネスケース」のテストに合格しない限り、支援は行われなかっただろうということである。このことは、社会問題への関心が果たして企業アクティビストの動機となっているのかを論じているのではないが、彼らが支持する大義について何らかのことを物語っている。要するに、企業が進歩的な社会的大義を支持するのは、その大義が主流の支持を受けると考えるからである。

ジレットが#MeToo運動と連携したことで同社を褒め称えるのは違うだろう。賞賛に値するのは、#MeToo運動のほうだ。確固たる信念を抱くアクティビストたちの、非常に献身的で、報われないことも多い仕事のおかげで、#MeTooは、男性による女性へのセクハラ、虐待、暴行を白日の下に晒す、世界的な社会運動となったのだ[30]。#MeTooがなければ、ハーヴェイ・ワインスタインだけではなく、投資家のジェフリー・エプスタイン、音楽プロデューサーのR・ケリー、コメディアンのビル・コスビーなどをはじめとする、その他多くの連続加害者が、公的に責任を問われることはなかっただろうと思われる。法学教授のペニー・ベネティスはこう説明する。

> とくに刑事司法制度によって保護されていたさまざまな著名人が、調査され、起訴される事態が現実に次々と起こっている。[……]検察は十分な根拠がない限り、正式起訴すること

も訴追することもない。今では陪審員が性的虐待や性的暴行の疑いに敏感になり、有名人や金持ち、有力なコネのある人たちもそうした事件を起こすということを、以前よりも受け入れる雰囲気があるのかもしれない。[31]

この大きな進展を成し遂げるまでの歩みは、カミソリの販売や男性を中傷するためではない。集合的な社会の声が生み出す力と連帯、そして#MeTooの創設者であるタラナ・バークの言葉を借りれば、「性的暴力から解放された世界」を築こうとする、世界規模のムーブメントを世に知らしめるためだ。[32]

政治的課題が商業的課題に取り込まれる

ウォーク資本主義の時代に、ジレットが#MeTooとの連携を選んだことはとくに驚くには値しない。それよりも興味深いのは、この広告とジレットの業績との関連性だ。２０１９年半ば、ジレット社を所有するプロクター・アンド・ギャンブル（Ｐ＆Ｇ）は、ジレットに80億ドルの評価損を計上していた。これは、親会社であるＰ＆Ｇが6月30日までの第４四半期に、52億４０００万ドルの損失を計上する一因となった。この評価損を実施するまでは長い道のりだった。シェービング製品の市場は世界的に減少しており、社会的傾向として男性が髭を剃る頻度が少ない開発途上国では、なおさらその傾向があった。２０１９年までの5年間で、市場は11％減少していた。Ｐ＆Ｇにとってさらに悪いことに、その縮小する市場におけるジレットのシェアも、２０１８年に低下し始めていた。米ドル高と相まって、ジレットの米ドル建て売上高は減少していた。評価損という策が講じられたのは、こうした市場環境が原因だった。株式市場はＰ＆Ｇの２０１９年半ばの決算に好意的に反応し、同社の株価は史上最高値を記録した[33]。

　評価損は、ジレットの中核事業にもともと見られた傾向への対応だったというのに、保守派系の報道機関は、財務状況を「最高の男であれ」の広告のせいにしたがった。彼らは拙速に誤った結論に飛びついて、「ジレット『有害な男らしさ』広告後に80億ドルの損失[34]」、「男性を侮辱したジレットの『ウォークな』広告がＰ＆Ｇに数十億ドルの損害を与える[35]」、「ウォークになって80億ドルの損失を出し、ジレットは再び男らしさを受け入れる[36]」などの見出しが躍った。右翼文化人たちは、「ウォークになれ、破産せよ」という彼らのモットーを支持するために、改ざんではなくとも都合の良い例として、ジレットを利用したのである。ブランドン・モースは、右翼系ブログのレッドステイトで、ジレット社とそのＣＥＯのゲイリー・クームを名指しで非難している。

> 何十億ドルもの損失だ。急進的なフェミニストの主張が真実だと伝えることによって、ひとつの性別全体を動揺させている。[……]クームは恐ろしい呼びかけをしたが、それが恐ろしいという証拠は数字に表れている。さて、善良なクーム船長がそこから学ぶか、それとも

「ウォーク」のように見えるという名目で、自分の船の横っ腹に大きな穴を開け続けるか、高みの見物を決め込もう。[37]

しかし、ジレット社はこのモースの反動的な保守主義の教訓を学ぶことはなかった。クームは、男らしさにおけるブランドの立場を堅持した。

この動画で気分を害し、ブランドに怒りを覚える人がいることは、残念に思っている。それは望ましいことではないし、わたしがこの業界で3分の1世紀以上にわたり学んできたことに反する。[……] しかし、大多数の人々が今日のブランドをより深く愛するためには、少数の人々を動揺させる危険を冒さなければならないと考えており、それが当社の行ったことなのだ。[38]

ジレットを擁護するにあたり、#MeTooを支持するビジネス上の理由を、クームが常に念頭に置いていたことは注目に値する。彼はこのキャンペーンを、男らしさについて社会の価値観が変化するなかで、ジレットの将来を確保するための手段だと見なしていた。ジレットのイメージが過ぎ去った時代と結びついていることから、ジレットは商業的に危機に瀕していると、彼は考えていた。「ミレニアル世代とのつながりを失ってしまった。ジレットはあっという間にミレニアル世代の父親のブランドになった」とクームは語った[39]。

モースとクームの立場の隔たりは、ウォークなブランディングに関して対立する2つの立場を示している。ひとつの視点から見れば、ウォークになることは、変化する世界とブランドが関わりを保つことができる賢いビジネス戦略である。別の視点からは、政治的に進歩的な大義は社会の対立を生み、ビジネスの成功に必要以上のリスクをもたらす。こうした議論では、結局ビジネスの最良の方法が論点となる。どちらの立場をとるにせよ、#MeTooのアクティビストが効果的かつ成功裏に前面に押し出した真の政治問題が、商業的なアジェンダの二の次にされる危険がある。ここでも、社会アクティビストの民主的な活動が、ウォーク資本主義に取り込まれていくさまが見て取れる。

ジレットの広告は、ウォーク資本主義の皮肉を描き出す。ウォーク資本主義では、企業が政治的・社会的問題を取り入れて、その問題とはまったく無関係な企業の利益と一致させる。その一方で、ジレットが有害な男らしさの広告を発表したような事件は、国民の間に重要な議論を促すことができるし、現に促している。前述したように、この広告は現代の男性らしさの価値観について意見を二分した。ジレットは、意図せずしてこのようなことをしたのではない。マーケティングが専門のクローディア・クボヴィッチ・マルホトラ教授によれば、政治的に分裂する問題をマーケティングの足がかりとして利用することが、社会的論争の渦中に自らを置きたいと考える企業の間で増えているという。

> 現在は、この種の広告がまさに増えようとしているか、増えつつある。多すぎると感じる時期がいずれ来るだろうが、当面の間はそうならないだろうと思う。［……］一般の人は以前ほど広告をしっかり見なくなったので、人々の注意を引くような言動が必要になる。さらに、それを増幅させるソーシャルメディアも非常に重要になる。[40]

ジレットの広告は功を奏した。従来のメディアとソーシャル・メディアは、この話題で持ちきりになった。ジレットは世界中でトップニュースとなった。誰もがジレットを支持していなくても、問題はなかった。誰もがジレットについて話していたことが、重要だったのだ。

　この広告は世間に重要な民主的議論を促したかもしれないが、民主的な関与を生み出すことは、たとえそれが目的であったとしても、主な目的ではなかったことに留意されたい。ジレットCEOのゲイリー・クームは、この広告を見た顧客の65％がジレット製品を大いに購入したいと感じたことをよく承知していた。ミレニアル世代では76％、35歳未満の女性では84％だった。[41]#MeTooがジレットの恩恵を受けたのか、ジレットが#MeTooの恩恵を受けたのか、この時点で判断が難しくなる。マーケティング研究のダグラス・ホルト教授の言葉を借りれば、ジレットが#MeToo運動に乗じた「イデオロギー的寄生者であり布教者[42]」であることは明らかである。しかし、政治的な意味はそれよりもはるかに大きい。商業的な利己主義と政治的動機に基づく民主主義的なアクティビズムとの間の分裂に励むことで、ジレットのような企業は、政治領域と経済領域との間に存在する従来の分裂を打破したのである。経済は社会的・政治的生活に奉仕し、それを維持することを意図しているとして、この区分は長きにわたり民主主義の考え方の中心となっていた[43]。

新自由主義の下で、経済と政治の関係は根本的に変化してきた。ウォーク資本主義の台頭がその変化の証拠である。経済学者のヤニス・バルファキスはこう説明する。「今日の民主主義において、経済的領域と政治的領域の分離は、それが起こり始めた瞬間から、それ自体が損なわれるほど経済領域が政治領域を植民地化し、両者の間に避けられない壮絶な闘争を生み出した[44]」。

ウォーク資本主義は、このような弱体化と植民地化の特殊な形態である。かつて、自由民主主義国家の機関は、3つのセクターに分類されると考えられていた。第一セクターは国家であり、政府、警察、司法組織、公立学校、病院、公営企業などが含まれる。第二セクターは「営利セクター」とも呼ばれ、巨大企業から個人商店、個人事業主まで、あらゆる種類の私企業で構成されている。最後に、第三セクターとして、民主的に運営され公の支配に属さない、民間の非営利団体がある。このセクターには、教会、スポーツクラブ、児童保育施設、慈善団体などが含まれる[45]。ウォーク資本主義は、この境界を尊重しない。それは、第二セクターの組織が他の2つのセクターの責任を引き受けることを意味する。これに関する問題は、国家や第三セクターが利益を動機としていないのに対し、第二セクターは、その性質上、利益を動機としていることである。この利潤動機がその他2つのセクターの活動に混入すると、状況は一変する。具体的には、公共サービスの提供や、民主的な議論を促す際に、利益が主な推進力となるのだ。

経済学者のブランコ・ミラノヴィッチは、第一セクターと第二セクターのとくに重要な違いについて、次のように述べている。

> 現代の資本主義社会は、二項対立の上に成り立っている。政治的空間では、すべての人に同じように発言の機会があり、フラットな権力構造で決定が行われるのに対し、経済的空間では、権力は資本の所有者によって握られ、決定は独裁的で、権力構造は階層的である。[46]

ウォーク資本主義では必然的に、階層的にコントロールされた企業の力が、あらゆる人に影響を与える政治的問題に対して不当な影響力を持ち、その責任さえ負うことになる。この意味で、たとえ民主主義の下でジレットのような企業が表明する政治的感情や信念に個人が同意することがあったとしても、ウォーク資本主義は基本的に非民主的である。ジレットの政治的姿勢に同意できないからボイコットすると脅した反動的な保守派は、完全に的外れだ。

自分が賛同する人や組織だけを支持し、それ以外を黙らせようとすることは、権威主義へと一直線に延びる道である。民主主義の見地からは、これは問題ではない。本当の問題は、民間の金銭的利害の保有者が、その地位と権力を利用して公共の問題をコントロールするとき、しかもそのコントロールが、公共の利益の追求ではなく、やはり最終的に利潤動機によって導かれるときに発生する。ジレットは最終的に、縮小するシェービング製品市場でのシェアを拡大するために、新しい世代の消費者の間で自社製品の人気を高めることを意図していた。#MeTooはそのための手段であった。これこそ、ウォークな企業の最高のあり方だろう。

第12章

右手で与える一方で

慈善事業が不平等を正当化する

２０２０年の夏、アンドリュー・W・メロン財団は、助成金の分配方法を根本的に変更した。60億ドル以上の財源を持つ同財団は、「我々の歴史における変革の瞬間」と称するプレスリリースを6月30日に発信した。その内容は、次のようなものだった。

> アンドリュー・W・メロン財団は、本日、そのすべての助成活動において社会正義を優先させるという、組織の大きな戦略的進化を発表しました。財団の理事会は、より洗練されたミッション・ステートメントと最新のプログラムを承認しました。メロン財団の戦略的転換は、エリザベス・アレクサンダー会長のリーダーシップの下で、2年前から進められてきましたが、社会情勢を鑑みても、この新しい社会正義の観点は、芸術と人文科学を支援する当財団の慈善活動にとってふさわしいものです[1]。

この財団の名称の由来となったアンドリュー・W・メロンは、南北戦争後に台頭した「泥棒男爵」のひとりだった。泥棒男爵とは、19世紀後半に産業帝国を巨大化させたアメリカの一握りの資本家につけられた蔑称である。彼らが泥棒と呼ばれたのは、他人の犠牲の上に巨大な富を築き上げたからであり、男爵と呼ばれたのは、彼らが社会で高い地位を得ていたからだ。彼らの特徴は、「成功するために冷酷なビジネス手法を用い、労働者階級をはじめとする他者への思いやりを示さない、残酷なビジネスマン」であり、「[……]結局のところ、泥棒男爵の目標は独占企業となって業界を完全に支配することである[2]」。メロンがその典型で、彼のビジネス帝国は巨大であると同時に多分野にわたり、鉄鋼、石炭、石油、化学、鉄道、建設などの産業を支配していた。99の銀行を傘下に置き、後年フォーチュン５００に挙げられる５つの企業を立ち上げた。彼のアルコア社はアルミニウムの生産を完全に独占しており、彼はガルフ石油も所有していた[3]。

マーク・トウェインとチャールズ・ダドレー・ウォーナーは、南北戦争後のアメリカを「金メッキ時代」と呼んだ[4]。１８７３年に出版されたこの題名の小説は、当時を風刺したもので、やがてアメリカの産業資本主義となるものの強欲と利己主義をあざ笑っている。この時代はピカピカの金メッキが施されているという意味で、アメリカ文化は、表面は純金のように金色に輝いているがその芯は卑金属で、これと同じように、人間のモチベーションが卑しいと言えるのかもしれないことを表したのだ。トウェインの説明によれば、19世紀のアメリカ資本主義の「すっかり広がっている投機性」と、それが「すべての人が自分の夢、自分にとって大事な計画を持っており、それによって社会的にも財政的にも進歩する」という状況をもたらしたことを、トウェインとウォーナーはこの小説で描こうとした。トウェインは、この時代の個人主義、物質主義、放縦に憤慨し、これが「公害」のように広がる「恥ずべき腐敗」に権力者たちを導くと考えていた[5]。

泥棒男爵は金メッキ時代の主人公であった。メロンと、やはり泥棒男爵と呼ばれるジョン・D・ロックフェラー、コーネリアス・ヴァンダービルト、リーランド・スタンフォードらが築いた巨万の富は、産業資本主義がもたらした不平等の時代の幕開けを告げていた。彼らはレガシーを残したことで、今日までその名が広く知られている。彼らは伝説として生き続け、そしてその名が永遠なることを願い、彼らを記念してその名を冠した文化・教育機関のなかに生き続けている。しかし、それは、農業と資材を基盤とした経済から、製造業と工業で世界をリードする経済へとアメリカが急成長するなかで、少数のエリートが蓄積した莫大な富が可能にした、特別なレガシーであった。

泥棒男爵は産業の拡大を追求し、莫大な個人的財産を抜かりなく蓄えたが、大規模なフィランソロピーでも知られるようになった。彼らの多くは存命中に財産の大部分を寄付し、慈善財団や公共施設を設立した。彼らがいなければ、スタンフォード大学やデューク大学、ライス大学、イエール大学も存在しなかっただろう。ニューヨークのカーネギーホールやフリック美術館も設立されなかっただろう。メロンと同時代の人物で、産業界の富と社会的慈善活動を結びつけた功績で最もよく知られた人物は、アンドリュー・カーネギーである。カーネギーは鉄鋼業で成功を収めた。彼は莫大な個人資産を築き、史上最高の富豪と言われ、その純資産は現在の３２１０億ドルに相当する。ジェフ・ベゾスの２０００億ドルをはるかにしのぐ金額だ。[6]

１９０１年、66歳のカーネギーはカーネギー鉄鋼会社を5億ドルで売却し、１９１９年に亡くなるまでの18年間に、財団、基金、研究所の国際的ネットワークを築き、財産をフィランソロピーにつぎ込んだ。[7] カーネギーは事業を引退する前から、フィランソロピーの青写真を描いていた。この青写真は、１８８９年に『ノース・アメリカン・レビュー』[8]誌に掲載されたエッセイ*The gospel of wealth*（『富の福音』、きこ書房、２０１１年）として発表されていた。独占資本の所有者と、新たに誕生した労働者階級との間の産業規模の不平等という現実が、常にカーネギーの念頭に置かれていた。このエッセイの冒頭にはこう書かれている。

> わたしたちの時代の問題は、富める者と貧しい者とを兄弟愛の絆で結びつけ、調和させられるように、富を適切に管理することである。この数百年の間に、人間の生活環境は変化しただけではなく、革命的な変化を遂げてきた。[9]

資本主義が19世紀に生み出した不平等の性質と規模が、新しい形の危険な対立を容易に招きかねないと、カーネギーは認識していた。だが、それだけにとどまらない。カーネギーによれば、貧富の差の中心は、単に富や金の問題ではなく、文化や価値の問題であった。この不平等のシステムが維持されるためには、そこから利益を得る人々と、その構造を機能させ続ける労働を担う人々との関係を「調和」させるために、何かをしなくてはならないと、彼は示唆していたのだ。カーネギーは社会主義者ではない。スコットランドのダンファームリンの生家での慎ましい生活から、世界一の富豪になるまでに自分の人生を変貌させた資本主義制度を、全面的に支持していた。

カーネギーは、富裕層と貧困層の間に広がる文化的・経済的格差は、社会の頂点に立つために必要なものを持つ者と底辺にとどまることを運命づけられた者との本質的な違いが招く、当然の結果だという考えを、はっきりと述べていた。

> この変化は［……］嘆くべきものではなく、非常に有益であるとして歓迎されるべきものだ。ある人々の家が、文学や芸術における最高と最良のもの、そして文明の精緻のための家であることは、そうでないよりも、人類の進歩にとっては好ましい、否、不可欠である［……］。この有益な変化のために払う代償は、間違いなく大きい。［……］。厳格なカーストが形成されており、例によって、相互の無知が相互の不信を生む。それぞれのカーストは、他のカーストに同情することなく、そのカーストを軽んじるようなことは何でも信用しようとする。競争の法則の下で、何千人もの雇用主は、最も厳しい経済活動を強いられる。そのなかで際立って厳しいものは、労働者に支払われる賃金であり、雇用者と被雇用者、資本と労働、富める者と貧しい者との間で摩擦が生じることが多い。[10]

資本の所有者であるブルジョアジーと、その歩兵である労働者階級との厳格な分離において明らかなように、社会的・経済的不平等の道徳的な正当化、もしくは合理化がここに見られる。カーネギーにとって、この不平等の創造は、彼のような大企業家が責任を負う必要がないものである。何しろ彼らは、自分たちよりも強力な経済の法則によって、「最も厳しい経済活動を強いられる」のだ。カーネギーは、富裕層がその富をどのように獲得したかについて個人的な責任を富裕層から免除し、人類の進歩のためには不平等が絶対に必要であり不可避だと主張する。彼はまた、産業資本主義が生み出した新たな階級制度は、避けられない社会的対立を引き起こし、それを生み出したシステムを転覆させないまでも、十分に弱体化させる可能性があることを認めていた。

　カーネギーにとっては、社会全体の工業化によってもたらされる物質的な利益は、社会における不平等が引き起こす不満を凌駕していた。大きな不平等は進歩の代償にすぎないと考えていた。資本主義の不平等は、「個人にとってはつらいこともあるかもしれないが、あらゆる分野で適者生存が保証されるので、人類にとっては最良のことである」、と社会的ダーウィン主義者の気迫で言い切ったのだ。[11] ここで、カーネギーは慈善活動を提唱する前に、右翼的な文化的・経済的保守主義に自らが深く根ざしていることを明らかにする。不平等は、富める者が優れた主導権を発揮することから生じるという点で、彼にとっては、社会で当然のように見られる特徴なのだ。カーネギーにとって資本主義は、彼が言うところの「怠け者と働き者」を区別するために役立つものだ。[12] この発言から、カーネギーの事業によって貧困にあえぐ賃金労働者として置き去りにされている人々を、ひどく蔑ろにしていること、そして彼らに対して抱く優越感が明らかになる。これは何よりもまず、社会にとって不可欠な存在である金持ちの価値と正義を正当化する慈善活動なのだ。金持ちによる慈善事業が、極端な不平等を道徳的に正当化する手段であるとは、痛烈な皮肉である。

泥棒男爵に与えられる権利

カーネギーが考えた青写真は、フィランソロピーが反社会主義の政治戦略であることを明確に打ち出したものだった。資本主義を支えているのは個人主義であり、その富の分配はきわめて不平等であるにもかかわらず、競争、私有財産、個人の富の蓄積に関する資本主義の「法則」は、「人類がこれまでに達成したなかで最も価値のあるもの」だと、カーネギーは主張する。[13] だが、ひどい不平等を否応なく生み出すこのシステムには、当時の社会主義者が要求していた革命ではなく、少しばかりの調整が必要であるとも指摘する。カーネギーは、「自分の」財産を家族に贈与したり、死後に相続税の対象としたりするよりも、「公共の利益」のために財産を管理することによって、貧者の上に富者が君臨する「調和の統治」を実現しようと、大富豪たちに呼びかけているのだ。これはやはり「支配」であり、国民主権という民主主義の大前提を侵害するような形で、同胞市民に対して権力を持つ権利と、富とを同一視する支配だということを、忘れてはならない。カーネギーの世界では、資本家が王なのだ。
カーネギーは、プルトクラシーに代わる選択肢として、調和を欠いた不平等も共産主義も認めることはできなかった。[14] 彼が求めていたのは、調和のとれた不平等である。もちろん、雇用主は富を蓄積する代わりに、富の再分配の手段として単純に賃金を上げることもできる。しかし、カーネギーは労働者階級に金を預けず、フィランソロピーによって巨万の富を活用するほうが良いと考えた。それはやはり、優れた「人間」が大衆に代わって意思決定を行うことを意味する。
カーネギーのフィランソロピーの根底にあるのは、そして今日のウォーク資本主義に見られる傾向には、金持ちには公共の利益を決定する権利があるという考え方である。理想的な政治体制として慈悲深いプルトクラシーを想定するカーネギーの考え方は、きわめて非民主的である。カーネギーは、家父長主義と極端な資本主義を結びつけ、「金持ちは一つの計り知れない恩恵に感謝すべきである。彼らには生涯にわたり、多くの人々が永続的な利益を得ることになる善行を組織することに忙しい日々を送り、それによって自らの人生に威厳をつけるという力がある」と主張する。[15]
　おそらく金持ちは、自分の富が自己本位の物質的利益であるだけではなく、その富によって金持ちではない人々を支配できることにも感謝しているのだろう。そこには、キリスト教の禁欲的な道徳主義の痕跡が色濃く見られる。カーネギーは、富裕層はその財産を酔っぱらいや怠惰な物乞いに振り向けるべきでないと主張する。むしろ、富裕層が富をコントロールすることによって、人類を向上させることができるとカーネギーは説く。そうした言辞や強気な政治的姿勢以外に、カーネギーが支援した特定の構想には、人々が運動したり英気を養ったりできる公園、文化的センスを高められる公共の美術館、そして公共の利益を促進する機関などがあった。また彼は、大学、公立図書館、病院、研究所、コンサートホール、教会などに資金を提供することを、少数の富裕層に呼びかけた。

１８７０年頃から１９１４年の第一次世界大戦勃発までのアメリカの金メッキ時代には、政治腐敗、都市のスラム化、労働者搾取、環境破壊、極端な富の不平等、企業権力の急速な拡大が見られた。しかし、金メッキ時代の後半になると、その行き過ぎた状態は、カーネギーの『富の福音』を手引とする、進歩的な社会改革によって緩和された[16]。カーネギーは、新しいフィランソロピーの提案が、「社会主義的な問いに直面している」社会の問題に取り組む方法であると、確信を抱いていた[17]。彼の目標は、産業資本主義から生じた人類の進歩と彼が見なすものを維持することだった。カーネギーは調和の欠けた不平等への対処を重視していたが、彼が推進したフィランソロピーの利益は、主に文化に関することだった。貧しい人々、あるいは教育を受けるに値すると彼が判断した人々には教育を受けさせ、ハイカルチャーの価値観に触れることを許可した。アーティストで学者のアリサ・ジュリナによれば、その根幹にあるのは、「フィランソロピーを富裕層が公共政策の主導権を握るための方法」として、「抑制のきかない資本主義の価値観を促進する文化的武器」として利用することで、プルトクラシーの拡大を図ることだった[18]。ウォーク資本主義の種が早くもまかれていたのだ。

カーネギーの『富の福音』は、金メッキ時代以降のフィランソロピーの青写真を示していた。カーネギーの死亡当時、実業家として築き上げた富の90%以上はすでに分配されていた。彼が設立したカーネギー工科大学は、１９６７年にメロン工業研究所と合併してカーネギーメロン大学となった。また、２８００以上の公立図書館の設立に資金を提供し、ニューヨークのカーネギーホールなどの有名なコンサートホールも建設した。他の泥棒男爵たちの財産も同じように使われた。ジョン・Ｄ・ロックフェラーの石油資産は、「全世界の人類の幸福」を支援するために使われ、シカゴ大学の建設、医学研究への資金提供、公衆衛生教育の支援に充てられた。次の世代の大実業家たちもこれに触発された。自動車王ヘンリー・フォードはアメリカ最大の慈善団体であるフォード財団を設立し、石油王ジョン・ポール・ゲティは自身の名を冠した世界最大の芸術財団を設立した[19]。以上はほんの数例にすぎない。

本章の冒頭の例に戻ると、当時最も裕福で有力な人物のひとりだったアンドリュー・Ｗ・メロンは、ワシントンＤＣにナショナル・ギャラリーを建設し、コレクションを寄贈した。それまでの数十年間、彼はヨーロッパ絵画の巨匠作品を中心とする美術品コレクターだった。彼はかなりの個人コレクションを寄贈した。また、メロン工業研究所も設立した。やはりカーネギーのビジョンと同様に、彼の寄付は主として芸術と教育を通じた文化面にとどまった。これは、私財を投じて公的機関を設立するという点で明らかに政治的だったが、とくに政治的な大義名分が重視されたわけではない。メロン自身、右派で忠実な共和党支持者であり、１９２０年代の進歩主義に真っ向から反対していた。後年、米国財務長官を務めた彼のレガシーは、経済の進歩へ至る道だという根拠で、富裕層の減税を実現したことだった[20]。だからこそ、本章冒頭の２０２０年のメロン研究所の声明が、泥棒男爵のフィランソロピーと、ウォーク資本主義の時代のフィランソロピーとの類似点と相違点について多くを語っているのだ。

この変革は、超富裕層のプルトクラシーという反民主主義的な願望に関するものではない。それは変化していない。ウォーク資本主義では、左翼と結びついたものの多くが、資本主義制度に反対するのではなく、それに取り込まれている。資本主義の不平等が生み出す市民の不安と、資本主義が生み出す社会主義の脅威に対抗する手段としてフィランソロピーを利用するというカーネギーの基本的な考えは、残されている。今日のウォーク資本主義は、カーネギーのビジョンに新たな要素を加えている。現在は、公共施設の設立よりも、「社会正義」という一見どこにでもありそうな名目でまとめられた、進歩的な政治的大義の支援に重点が置かれている。ある意味で、これは21世紀の政治的主張のためにアップデートされた、カーネギーの持論なのだ。

99%の人々

カーネギーのビジョンは達成されたのだろうか？　それは、アメリカにおける経済的不平等の歴史を見ればわかる。１９１３年、アメリカの上位１％の所得者は国の所得の18・6％を稼いでいたが、下位50％の所得者の総額は15・4％だけだった。２０１９年になると状況はさらに悪化し、上位１％が20・5％を獲得する一方で、下位50％はわずか12・7％しか得ていない。カーネギーやメロンがいわゆる公益のために財産を分配していた１００年前と比べると、現代のアメリカの経済的平等は明らかに悪化している。もっとも、この悪化は20世紀初頭から現在まで一直線に進んできたわけではないことを忘れてはならない。１９８０年代の新自由主義の幕開けまでは、下位50％の所得が上位１％の所得の約2倍で、状況はかなり好転していたのだ[21]。事態はそこから悪化の一途をたどった。新自由主義の登場は実質的に、繁栄がより均等に分配されるようになった第二次世界大戦後の時代の終わりを告げる、最初の兆しだった。過去の泥棒男爵の資本主義に似た、新たな時代への回帰でもあった。ただし、今回その道を切り開いたのは、鉱業や製造業ではなく、金融サービスやテクノロジーだった。

　１９８０年代、グローバル化と新自由主義とが同時に勢いよく始まった経済的不平等の拡大は、アメリカに限ったことではなかった。最近まとめられた世界の不平等に関する国連の報告書によれば、少なくとも１９９０年代以降、世界の大半の国々で国民所得に占める賃金の割合が低下しているという。これは、技術の進歩による労働生産性の向上が、労働者の賃金の上昇に結びつかなかったためである。その結果、一般に、所得分布の下位半分の人々の賃金は停滞し、上位の人々が豊かになる傾向が現れた。現在、下位半分の人々は、世界の富の１％未満しか所有していない。一方、上位10％の富裕層は85％を、上位１％の富裕層は約半分を所有している。[22] まさに金持ちの世界である。国連報告書が評しているように、この不公平な状態は民主主義に対する侮辱である。

適切な政策や制度がない場合、不平等は、すでに裕福な人々に政治的影響力を集中させ、機会の格差が維持、あるいは拡大される傾向にある。恵まれた人々の間で政治的影響力が増大すると、多数者のニーズに対応する政府の能力への信頼が損なわれる。そして、このような信頼の欠如は政治体制を不安定にし、民主主義の機能を阻害することになる。２００８年の金融・経済危機から完全に回復し、近年は安定成長の恩恵を受けている国でも、国民の不満は大きい。[23]

国民がこのような不満を抱くなかで、ウォーク資本主義が出現した。２０１１年9月、ニューヨークのマンハッタンにある、ウォール街のすぐ近くのズコッティ公園の前で、何人かの抗議者たちがキャンプを張ったとき、一気に危機を迎えた。彼らが抗議していたのは、企業資本主義が生み出し、ほんの数年前の金融危機によって悪化した巨大な不平等に対してだった。彼らの抗議は、すぐ近くにオフィスを構える銀行家たちに集中した。「ウォール街を占拠せよ」と名乗る抗議者たちは、「わたしたちは99％だ」というスローガンの下に集結し、世界の富裕層の上位１％

と残りの大多数の人々の間に、大きな格差があることを印象づけた。

　このニューヨークの抗議行動が拡大するにつれ、「占拠せよ」運動はアメリカ各地に、そして世界中に広がっていった。ヨーロッパ、アフリカ、南北アメリカ、アジア、オセアニアで抗議キャンプが設置された。抗議者たちに仮の住まいであるキャンプが、意図的に目につくようにしたのである。抗議者のシュプレヒコールと、多くのキャンプの強制退去の脅しによって、メディアの注目はにわかに高まった。これによって、数十年にわたるグローバル化と新自由主義的な経済政策が生み出した不平等に対する認識と議論が高まった。[24]この運動は非常に話題を呼んだため、「占拠」は２０１１年にメディアで最も多く使われた言葉となった。同年『タイム』誌はこの「抗議者」を「パーソン・オブ・ザ・イヤー」に選び、ウォール街を占拠せよの運動が与えた影響に言及して称賛した。[25]

新しい不平等

　カーネギーがフィランソロピーを提唱したのは、当時の不平等が生み出した社会的不調和への対応であったが、ウォーク資本主義は、40年にわたる新自由主義の実験が生み出した、新たな、さらに極端な世界的不平等への対応である。つまり、ウォール街を占拠せよ運動が反資本主義の立場から抗議していた問題と同じ問題への、企業寄りの対応なのだ。メロン財団が芸術支援から社会正義の支援へと優先順位を変えた「大きな戦略的進化」は、資本主義の自己正当化における方向性を転換させたことを示している。もちろん、ウォーク資本主義には、金メッキ時代の状況とは違い、億万長者のフィランソロピー以外にも多くのことが存在する。現代では、引退した大物実業家だけではなく、企業自身も社会的・政治的大義に関与している。とはいえ、19世紀の泥棒男爵が、不平等を急増させた資本主義を維持するため公共機関に資金を投入したように、現代のウォーク資本主義は同じ理由から社会正義を優先している。

さらに言えば、現代のフィランソロピストは、サービスを提供するために、ビジネスから派生した手法を支援活動に用いるべきだと主張している。企業フィランソロピーを行う場合は、企業文化が従来とは異なる活動領域にまで広がることになる[26]。ベフルーズ・モルバリディは、資本主義がフィランソロピーに再び入り込んできたことを痛烈に批判している。現代のフィランソロピーは、新自由主義的な資本主義への根深いイデオロギー的コミットメントを、社会的投資という市場原理に基づく手法の形で反映していると、モルバリディは指摘する。インパクト投資やマイクロファイナンスは、資本主義が引き起こした問題を解決するために資本主義の手法が用いられていることを示す好例である。資本主義的な考え方や手法を非営利セクターに持ち込むことは、企業が直接手掛ける事業活動の範囲外に、企業の力を確保する方法である。モルバリディが言うように、「裕福なフィランソロピストは、自分たちの資産や収入から注意をそらし、自分たちが利益を得ている覇権構造が脅かされない限り、貧困問題に関わっていることに満足する[27]」。その結果、新自由主義が世界にもたらした社会経済の荒廃は、緩和される部分もあるかもしれないが、それを生み出したシステムはますます強力になる。

超富裕層が効果的に公共政策をコントロールすることで、フィランソロピーが社会の調和を導くというカーネギーのビジョンが実現しなかったのは、当然である。社会正義を求める声が、「トリクルダウン経済学」という詐欺や、富裕層を税金から解放すれば市場主導の繁栄が生まれるという思い込みと同時に発生しているので、彼のビジョンは現代でも実現することはないだろう。アメリカの歴史を参考にするならば、不平等が縮小した時代は、限界税率が最も高く組合員数が多かった時代であり、大恐慌の時代でもあった。金メッキ時代の終わりに、「増税、ビジネスや金融に対する規制強化、公企業への政府投資拡大」によって、不平等が是正されたのだ[28]。こうした政策は、第二次世界大戦の経済の特徴として継続していたが、新自由主義は、社会の進歩がより平等に共有されていた従来の政策に終止符を打った。

１９７０年代後半から実施された政策は、停滞とインフレに苦しむ米国経済の立て直しに十分役立ったが、その代償として、金融ヒエラルキーの頂点に立つ人々がその利益の最大の分け前を要求することになった[29]。これを繁栄と呼ぶ人もいるかもしれないが、その繁栄は、他者を犠牲にして富裕層に分配されるようになっただけなのだ。ウォーク資本主義では、一部の人たちが「還元」していることになるので、これについて少しばかり気を良くする人もいるかもしれない。とはいえ、そもそもこのような人たちが甚だ不公正な分け前を情け容赦なく得られるようにしたシステムを修正することには、まったく役立たない。このような背景から、メロン財団は社会正義に戦略的重点を置くようになったのだ。その際に同財団の理事長は、「[当財団の]活動には何の問題もなかったが[……]各助成金の1セントに至るまで、より公平で公正な社会のために、実証可能な形でいかに貢献するか、それがどのように見えるか、という問いに焦点を当てるためである」と述べた[30]。

少なくとも最近の歴史においては、新自由主義の実験によって生み出された不平等の著しい拡大にまで遡ることができるので、その問題の歴史的原因を検証しようという姿勢は、ここでは見られない。メロン財団の新しい社会正義の取り組みの一例が参考になるだろう。2020年7月、彼らはイェール大学のジャスティス・コラボラトリーがパートナーシップとして支援するミリオン・ブック・プロジェクトに、530万ドルの助成金を支給すると発表した。この資金は、1000の刑務所と500の少年矯正施設にそれぞれ500冊の本を寄贈するために使われる。そうすれば、受刑者は素晴らしい文学作品を読むことができるようになる[31]。このプロジェクトの発表に際して、イェール大学ロースクールは次のような声明を出した。

> アメリカは世界のどの国よりも投獄率が高く、大量投獄はアメリカの刑罰制度の残酷で不当な現実となっています。我々の法律の概念と適用における制度的不公平の矢面に、不釣り合いなほど、有色人種は立たされています。ミリオン・ブック・プロジェクトは、このアメリ

カ特有の事実に対し、言論的、実用的な対応を生み出し、資源であると同時に自由の象徴として本を提供し、投獄された人々の希望と尊厳、意義と目的の回復に貢献します[32]。

受刑者が本に触れられるようにするのは良いことだと主張するのは簡単だ。それが「実用的な対応」だと言うことにも信憑性はある。しかし、とくに際立つのは、語られていないことのほうだ。ミリオン・ブック・プロジェクトが、アメリカや世界のその他地域における大量投獄の問題に取り組んでいるとまでとれるような文面は、明らかにおかしい。

大量投獄の原因解明に取り組む犯罪学者のアンソニー・ロイドとフィリップ・ホワイトヘッド[33]によれば、２０００年以降、世界の受刑者数は約2割増の１０４０万人に達したという。投獄率が高いのはアメリカ、中国、ロシア、ブラジルである。アメリカ、イギリス、スコットランド、ニュージーランド、オーストラリアなどの国々では、少数民族の受刑者が不相応に多い。たとえばアメリカでは、黒人が刑務所に入る割合は白人より6倍も多い。

なぜこのようなことが起こるのか？　ロイドとホワイトヘッドは、投獄の増加を、現代の新自由主義的な政治・経済秩序と結びついた刑事司法制度の変化と直接関連づけて、分析している。彼らは、超個人主義と経済的不平等が「過食症的効果」を生み出すと指摘する。彼らが言わんとしているのは、より多くの人々が経済にとって不要な存在となるなかで、不平等と不安の増大が社会的結束を脅かすということである。貧困層や失業者は、新自由主義的資本主義の「余剰人員」にすぎないとされている。(34)その結果生じる犯罪率の上昇に対処するため、新自由主義者は懲罰と投獄を優先させる。これに応えるために、世界中の刑事司法制度が大量投獄の可能性を新たに生み出している。富裕層に有利な政治秩序を脅かす人々は、まるで人間の排泄物か何かのように刑務所に放り込まれ、低賃金で組合非加入の刑務所労働者として再利用される。

> 新自由主義秩序の過食性乱流は、その余剰の人的犠牲者を社会不安の逆巻く流れに排出し、変容した刑事司法対応によってさらに悪化させる［……］刑事司法の機能と設備の民間プロバイダーも、市場シェアと利益を求めて共謀する。それは、新自由主義の最初の一撃によって駆逐され、経済・社会不安によって荒廃した地方において、投資と刑事司法の雇用機会を求める、地方や地域の政治指導者も同様である。(35)

受刑者に本を与えることは、確かに一部の受刑者には役立つだろうが、大量投獄という歴史的な大惨事への対処方法では断じてない。この新しいフィランソロピーはせいぜい、フィランソロピストが金持ちになることを可能にした政治・経済システムの症状を、少しばかり緩和するだけで、それを引き起こした根本的な問題には対処しない。

フィランソロピーで現在起きていることは、泥棒男爵財団の政策変更だけにとどまらない。歴史学者のデイヴィッド・ホイセンによると、１９８０年代以降、多くの人々が現代を「新金メッキ時代」あるいは「第二の金メッキ時代」と言い表すようになった。それは、南北戦争後のアメリカと同様に、現代は経済的な不平等が継続的に拡大し、「莫大な富がもたらす過剰と驕心」を目の当たりにしているからだと、ホイセンは説明する。[36] しかし、彼が指摘するのは、この２つの時代の政治的背景の重要な違いである。最初の金メッキ時代は、産業資本主義の発展とそれが生み出した階級闘争によって推進された。一方で、現代の不平等の拡大は、先進国における脱工業化と債務奴隷化を伴っているが、資本主義制度を脅かす階級間の対立を生み出してはいない。

新しい世代の億万長者たちは、このような政治的背景のなかでフィランソロピーを取り入れてきた。カーネギーや同時代の大富豪がブルジョア的な芸術や高等教育機関に富を投じたのに対し、新世代のフィランソロピストたちはまったく異なる利益を追求する。彼らの代表格が、マイクロソフトの創業者ビル・ゲイツと大物投資家のウォーレン・バフェットである。この２人はもう長いこと、世界の富豪トップ10の常連だ。２０２０年現在で、ゲイツの純資産は９８０億ドル、バフェットはそれに次ぐ６７５億ドルとなっている。[37] ゲイツとバフェットは２０１０年に、ギビング・プレッジという社会貢献キャンペーンを始めた。彼らはアメリカの大富豪40人の支持を得て、「社会の最も差し迫った問題に取り組むために、自分たちの富の大半を提供することを誓う」と表明したのだ。

参加資格は、高級カントリークラブに入会するよりもはるかに高額である。「個人資産を10億ドル保有し、個人資産の大半を慈善事業に寄付することを公約する用意がある」という条件を満たし、文章にするのだ。参加希望者が続出した。3年後、ギビング・プレッジはアメリカ以外にも広がり、2020年までに24カ国から200人以上の億万長者がこれに参加した。オーストラリア、ブラジル、中国、ドイツ、インドネシア、ロシア、タンザニアなど遠方の億万長者も、社会貢献活動に自分の財産を提供することを約束したのだ[38]。参加者のなかには、マイケル・ブルームバーグ、イーロン・マスク、マーク・ザッカーバーグもいた。この活動は、図書館や美術館を造るという話ではない。この数千億ドルの誓約は、主に「気候変動、教育、貧困緩和、医学研究、医療サービス、経済開発、社会正義」に関わるプロジェクトに使われることになる[39]。

　億万長者のフィランソロピー新時代のビジョンを系統立てるならば、ギビング・プレッジは金メッキ時代の直系に位置している。この考え方はアンドリュー・カーネギーと同調しており、億万長者はこの誓約を、生前や遺言で財産の一部を慈善事業に寄付するという手段として用いている。こうしたことに関して、カーネギーのエッセイ『富の福音』が引用されることが多いのだが、経済シンクタンクであるキャピタル・インスティテュートのジョン・フラートンは、ギビング・プレッジの開始当時、次のように説明した。

> アンドリュー・カーネギーの『富の福音』と題されたエッセイは［……］アメリカの素晴らしいフィランソロピーの伝統の試金石である［……］ゲイツとバフェットが提唱しているギビング・プレッジ運動は、カーネギーの発想を踏襲している［……］カーネギーが呼びかけ

たのは、基本的に自らの全財産（家族のニーズに応えた後で）を引き渡すことであり、ギビング・プレッジの最低ラインである自分の財産の半分だけではなかったことはさておいても、意図が重要なのである。[40]

カーネギーの福音を国際化し、文化施設への寄付から社会経済問題への直接介入に重点を移したギビング・プレッジは、ウォーク資本主義の強力なシンボルである。英米研究のフランチェスカ・サワヤ教授はこのフィランソロピーを、１９８０年代以降の「アクティビスト国家の後退」によって残された空白を埋める試みだと解き明かす。[41] さらに言えば、新自由主義の信奉者たちが、市場メカニズムとトリクルダウン経済学の魔法によって埋められると約束したのが、まさにこの空白なのである。このようなフィランソロピーが必要だということは、システムが機能していないことの証拠である。市場資本主義は、政府がほとんど対処する気がない、あるいはできない問題を生み出した。

億万長者たちの贈り物にケチをつけるとしたら、その寄付の背後にある動機を探るべきだろう。長きにわたり私利私欲にまみれたビジネスをビシビシ展開してきた彼らが、ようやく利他的な社会正義の戦士になる決心をしたとでもいうのだろうか。そんな説明はおめでたすぎる。ウォーク資本主義の下では、社会的不公正や貧困の解決をもう国家に頼ることができない。そこで、社会は、ご主人さまの食卓から落ちてくるパンくずという慈善に頼ることになる。そのパンくずは、ありがたくも超富裕層が決めた場所だけに落ちてくる。おめでたい見方をすると、これは慈悲深いプルトクラシーのように見える。しかし、白日の下で目を凝らしてみれば、慈善事業は不平等につける膏薬のようなものであり、不平等を生み出したシステムをまったく変わらないまま存続させるための複雑な策略のように見える。ギビング・プレッジは、確かにその発案者たちの富を損なってはいない。ゲイツとバフェットは何年も世界の富豪ランキングの上位を維持している。

　結局のところ、現代の億万長者のフィランソロピーは、資本主義の権力の行使であり、事実上、経済の枠を超えた権力の拡張である。個人資産を公共の目的のために転用し、しかも社会に対して説明責任を果たさない。これはきわめて非民主的であり、現代社会で重大な役割を果たす億万長者の権力と影響力を強化する[42]。こうしたメガ・フィランソロピストたちは、一見慈善活動に見える彼らの事業が、従来の選挙過程を経る場合よりも、はるかにスムーズに政治権力や公共政策の実現へとつながるということを学んだ[43]。実質的には、右手で慈善事業に何十億も与える一方で、左手で民主主義と平等という希望を奪うことになるのだ。不平等を生み出す根本的なシステムは何も変わらない。つまりは、億万長者の贈与は、そもそも彼らを億万長者にしたシステムに根本的な変化が起きないようにすることと、引き換えなのである。

第13章

ウォーク資本主義から目を覚ます《ウォーク》

ウォーク資本主義に騙されないために

２０２０年9月17日、米国上院議員エリザベス・ウォーレンは、ビジネス・ラウンドテーブル（ＢＲＴ）の議長に書簡を出した。[1] そのおよそ1年前に、アマゾンからゼロックスまで大企業のＣＥＯ[2]を会員とするビジネス・ラウンドテーブルは、「企業の目的」[3]について新たな声明を発表していた。この声明は、彼らが１９９７年に発表した声明に代わるものであった。その当時、ビジネス・ラウンドテーブルのＣＥＯたちは、「経営陣と取締役会の最も重要な義務は、企業の株主に対するものである。［……］取締役会が株主の利益とその他ステークホルダーの利益とのバランスをとらなければならないという考え方は、取締役の役割を根本的に誤解している」とする声明に賛同していた。[4]

こうした文言は、自由な市場資本主義への賛美にほかならない。１９９７年のこの声明は、企業で働く人々の労働からもたらされる経済的利益を受け取ることを、資本所有者の当然の権利として喧伝していた。２０２０年になると、ビジネス・ラウンドテーブルは少なくとも言葉の上ではＵターンをした。「１９９７年以来、［ビジネス・ラウンドテーブルは］株主第一主義の原則、すなわち、企業は主として株主のために存在するという原則を支持してきた」ことを認めて、新たな声明では、「ＣＥＯがすべてのステークホルダーのニーズを満たすことに真に献身したとき、企業は社会の改善に不可欠な役割を果たすことができる」と明言した。[5]

ビジネス・ラウンドテーブルの行った変更は、ウォーク資本主義の完全な主流化を象徴していた。21世紀を迎えてから20年が過ぎ、企業資本主義の保守的な砦の最たるところでさえも、株主第一主義を否定するようになった。彼らは、企業は社会的目的を持つべきであり、企業と関係を持つすべての構成員に配慮すべきであると主張していた。すべての「ステークホルダー」が重要であると断言し、その一人ひとりに価値を提供することにコミットする、と彼らは約束した。

それから約1年後に送られたウォーレン上院議員の書簡は、ビジネス・ラウンドテーブルの約束が守られたかどうかを詳細に問うものだった。２０２０年に新目的の発表が「大々的に」行われたことを指摘した上で、ウォーレン議員は、それ以来何かが変わったのかどうかについて容赦なく切り込んだ。「声明に署名した方々がこの約束を守っていないことは明らかであり、ＢＲＴは［……］声明が支持した幅広いステークホルダーではなく、ＣＥＯの限られた短期的な利益のためにロビー活動を展開しています[6]」。

ウォーレンはこの声明を、世界屈指の大企業のリーダーたちが追求する企業の自己利益に対し、何ら変化を与えない「広報活動」であると非難した。また「この［２０２０年の］公約がどのように広く運用されたかを特定することは困難であり、企業の行動はむしろ、そのような意図がなかった可能性を示しています」と不満を述べた。[7]

ウォーレンが明らかにしたのは、ウォーク資本主義を公言しながらも、企業は今でも消費者や労働者、地域社会全般を犠牲にして、株主に利する形で事業を展開しているということだった。これは、ウォーク資本主義がどのように機能するかを示すと同時に、システムが変化しても、新自由主義的資本主義という基本的基盤は変化していないことを思い起こさせる事例でもあった。実のところ、この根本的な変化の欠如こそが、ウォーク資本主義の特徴なのである。富と繁栄が富裕層に流れ込み、世界規模で不平等を悪化させ、企業が主張する正義がシステム自体を強化するシステムなのである。それはまた、「強欲は善である」というコーポレート・ガバナンスがもてはやされた時代と比べて、企業がそれについて正直ではないことを意味する。

ウォーク資本主義では、企業は、株主の財政的利益を追求する自分たちのやり方を変える必要があることに気づいていたが、それについては何の変更も加えていない。また、そのような追求を行う資本主義システムが道徳的に正当化されるように変える必要があることも、企業は気づいている。ウォーレンのビジネス・ラウンドテーブルへの批判は、実際には変化していないにもかかわらず、物事は基本的なレベルで変化していると、地域社会を（そしておそらく自分自身をも）騙して信じ込ませようとしていることによって、これがなされる可能性があることを示している。企業がウォークになって以来、どちらかといえば、総体的な不平等はさらに悲惨なほうへと向かっている。ウォーレンは、企業用語とウォークネスのメッキを見抜く覚悟を持つという点で、わたしたちの前に政治的姿勢の範を垂れる。

ウォーレンの姿勢は、企業がウォークネスについて口先だけではなく、きちんと実行すべきだという彼女の考えも反映している。すべてのステークホルダーを大切にするという企業の主張の責任を問うことで、ウォーク資本主義が——真の意味で実践されるならば——望ましいと暗に認めているのだ。彼女の書簡は、企業の問題は、彼らが十分にウォークではないことにあるという考えを提示している。必要なのは、企業がさらに積極的に社会的・政治的責任を果たすことだと彼女は提案する。これは、エリン・ダウエルとマーレット・ジャクソンが『ハーバード・ビジネス・レビュー』誌に発表した見解と同じである。彼らは、企業のウォークネスのメッキは不適切であり、企業は進歩的な政治的姿勢に関して、発言から行動に移る必要があると主張する。経営者の偽善はもうたくさんだとしているのだ。その一方で、ダウエルとジャクソンは、変革は企業の善意によってもたらされるのではなく、企業外部の民主的な行動に基づくものであることも承知している。とくにブラック・ライヴズ・マターについて取り上げて、次のように主張する。

> 昨今の正義を求める声は、一時的なものでも、ソーシャルメディアに限られたものでもないという事実を、組織は認識しなくてはならない。何十年もの主張と何世紀にもわたる差別の集大成であり、よって、消費者は組織がその努力を無駄にすることをもはや良しとしない。消費者は、要求する力を持つだけではなく、企業がその要求を満たす方法を決定することに関して強い発言権を持つことを、次第に明らかにしている。この力強い動きがニューノーマ

ルの一部になりつつあることを、組織は念頭に置く必要がある。[8]

真の変革は民主的な行動から生まれるのであって、企業が独力でやり遂げることで生まれるのではない。経済活動を主体とする企業組織が、より公正で公平な持続可能な世界を実現するために政治的に道を切り開く、という考えを捨てる時が来たのだ。民主政治は、自分たちを統治する権利を自らが持つという究極の信念に基づいている。民主政治を再び第一義と見なし、経済を第二義に降格させる必要がある。ウォーク資本主義によって、資本主義組織が市民の道徳的・政治的生活をますます侵害するに従い、まったく逆の傾向が危険域に入りピークに達しているところを、わたしたちは目の当たりにしてきた。

企業がウォークになることは民主主義にとって有害だが、一般的な保守派は、ウォーク資本主義は資本主義経済システムにとって有害だと見なしている。ウォーレンが企業の社会的コミットメントの欠如について懸念を示したのに対し、ウォーク資本主義の批判者は一般に、大企業はそもそもそのようなコミットメントをする必要がないと指摘する。この観点からすると、企業が必ずしも信じていない、あるいは少なくとも信じるべきではない政治的姿勢を支持するように、左翼によって巧妙に取り込まれていたということになる。この観点をよく表しているのが、オンラインマガジンの『クイレット』に寄稿したヴィンセント・ハリナムの記事である。彼は、ウォーク資本主義は「左派アクティビストの標的」にされた企業による反応であると主張した。ハリナムによれば、企業にとっては次のようになる。

> ウォークになることは、さもなければ税金やボイコットで破滅する人たちをなだめるための戦略的決断である。したがって、ウォーク資本主義とは企業保護主義なのである。それは、左派アクティビストの利益破壊の斧から逃れるための、財政的な刑執行停止である。［……］左派アクティビスの怒りが鎮まり、顧客は企業の社会的責任へのコミットメントに安心するのである。[9]

この説明によれば、意志薄弱な企業は、危険な社会主義者をなだめようとしている、なだめなければ社会主義者が何をしでかすかわからないと恐れているからだ、ということになる。それ以外に、企業の美徳シグナリングは、自分たちの商業活動に専念すべきときに政治的活動に関わる企業の兆候だという意見が、反動的な識者からよく聞かれる。*Corporate Virtue Signalling*（『企業の美徳シグナリング』、未邦訳）[10]の著者であるジェレミー・サマットの主張は、その好例である。彼は、大企業が「政治に首を突っ込んでいる」、とくに進歩的な政治に干渉しているので、それをやめるべきだと主張する。それは、ＣＥＯが株主の資金を使って、本来ビジネスが重視すべきこととは無関係な目的を追求しているということだからだ。ハリナムと同様にサマットも、彼の言によれば「『企業左翼』によるビジネスの乗っ取り」を恐れている。この論理によると、

「企業のビジネスがビジネスであり続ける」ように努力すべきだということになる。(11)

本質的には、2つの対立する立場がある。ひとつは、エリザベス・ウォーレンのような左派リベラルの立場から、企業は株主のことだけを考えるのではなく、社会の幅広い利益を純粋に、誠実に支援すべきだという意見に同意する立場である。もうひとつは、伝統的な右派の立場から、企業は純粋に経済的実体であるべきで、社会的・政治的問題に直接干渉すべきではないと考える立場だ。本書は第三の立場をとっている。すなわち、表面上はどうであれ、企業の進歩的政治への関与は民主主義を害し、実際には進歩を妨げているという見方だ。つまり、ウォーク資本主義に批判的であるということは、進歩的な政治を否定する必要があるということだ。ウォーク資本主義の現実に気づくということは、資本主義的企業が追求することを望む、あるいは追求することができる主要な利益に対して、ウォーク資本主義が根本的な真の変化を示していると信じ込まないことである。ウォーク資本主義が実際にもたらす影響は、左派アクティビストが大企業からの支援を勝ち取ることではない。不平等を悪化させ、独裁的ポピュリズムを煽り、気候危機の深刻化を傍観してきた、支配的な新自由主義の世界秩序に対して、根本的改革を行わないようにすることなのだ。

ウォーク資本主義を美徳シグナリングの一例として片付けることは、ウォーク資本主義がもたらしかねない本当の損害を真剣に受け止めないことになるので、逆効果である。企業の進歩性を表面的で不誠実なビジネス慣行として笑い飛ばせば、その真の力をすっかり過小評価することになる。これは、単に「ウォークになれ、さもなくば破滅だ」という信条が想定するような、短期的な収益性の話ではない。ウォークになるとは、市場資本主義が過去40年間に歩んできた軌跡を、確実に継続させるということである。ウォーク資本主義とは、経済と政治の現状を維持し、批判を鎮めるための戦略である。エリザベス・ウォーレンがビジネス・ラウンドテーブルに責任があるとしたのは正しいが、彼女が考慮しなかったのは、ステークホルダーに基づく企業の社会的目的についての議論と実践が、それが成功した場合にはとくに、反進歩的な影響を広範に及ぼすということである。ヘレン・ルイスが『アトランティック』誌の記事で述べているように、企業が進歩的姿勢をとる場合は一般に、経済的にラディカルな問題ではなく、社会的にラディカルな問題に取り組んでいることは注目に値する。ルイスが指摘しているのは、社会的影響をもたらす政治的変化と、構造的・経済的変化をもたらす変化との区別である。彼女は次のような例を挙げている。

> 同一賃金は経済的にラディカルである。女性やマイノリティのＣＥＯを初めて採用することは、社会的にラディカルである。ダイバーシティ・トレーニングは、せいぜい社会的にラディカルである。公営住宅の入居者に可燃性の被覆材で覆われていない住宅を提供することは、経済的にラディカルである。大学の建物の名前を変えることは、社会的にラディカルである。黒人学生の入学率５％を改善することは——おそらくは、卒業生の親族を優先させるレガシ

ー入学制度という、おかしなシステムをなくすことによって――経済的にラディカルだろう。[12]

ルイスが明確にする区別は、ウォークな企業のための青写真を示している。企業権力の維持は、経済的ラディカリズムを完全に回避しながら、社会的ラディカリズムに少しばかり関わることによってもたらされると、ルイスは主張する。ウォークな企業のえせ政治的アジェンダが、最低賃金や、積極的な法人税の最小化、所得と富の再分配、あきれるほど高額な役員報酬、経済的不平等の拡大などに踏み込めない理由も、これで説明がつくだろう。それどころか、企業の利益を脅かすような政治は、何としても避けなければならないとされる。

政治と企業の利益

これは、ウォーク資本主義によく見られる一面を示している。いくら耳に心地よい、道徳的な信念があっても、企業は自らの財政を損ねるような政治に関与することはできない。２０１９年に、わたしたちはこれを物語る例を目の当たりにした。ナショナル・バスケットボール・アソシエーション（ＮＢＡ）が中国政治と米中関係に巻き込まれたときのことだ。香港では、２０１９年の大半を通して、数十万人が路上に集結する大規模な抗議デモが行われていた。彼らは、北京政府に科された制裁に直面して、香港における民主主義の維持を要求していた。[13]民主主義を支持する抗議デモは世界中のメディアで報道され、警察の暴行や警察とデモ隊の激しい衝突の映像が世界中に中継された[14]。

抗議デモが行われるさなか、２０１９年10月4日、ＮＢＡのヒューストン・ロケッツのゼネラルマネージャー、ダリル・モーリーが、ツイッターで抗議デモ参加者を応援するツイートをした。彼のツイートには、「自由のために闘おう。香港とともに立ち上がろう」というスローガンが書かれた画像が含まれていた。モーリーの意見は、アメリカのＮＢＡファンの間ではほとんど物議を醸さず、その後多くの人たちは、香港のデモを支持する横断幕を掲げたりＴシャツを着るなどして、アリーナで観戦した。ＮＢＡが政治的姿勢を示すことも厭わないことは、もちろん、アメリカではよく知られている。当時、ＮＢＡが民主化推進や反人種差別活動を支持していたことに対して、ドナルド・トランプの怒りを買ったこともあった。２０２０年のＮＢＡファイナルが行われていたときには、「ＮＢＡは政治的になりすぎて、誰もＮＢＡを気にしなくなった」とトランプは言い張った[15]。このときトランプが問題視していたのは、ＮＢＡのスーパースター、レブロン・ジェームズが米国民主党を支持し、ＮＢＡがテレビ放送を通じて社会正義のメッセージを発信することだった。

ところが、ダリル・モーリーのときは、こうした支援は見当たらなかった。モーリーのツイートは、単純であるために、中国国内で決定的な批判を招くことになった。単なる舌戦にとどまらなかった。このツイートを受けて、中国バスケットボール協会は公式声明を発表した。「中国バスケットボール協会は、ダリル・モーリーの不適切な発言に強く反対し、チームとの交流と協力の停止を決定しました」。次に、中国中央電視台（ＣＣＴＶ）ネットワークは、ロケッツの試合の放送を禁止した。商業的・経済的な影響は甚大で、ＮＢＡは急いでダメージコントロールに乗り出した[16]。

モーリーのツイートからわずか2日後、ＮＢＡは、40億ドル以上とも言われる中国でのビジネス利益を守るという名目で行動を起こした。ＮＢＡは次のような声明を発表した。

> ヒューストン・ロケッツのゼネラル・マネージャーであるダリル・モーリーが表明した見解が、中国の多くの友人やファンを大変不快にさせたことを、遺憾に思っています。［……］わたしたちは、中国の歴史と文化に大きな敬意を抱いており、スポーツとＮＢＡが文化の隔たりを橋渡しし、人々をひとつにする求心力として使われることを望んでいます[17]。

アメリカ国内では、ＮＢＡと中国の両者とも大きな非難を浴びた。中国はその経済力を使って批判や異論を封じ込め、ＮＢＡは価値観よりも利益を優先させたからだ[18]。ウォーク資本主義の限界も露呈した。政治的大義も政治的姿勢も、それが利益に悪影響を与える場合は、支援されないのだ。

レブロン・ジェームズは、香港のかつてのファンから、中国の人権について発言する覚悟がないという理由で、悪役のように見られるようになった。彼に対する抗議デモまで起こり、彼のNBAユニフォームのレプリカが燃やされ、「香港人の命も大切だ」(Hong Kong lives also matter)との声も上がった。[19] ジェームズがナイキと10億ドルのエンドースメント契約を結んでおり、中国政府の不興を買って中国での売上に損害を与えるわけにはいかないことを忘れてはいけない。ある香港の市民はこう語る。

> レブロンがアメリカの基本的価値観よりも中国の人民元をずっと重視していることがわかった。レブロンには言論の自由があり、どんな問題についても発言する権利がある。けれども、モラルある発言ができず、自らを自由の戦士と呼ぶことができないなら、彼は中国と香港について何も語るべきではない。[20]

NBAと中国の騒動ではっきりしたのは、いざというときには、ウォークな資本家にとって第一の動機は経済であり、政治はそれが経済を支える場合にしか価値がないということだった。ウォーク資本主義とは、つまるところ、大企業とその受益者の権力や影響力、繁栄を維持すること、そして、ウォーク資本主義が繁栄する資本主義市場経済を確実に維持することに関連するものなのである。現実には、新自由主義が煽った社会・環境・経済の諸問題に対処する意志も能力も、企業にはない。不平等、差別、気候変動などの問題は、その代表的なものである。本書の中核をなすメッセージを挙げるとすれば、ウォーク資本主義が不平等の現状を維持しようとする策略である、というだけではない。ウォーク資本主義に抵抗しよう、騙されないようにしようという呼びかけでもあるのだ。

　わたしたちは、ブラック・ライヴズ・マター運動で生まれた「ウォーク」（woke）という言葉の本来の意味に立ち戻るべきだ。その本来の意味からすれば、ウォークであることは非常に民主的な考えである。テハマ・ロペス・ブニャシとキャンディス・ワッツ・スミスが共著 *Stay Woke: A People's Guide to Making All Black Lives Matter*（『ブラック・ライヴズ・マターの手引』、未邦訳）で述べているように、ウォークでいることには、2つの主要な要素が含まれる。第一に、「人種差別の事実と、人種間の不平等を（再び）生み出す仕組みについての知識を持つこと」である。しかし、それだけでは十分ではない。その「知識を、人種間の不平等の問題を根絶するために使う」ことも必要になる。[21] 対照的に、これまで述べてきたように、ウォークであることという意味は、残念なことに、道徳的正義の不誠実で利己的な表れという意味へと歪められてきた。これが資本主義に適用されると、ウォークという言葉は、経済的自己利益の追求に政治を利用する企業を、軽蔑を込めて指すか、企業が騙されて進歩的な政治的大義を支持していると中傷する意味になりがちである。しかし、ウォークでいることがどういうことかという、本来の民主的な衝動を保つならば、ブラック・ライヴズ・マター運動による貴重で重要な教訓から得られる別の意味もあるだろう。

ブラック・ライヴズ・マターがとったアプローチは、人種間の不平等や暴力にどう対処すべきかという指針となるだけではない。資本主義が、他の何よりも株主価値を自由奔放に追求することが許されてきたという、さらに幅広く入り組んだ現実にどう対処すべきかという指針ともなる。民主主義の意味が、万人のための自由、正義、繁栄の共有を継続的に追求することにある限り、甚だしい不平等と環境破壊は、民主主義の意味そのものに対し真っ向から投げつけられた侮辱である。わたしたちは、このような民主主義の世界ではなく、階級、地政学、性別、人種に沿った支配体制を特徴とする世界で生きている。これは、民主主義の形式的制度だけではなく、協調、社会的平等、公平、参加、人民を代表する政府を原則的価値観とする、生活様式としての民主主義に関わることである。

新自由主義経済の秩序は民主主義の価値観と明らかに矛盾し、富と所得の不平等を拡大し続け、少数富裕層の利益のための権力行使を永続させる、ウォーク資本主義にまで至らしめた。また、わたしたちの産業システムは環境を破壊し、この世界を将来の世代にとってますます住みにくいところにしている。ウォーク資本主義はその建前とは裏腹に、こうした問題に取り組むことはない。それどころか、問題を悪化させ隠蔽しようとしている。今こそ、ウォーク資本主義から目を覚ます《ウォーク》ときである。その特徴と政治的影響に気づくときである。すべての人のために世界を平等と正義の道へと導くためにも、介入するときである。

謝辞

何よりもまず、エオラ・ネイションのガディガル族の土地で暮らし、働いていることを謹んで認め、感謝したいと思う。ガディガル族の人々は、自分たちの住む土地に深い知識を持ち、何千世代にもわたってそのコミュニティや土地、水を大切にしてきた。わたしは彼らの祖先と長老たちに敬意を表し、この土地の先住者として彼らの立場を尊重する。

本書の執筆にあたり、友人や同僚たちに大いに助けられた。彼らは時間を割いて原稿に目を通し、意見を寄せてくれた。とくに、ダリル・アデア、マイケル・バデリー、ピーター・ブルーム、アラン・ブラッドショー、トム・カルバード、ピーター・フレミング、ジョエル・ヒエタネン、ワル・ジャーヴィス、ケイト・ケニー、セリーナ・マキューエン、デイヴ・ミケイルク、ジャネット・ペイジ、アリソン・プーレン、ロビン・クイギン、ガビー・ラミア、レオナ・タム、ナリーン・ヤングに感謝の意を表したい。

また、ブリストル大学出版会のシニア・エディターであるポール・スティーブンには大変お世話になった。編集作業の過程で力を尽くしてくれただけではなく、常に励まし、サポートを惜しまず、このプロジェクトへの個人的な関心を示してくれた。

本書を執筆する間に、アラン・ブラッドショーとジョエル・ヒエタネンのクアランティンド・マーケット・ポッドキャストで、主なアイデアについて議論する機会を得た。その議論は、彼らの著書 *The Dictionary of Coronavirus Culture*（Repeater Books、2020）のなかでひとつの章としてまとめられた。ウォーク資本主義という現象についてわたしの考えを発展させる機会を与えてくれたアランとジョエルに感謝する。

また同様の機会は、『オーストラリアン』紙の編集長ヘレン・トリンカとの会話からも生まれた。ヘレンの好奇心と洞察に満ちた質問は、早い時点で主要な論点を明確にする機会を与えてくれた。ありがたいことに、彼女がこの会話についてまとめた「〝ウォーク資本主義〟への新たな挑戦」という記事が、２０２０年5月26日の『オーストラリアン』紙に掲載された。

執筆が進むにつれ、ウォーク資本主義と大きな政治的出来事との関連性を探る論説記事5本を発表する機会にも恵まれた。最初の記事では、オーストラリアに大きな被害を与えた２０２０年初頭の山火事に企業がどう対応したか、それが気候変動に対する世論の変化にどう反映したかを検証した。２０２０年1月18日にＡＢＣニュースで発表されたこの記事のタイトルは、「企業がウォーク資本主義を支持するとき、それは気候変動対策が主流になったことを意味する」だった。2本目の記事は、２０２０年4月1日に『コモン・ドリームズ』に掲載された「ウォーク資本主義は今どこに？」というタイトルで、パンデミックの初期に生じた社会的影響に企業がどのように対応してきたか――正確に言えば、対応してこなかったか――を探っている。3本目は、

2020年6月11日に『インディペンデント・オーストラリア』に掲載された「COVID-19に対するモリソン政権の反民主主義的対応」という記事だった。この記事は、オーストラリア政府が新型コロナの問題にどのように対処したか、なぜそれが危険なほどエリート主義的・権威主義的な政治を反映していたのかについて考察した。

2020年8月25日に4本目の記事「狼の皮を被ったウォークネスに騙されるな──世界の億万長者がCOVID-19でいかに儲けているか」を『コモン・ドリームズ』に発表した。この記事では、彼らの進歩的な言葉とは裏腹に、世界の億万長者たちがパンデミックで儲けていること、その一方であまりにも多くの労働者の経済的福利と安全に打撃が与えられていることについてまとめた。

最後に、2021年1月14日の『インディペンデント・オーストラリア』に「パンデミックで暴利をむさぼる者たちが政治権力を得るためにウォークになる」が掲載された。この記事では、2021年までに世界有数の富裕層が巨額の慈善事業の誓約を行ったこと、そしてこの見かけの寛大さが、政治権力を求める動きを隠していることについて考察している。

こうした記事を掲載してくれた各報道機関の編集者たちに感謝する。おかげで、重要なフィードバックを得ることができ、そのアイデアを本書に反映することができた。

WOKE CAPITALISM
「意識高い系」資本主義が民主主義を滅ぼす

2023年4月27日　第1刷発行
2023年7月18日　第2刷発行

著　者――カール・ローズ
解説者――中野剛志
訳　者――庭田よう子
発行者――田北浩章
発行所――東洋経済新報社
〒103-8345　東京都中央区日本橋本石町 1-2-1
電話＝東洋経済コールセンター　03(6386)1040
https://toyokeizai.net/

装　丁………秦　浩司
D T P………アイランドコレクション
印　刷………図書印刷
編集協力……パプリカ商店
編集担当……渡辺智顕
Printed in Japan　　ISBN 978-4-492-44474-0

[著者紹介]

カール・ローズ

シドニー工科大学組織論教授。主な研究テーマは、企業が市民や市民社会からその行動に対してどのように責任を問われ、また問われるべきかに関すること。この研究は、社会における企業の役割を批判的に問い直し、繁栄を皆で分かち合えるようにすることを目的とする。倫理、政治、経済について、主流派や独立系の新聞に定期的に寄稿している。著者の記事は、『ファスト・カンパニー』『ビジネスインサイダー』『ガーディアン』『コモン・ドリームズ』『カンバセーション』などで読むことができる。近著に*CEO Society: The Corporate Takeover of Everyday Life*（Zed Books, 2018, with Peter Bloom）、*Disturbing Business Ethics*（Routledge, 2019）がある。著書はこれまで、中国語、オランダ語、ハンガリー語、イタリア語、韓国語、ポーランド語、スペイン語、トルコ語に翻訳されている。

[解説者紹介]

中野 剛志（なかの たけし）

評論家。1971年、神奈川県生まれ。元・京都大学大学院工学研究科准教授。専門は政治経済思想。1996年、東京大学教養学部（国際関係論）卒業後、通商産業省（現・経済産業省）に入省。2000年よりエディンバラ大学大学院に留学し、政治思想を専攻。2001年に同大学院より優等修士号、2005年に博士号を取得。2003年、論文“Theorising Economic Nationalism”（Nations and Nationalism）でNations and Nationalism Prizeを受賞。著書に山本七平賞奨励賞を受賞した『日本思想史新論』（ちくま新書）、『TPP亡国論』（集英社新書）、『世界インフレと戦争』（幻冬舎新書）、『国力論』（以文社）、『富国と強兵――地政経済学序説』（東洋経済新報社）、『変異する資本主義』（ダイヤモンド社）などがある。

[訳者紹介]

庭田よう子（にわた ようこ）

翻訳家。慶應義塾大学文学部卒業。主な訳書に、ヤーデン・カッツ『AIと白人至上主義』（左右社）、ダニエル・リー『SS将校のアームチェア』（みすず書房）、ヨラム・ハゾニー『ナショナリズムの美徳』（東洋経済新報社）などがある。

原注

第1章

1. Kelley, W.M. (1962) If you're woke you dig it; no Mickey Mouse can be expected to follow today's Negro idiom without a hip assist. If you're woke you dig it, *The New York Times*, 20 May.
2. *Oxford English Dictionary* (2017) New words notes June. https://public.oed.com/blog/june-2017-update-new-words-notes
3. Kelley (1962) p. 46.
4. Ellen, B. (2019) It's easy to mock eco-celebs. Better to give them the benefit of the doubt, *The Guardian*, 3 August. www.theguardian.com/commentisfree/2019/aug/03/easy-to-mock-eco-celebs-better-to-give-them-benefit-of-doubt
5. Eloise, M. (2021) A guide to spotting and avoiding 'wokefishing' in dating, *Cosmopolitan*, 8 January. www.cosmopolitan.com/uk/love-sex/relationships/a34795394/wokefishing
6. Smith, S. (2020) Have you been 'wokefished' while dating? Here's how to tell, VICE, 28 July. www.vice.com/en_uk/article/889daa/what-is-wokefishing-dating
7. Binyam, M. (2016) Watching the Woke Olympics, *The Awl*, 5 April. www.theawl.com/2016/04/watching-the-woke-olympics
8. Anon (2020) Once Prince Harry was the life and soul of the party, so how did he go from a fun loving bloke ... to Prince of Woke?, *The Daily Mail*, 9 January. www.dailymail.co.uk/news/article-7866757/Prince-Harry-went-fun-loving-bloke-Prince-Woke.html
9. Adam, K. (2019) British radio host fired for racist tweet comparing Archie Harrison to a chimp, *The Washington Post*, 9 May. wwwashingtonpost.com/world/2019/05/09/british-radio-host-fired-tweet-comparing-royal-baby-archie-harrison-chimp
10. Ruiz, M. (2019) The Meghan Markle tabloid 'pile-on'—and how to fix it, *Vanity Fair*, 5 April. www.vanityfair.com/style/2019/04/meghan-markle-tabloids-racism-sexism
11. イギリス王室 (2016) 11月8日、ハリー王子広報担当者による声明 www.

royal.uk/statement-communications-secretary-prince-harry
12. Weatherby, B. (2019) Eamonn Holmes calls Meghan Markle 'spoilt, weak, woke and manipulative' in scathing rant, *Evening Standard,* 11 November. www.standard.co.uk/news/uk/eamonn-holmes-meghan-markle-royals-sussex-a4331791.htmlに言及がある。
13. Morgan, P. (2020) Why the Queen must FIRE Their Royal Hustlers: deluded Meghan and Harry should be stripped of their titles before this pair of grasping, selfish, scheming Kardashian-wannabes bring down the monarchy, *The Daily Mail,* 9 January. www.dailymail.co.uk/debate/article-7868371/PIERS-MORGAN-Queen-FIRE-Royal-Hustlers.html
14. *The Sun* (2020) Prince Harry and Meghan Markle's obnoxious behaviour betrays royalty and abuses the generosity and goodwill of taxpayers, The Sun Says, 9 January. www.thesun.co.uk/news/10708941/prince-harry-meghan-markles-obnoxious-behaviour-betrays-royalty-taxpayers
15. Friday, F. (2017) The social causes that united Prince Harry and Meghan Markle, *The Observer,* 29 November. https://observer.com/2017/11/the-social-causes-that-united-prince-harry-and-meghan-markle
16. ABC News (2019) Former US president Barack Obama urges 'politically woke' to get over themselves, ABC News, 31 October. www.abc.net.au/news/2019-10-30/barack-obama-on-being-woke-donald-trump-us-president/11655790に言及がある。
17. Haiphong, D. (2019) Obama condemns 'call out culture' despite being its biggest beneficiary, Black Agenda Report, 13 November. https://blackagendareport.com/obama-condemns-call-out-culture-despite-being-its-biggest-beneficiary
18. Berkowitz, J. (2019) Gillette responds to the backlash against its woke viral ad, *Fast Company,* 17 January. www.fastcompany.com/90293402/gillette-responds-to-the-backlash-against-its-woke-viral-ad
19. Ben and Jerry's website (2020) The art of Pecan Resist: a Q&A with Favianna Rodriguez. www.benjerry.com/flavors/pecan-resist-ice-cream
20. Gutfeld, G. (2019) Gutfeld on Ben & Jerry's new flavor, Fox News, 31 October. www.foxnews.com/opinion/gutfeld-on-ben-jerrys-new-flavor
21. Demopoulos, A. (2018) More men are wearing stilettos—if they can find

their size, Daily Beast, 3 October. www.thedailybeast.com/more-men-are-wearing-stilettosif-they-can-find-their-size

22. Grabowski, M. (2017) Adidas and Reebok should avoid politicizing sports, *Washington Examiner*, 17 January. www.washingtonexaminer.com/adidas-and-reebok-should-avoid-politicizing-sports
23. Klein, P. (2021) Republicans should oppose corporate favors in general, not just as retribution against woke capitalism, *National Review*, 8 April. www.nationalreview.com/corner/republicans-should-oppose-corporate-favors-in-general-not-just-as-retribution-against-woke-capitalism
24. Dreher, R. (2019) Woke capitalism is our enemy, *The American Conservative*, 22 April. www.theamericanconservative.com/dreher/woke-capitalism-is-our-enemy
25. Friedman, M. (1970) The social responsibility of business is to increase its profits, *The New York Times Magazine*, 13 September.
26. Pritchett, J.L. and Tiryakian, E. (2019) Milton Friedman was right on corporate guidance, and 'woke' CEOs ignore him at shareholder peril, Foundation for Economic Education, 26 August. https://fee.org/articles/milton-friedman-was-right-on-corporate-guidance-and-woke-ceos-ignore-him-at-shareholders-peril
27. 次を参照。Barkan, J. (2013) *Corporate sovereignty: Law and government under capitalism*, Minneapolis: University of Minnesota Press; and Mikler, J. (2018) *The political power of global corporations*, London: Polity.
28. Piketty, T. (2013) *Capital in the twenty-first century*, Cambridge: Harvard University Press（『21世紀の資本』トマ・ピケティ著、山形浩生／守岡桜／森本正史訳、みすず書房、2014年）; Alvaredo, F., Chancel, L., Piketty, T., Saez, E. and Zucman, G. (2018) *World inequality report 2018*, Paris: World Inequality Lab（『世界不平等レポート2018』ファクンド・アルヴァレド／ルカ・シャンセル／トマ・ピケティ／エマニュエル・サエズ／ガブリエル・ズックマン編集、徳永優子／西村美由起訳、みすず書房、2018年）; United Nations (2020) *World social report 2020: Inequality in a rapidly changing world*, New York: UN Department of Economic and Social Affairs, United Nations.
29. Lewis, H. (2020) How capitalism drives cancel culture, *The Atlantic*, 14 July.

www.theatlantic.com/international/archive/2020/07/cancel-culture-and-problem-woke-capitalism/614086

30. Brown, W. (2015) *Undoing the demos: Neoliberalism stealth revolution*, New York: Zone Books. (『いかにして民主主義は失われていくのか——新自由主義の見えざる攻撃』ウェンディ・ブラウン著、中井亜佐子訳、みすず書房、2017年)
31. Whitehead, J.W. (2013) The age of neo-feudalism: a government of the rich, by the rich and for the corporations, *Huffington Post*, 30 March. www.huffpost.com/entry/the-age-of-neofeudalism_b_2566546
32. Stavrakakis, Y. (1997) Ambiguous democracy and the ethics of psychoanalysis, *Philosophy and Social Criticism*, 23 (2): 79–96.
33. Stavrakakis (1997) p. 80.

第2章

1. Richards, L. and Brew, N. (2020) 2019–20 Australian bushfires—frequently asked questions, Parliament of Australia website, 12 March. https://parlinfo.aph.gov.au/parlInfo/download/library/prspub/7234762/upload_binary/7234762.pdf
2. Arriagada, N.B., Palmer, A.J., Bowman, D., Morgan, G.G., Jalaludin, B.B. and Johnston, F.H. (2020) Unprecedented smoke-related health burden associated with the 2019–20 bushfires in eastern Australia, *The Medical Journal of Australia*, 213 (6): 282–283.
3. Gunia, A. and Law, T. (2020) At least 24 people and millions of animals have been killed by Australia's bushfires, *Time*, 7 January. https://time.com/5758186/australia-bushfire-size
4. Australia Associated Press (2020) Smoke from Australia's fires reaches Chile, *The Canberra Times*, 7 January. www.canberratimes.com.au/story/6569408/smoke-from-australias-fires-reaches-chile/?cs=14232
5. Earle, S. (2020) Are Australia's bushfire's our future?, *New Statesman*, 9 September. www.newstatesman.com/australias-bushfires-future-climate-change
6. Shine, J. (2020) Statement regarding Australian bushfires, Australian Academy of Science, 10 January. www.science.org.au/news-and-events/news-and-media-releases/statement-regarding-australian-bushfires

7. NSW Government (2020) *Final Report of the NSW Bushfire Inquiry*, Sydney: NSW Government.
8. Barr, S. (2019) Climate strike 2019: when are the global protests and how can you take part?, *The Independent*, 27 September. www. independent.co.uk/life-style/global-climate-strike-september-protests-when-where-london-sydney-greta-thunberg-a9111931.html
9. Noyes, J. and Chysanthos, N. (2019) Global climate strike LIVE: Australian school students march to protest climate change, *The Sydney Morning Herald*, 20 September. www.smh.com.au/national/global-climate-strike-live-australian-school-students-march-in-protest-of-climate-change-20190920-p52t70.html
10. Murphy, K. (2019) Morrison responds to Greta Thunberg by warning children against 'needless' climate anxiety, *The Guardian*, 25 September. www.theguardian.com/australia-news/2019/sep/25/morrison-responds-to-greta-thunberg-speech-by-warning-children-against-needless-climate-anxiety に引用あり。
11. DFAT (2020) *Composition of trade Australia 2018–2019*, Canberra: Australian Government Department of Foreign Affairs and Trade, January. www.dfat.gov.au/sites/default/files/cot-2018-19.pdf
12. Hamilton, C. (2017) That lump of coal, *The Conversation*, 15 February. https://theconversation.com/that-lump-of-coal-73046
13. Athayle, H. (2019) Woke capitalism and its impact on social movements, *Medium*, 7 February. https://medium.com/@hrishikeshathalye/woke-capitalism-and-its-impact-on-social-movements-50629eb85a0
14. Nolan, E. (2020) Tucker Carlson attacks 'woke' companies donating to fight racial injustice, *Newsweek*, 17 June. www.newsweek.com/tucker-carlson-attacks-companies-donating-fight-racial-injustice-1511451
15. Kirby, J. (2020) Welcome to the era of woke capitalism, *Maclean's*, 19 February. www.macleans.ca/economy/welcome-to-the-era-of-woke-capitalism
16. Remeikis, A. and Taylor, J. (2020) 'There is no link': the climate doubters within Scott Morrison's government, *The Guardian*, 16 January. www.theguardian.com/australia-news/2020/jan/16/there-is-no-link-the-climate-doubters-within-scott-morrisons-government

17. Readfern, G. (2018) Gina Rinehart company revealed as $4.5m donor to climate sceptic thinktank, *The Guardian*, 21 July. www. theguardian.com/business/2018/jul/21/gina-rinehart-company-revealed-as-45m-donor-to-climate-sceptic-thinktank
18. Kwan, B. and Bolger, R. (2020) Mining magnate Andrew 'Twiggy' Forrest has announced a $70 million donation to assist in bushfire recovery efforts, SBS News, 9 January. www.sbs.com.au/news/twiggy-forrest-clarifies-climate-stance-after-70-million-bushfire-donationに引用あり。
19. Turner, G. (2020) Philanthropy, the Twiggy Forrest way, *Independent Australia*, 27 January. https://independentaustralia.net/politics/politics-display/philanthropy-the-twiggy-forrest-way,13532
20. Wilkinson Z. (2020) Tiffany & Co publishes an open letter to Scott Morrison calling for 'bold and decisive climate action', *Mumbrella*, 13 January. https://mumbrella.com.au/tiffany-co-publishes-an-open-letter-to-scott-morrison-calling-for-bold-and-decisive-climate-action-612807で参照されている。
21. ここでは著者自身が次で行った考察を引用している。: Rhodes, C. (2020) When corporations back woke capitalism it means climate change action has gone mainstream, ABC News, 18 January. www.abc.net.au/news/2020-01-18/woke-capitalism-a-barometer-for-changing-public-attitudes/11875996?view=invalid
22. Bates, R. (2020) Tiffany places ads calling for climate action in Australia, JCK, 13 January. www.jckonline.com/editorial-article/tiffany-places-climate-action-adsに引用あり。
23. *The Daily Telegraph* (2020) Posh mineral retailer goes woke, 11 January. www.dailytelegraph.com.au/blogs/tim-blair/posh-mineral-retailer-goes-woke/news-story/fe4c5da06a2c5bfe2bc6ab8a69534714
24. Sky News (2020) Tiffany and Co try to profit from bushfire tragedy, 15 January. www.skynews.com.au/details/_6122717154001
25. In Powell, D. and Johanson, S. (2020) Business Council of Australia hits back as pressure mounts on climate change, *Brisbane Times*, 14 January. www.brisbanetimes.com.au/business/companies/business-council-faces-criticism-over-regressive-climate-change-policy-20200114-p53raa.html
26. Powell, D., Loussikian, K. and Johanson, S. (2020) Mining giant Rio Tinto

pressures BCA on climate as more members depart, *The Sydney Morning Herald*, 17 January. www.smh.com.au/business/companies/mining-giant-rio-tinto-pressures-bca-on-climate-as-more-members-depart-20200116-p53ryr.html
27. Lind, M. (2020) *The New Class War: Saving Democracy from the Managerial Elite*, New York: Penguin.
28. World Economic Forum (2020) World Economic Forum Annual Meeting, www.weforum.org/events/world-economic-forum-annual-meeting-2020
29. Wu, T. (2020) The revolution comes to Davos, *The New York Times*, 23 January. www.nytimes.com/2020/01/23/opinion/sunday/davos-2020-capitalism-climate.html
30. Burke-White, W. (2020) The World Economic Forum deserves criticism, but we need it now more than ever, Brookings Institution, 28 January. www.brookings.edu/blog/order-from-chaos/2020/01/28/the-world-economic-forum-deserves-criticism-but-we-need-it-now-more-than-ever
31. ここで示したウォーク資本主義と新型コロナの考察については、次に掲載されている。Rhodes, C. (2020) Where are the woke capitalists now?, *Common Dreams*, 1 April. www.commondreams.org/views/2020/04/01/where-are-all-woke-capitalists-now; Rhodes, C. (2020) Don't be fooled by a wolf in woke clothing: how the world's billionaires are cashing in on Covid-19, *Common Dreams*, 25 August. www. commondreams.org/views/2020/08/25/dont-be-fooled-wolf-woke-clothing-how-worlds-billionaires-are-cashing-covid-19
32. Team, T. (2020) Why BlackRock's strong stock rally isn't over yet, *Forbes*, 31 July. www.forbes.com/sites/greatspeculations/2020/07/31/blackrocks-stock-has-rallied-76-over-recent-months-can-it-grow-more/#b3319f02b8fe
33. Dreher, R. (2019) Woke capitalism is our enemy, *The American Conservative*, 22 April, www.theamericanconservative.com/dreher/woke-capitalism-is-our-enemy
34. Gregg, S. (2019) How woke capitalism corrupts business, *Public Discourse*, 2 October. www.thepublicdiscourse.com/2019/10/56675
35. Gasparino, C. and Moynihan, L. (2019) BlackRock's Larry Fink rattles employees amid political posturing, Fox Business, 25 January. www.foxbusiness.com/business-leaders/blackrocks-larry-fink-rattles-employees-amid-political-

posturing
36. Bartleby (2019) Companies can appeal to workers and consumers with liberal messages, *The Economist*, 26 January. www.economist.com/business/2019/01/26/companies-can-appeal-to-workers-and-consumers-with-liberal-messages
37. Carney, J. (2019) BlackRock's betrayal: #woke wall street pushes leftist agenda on corporate America, Breitbart, 16 January. www.breitbart.com/politics/2018/01/16/blackrocks-betrayal-woke-wall-street-pushes-leftist-agenda-on-corporate-america
38. Gregg (2019).
39. Abad-Santos, A. (2018) Nike's Colin Kaepernick ad sparked a boycott–and earned $6 billion for Nike, *Vox*, 24 September. www.vox.com/2018/9/24/17895704/nike-colin-kaepernick-boycott-6-billion
40. Nike News (2020) COVID-19 response efforts, 1 October. https://purpose.nike.com/covid-19-response-efforts
41. Day One Team (2020) Amazon donates over £3M to relief organizations in the UK to support those impacted by the COVID-19 crisis, *The Amazon Blog*, 27 March. https://blog.aboutamazon.co.uk/in-the-community/amazon-donates-over-3m-to-relief-organisations-in-the-uk-to-support-those-impacted-by-the-covid-19-crisis
42. Neate, R. (2019) New study deems Amazon worst for 'aggressive' tax avoidance, *The Guardian*, 2 December. www.theguardian.com/business/2019/dec/02/new-study-deems-amazon-worst-for-aggressive-tax-avoidance
43. Beer, J. (2020) Brands from Heinz to Netflix are donating to COVID-19 relief. How you can join them, *Fast Company*, 21 March. www.fastcompany.com/90480388/brands-from-heinz-to-netflix-are-donating-to-covid-19-relief-how-you-can-join-them
44. Blumenthal, E. (2020) Mark Zuckerberg's Chan Zuckerberg Initiative to give $25M to fight COVID-19, CNET, 27 March. www.cnet.com/news/mark-zuckerbergs-chan-zuckerberg-initiative-to-donate-25-million-to-fight-covid-19
45. Thomas, L. (2020) Nike shares rise as pandemic fuels sneaker maker's online growth, annual revenue outlook gets a boost, CNBC, 18 December. https://www.cnbc.com/2020/12/18/nike-nke-reports-q2-fiscal-2021-earnings-sales-

beat.html

46. CNNWire (2021) America's billionaires have grown $1.1 trillion richer during the pandemic: Report, ABC11, 27 January. https://abc11.com/mark-zuckerberg-jeff-bezos-elon-musk-billionaires/10057605
47. Nocetti, D.C. and Echazu, L. (2020) Americans may be willing to pay $5 trillion to stop the spread of the coronavirus and save lives, *The Conversation,* 14 May. https://theconversation.com/americans-may-be-willing-to-pay-5-trillion-to-stop-the-spread-of-the-coronavirus-and-save-lives-137569
48. L. Hildyard quoted in Neate, R. (2020) Call for super-rich to donate more to tackle coronavirus pandemic, *The Guardian,* 11 April. www.theguardian.com/news/2020/apr/11/call-for-super-rich-to-donate-more-to-tackle-coronavirus-pandemic
49. Rushe, D. (2020) Making billions v making ends meet: how the pandemic has split the US economy in two, *The Guardian,* 16 August. www.theguardian.com/us-news/2020/aug/16/us-inequality-coronavirus-pandemic-unemployment
50. Oxfam America (2020) Pandemic profits exposed, Oxfam media briefing, 22 July. https://assets.oxfamamerica.org/media/documents/Pandemic_Profiteers_Exposed.pdf
51. Oxfam America (2020), p. 1.
52. Woods, H. (2020) How billionaires got $637 billion richer during the coronavirus pandemic, *Business Insider Australia,* 3 August. www.businessinsider.com.au/billionaires-net-worth-increases-coronavirus-pandemic-2020-7?r=US&IR=T
53. Inequality.org (2020) Updates: billionaire wealth, US job losses and pandemic profiteers, 6 August. https://inequality.org/billionaire-bonanza-2020-updates
54. Neate, R. (2020) Billionaires' wealth rises to $10.2 trillion amid Covid crisis, *The Guardian,* 7 October. www.theguardian.com/business/2020/oct/07/covid-19-crisis-boosts-the-fortunes-of-worlds-billionaires
55. Yun, J. (2020) Covid-19 has worsened inequality. So why are shares higher than ever?, *Yahoo! Finance,* 12 August. https://au.finance. yahoo.com/news/covid19-inequality-shares-212319670.html
56. Hanley, S. (2020) BlackRock CEO calls for social justice in corporate culture,

CleanTechnica, 17 January. https://cleantechnica.com/2018/01/17/blackrock-ceo-calls-social-justice-corporate-culture

57. Brown, K. (2020) 5 global issues to watch in 2020, *United Nations Foundation*, 8 January. https://unfoundation.org/blog/post/5-global-issues-to-watch-in-2020
58. Business Roundtable (2019) Statement on the Purpose of a Corporation, Business Roundtable, 19 August. https://opportunity.businessroundtable.org/wp-content/uploads/2020/03/BRT-Statement-on-the-Purpose-of-a-Corpora tion-with-Signatures.pdf
59. Newsome, S. (2020) Coronavirus bailouts will cost taxpayers hundreds of billions of dollars—unlike past corporate rescues that actually made money for the US Treasury, *The Conversation*, 27 April. https://theconversation.com/coronavirus-bailouts-will-cost-taxpayers-hundreds-of-billions-of-dollars-unlike-past-corporate-rescues-that-actually-made-money-for-the-us-treasury-136138; Inman, P. (2020) UK Covid-19 business bailouts have already cost more than £100bn, *The Guardian*, 1 May. www.theguardian.com/world/ 2020/apr/30/uk-coronavirus-business-bailouts-have-already-cost-more-than-100bn
60. Anon (2020) The pandemic shock will make big, powerful firms even mightier, *The Economist*, 28 March. www.economist.com/business/2020/03/26/the-pandemic-shock-will-make-big-powerful-firms-even-mightier

第3章

1. Sanneh, K. (2016) Godmother of Soul: Erykah Badu's expanding musical universe, *The New Yorker*, 18 April. www.newyorker.com/magazine/2016/04/25/erykah-badu-the-godmother-of-soul?verso=true
2. Ugwu, R. (2019) Erykah Badu helped define 'wokeness'. Now she's a target, *The New York Times*, 6 February. www.nytimes.com/2019/02/06/movies/eryk ah-badu-what-men-want.html
3. King Jr., M.L. (1965) Remaining awake through a great revolution [speech], The King Papers Project, Stanford: The Martin Luther King, Jr. Research and Education Institute.
4. Beckham, B. (1972) *Garvey Lives!*, Charlottesville, VA: University of Virginia.
5. Martin, T. (1976) *Race first: The ideological and organizational struggles of*

Marcus Garvey and the Universal Negro Improvement Association, Westport, CT: Greenwood Press.

6. Ransby, B. (2015) The class politics of Black Lives Matter, *Dissent*, 62 (4): 31–34.
7. Luscombe, R. (2012) Trayvon Martin case: new evidence includes video from night of shooting, *The Guardian*, 19 May. www.theguardian.com/world/2012/may/18/trayvon-martin-surveillance-video-zimmerman
8. Linder, D.O. (2020) The George Zimmerman trial: an account, Famous Trials, Kansas: The University of Missouri-Kansas City Law School. www.famous-trials.com/zimmerman1/2319-home
9. Bates, K.G. (2018) A look back at Trayvon Martin's death, and the movement it inspired, NPR, 31 July. www.npr.org/sections/codeswitch/2018/07/31/631897758/a-look-back-at-trayvon-martins-death-and-the-movement-it-inspired
10. Alvarez, L. and Buckley, C. (2013) Zimmerman is acquitted in Trayvon Martin killing, *The New York Times*, 13 July. www.nytimes.com/2013/07/14/us/george-zimmerman-verdict-trayvon-martin.html
11. Upright, E. and Fagenson, Z. (2013) Thousands take to streets to protest Trayvon Martin verdict, *Reuters*, 31 July. www.reuters.com/article/us-usa-florida-shooting/thousands-take-to-streets-to-protest-trayvon-martin-verdict-idUSBRE96T1AL20130730
12. Lewis, P. (2013) 'Trayvon Martin could have been me 35 years ago', Obama says, *The Guardian*, 20 July. www.theguardian.com/world/2013/jul/19/trayvon-martin-obama-white-house
13. In Goodman, A. (2013) Cornel West: Obama's response to Trayvon Martin case belies failure to challenge 'New Jim Crow', *Democracy Now*, 22 July. www.democracynow.org/2013/7/22/cornel_west_obamas_response_to_trayvon
14. Haiphong, D. (2016) The Obama legacy part iv: protecting the racist state, scorning Black America, Black Agenda Report, 26 July. https://blackagendareport.com/obama_legacy_iv_scorning_blacks
15. West, C. in Goodman (2013).
16. Johnson, G. (2016) The growth of #blacklivesmatter on social media, #Black-LivesMatter, 7 December. https://scalar.usc.edu/works/blacklivesmatter/the-

growth-of-blacklivesmatter-on-social-media?path=the-history

17. Chase, G. (2017) The early history of the Black Lives Matter movement, and the implications thereof, *Nevada Law Journal*, 18: 1091–1112.
18. Garza, A., Cullors, P. and Tometi, A. (2020) Herstory, Black Lives Matter. https://blacklivesmatter.com/herstory
19. Richardson, E. and Ragland, A. (2018) #StayWoke: the language and literacies of the #BlackLivesMatter movement, *Community Literacy Journal*, 12 (2): 27–56.
20. Pulliam-Moore, C. (2016) How 'woke' went from black activist watchword to teen internet slang, *Splinter*, 1 August. https://splinternews.com/how-woke-went-from-black-activist-watchword-to-teen-int-1793853989
21. Zimmer, B., Solomon, J. and Carson, C.E. (2017) Among new words, *American Speech*, 92 (2): 204–230, p. 206.
22. Zimmer et al (2017), p. 212.
23. Trudon, T. (2016) Say goodbye to 'on fleek', 'basic' and 'squad' in 2016 and learn these 10 words instead, MTV News, 1 May. www.mtv.com/news/2720889/teen-slang-2016
24. Blackman, M. (2015) Can we talk about how woke Matt McGorry was in 2015?, *Buzzfeed*, 17 December. www.buzzfeed.com/michaelblackmon/can-we-talk-about-how-woke-matt-mcgorry-was-in-2015#.mfdypXQdX
25. Brown, K. (2016) The wokest baes of January 2016, Jezebel, 2 January. https://jezebel.com/the-wokest-baes-of-january-2016-1755751157
26. Pulliam-Moore (2016).
27. Brooks, D. (2000) *Bobos in paradise: The new upper class and how they got there*, New York: Simon & Schuster. (『アメリカ新上流階級ボボズ――ニューリッチたちの優雅な生き方』デイビッド・ブルックス著、セビル楓訳、光文社、2002年)
28. Frank T. (1997) *The conquest of cool: Business culture, counterculture, and the rise of hip consumerism*, Chicago, IL: University of Chicago Press, p. 4.
29. Heath, J. and Potter, A. (2004) *The rebel sell: How the counterculture became consumer culture*, New York: HarperCollins.
30. Watson, E. (2018) The origin of woke: how Erykah Badu And Georgia Anne Muldrow sparked the 'stay woke' era, *Okayplayer*, 27 February. www.okayplay

er.com/originals/georgia-muldrow-erykah-badu-stay-woke-master-teacher.html

31. Pulliam-Moore (2016).
32. Whiteout, S. (2018) Popularizing wokeness, *Harvard Kennedy School Journal of African American Public Policy,* 2017–18: 63–70.
33. Angbeletchy, C. (2018) 'Stay woke' is the new watchword: here's why, GRIOT, 18 May. http://griotmag.com/en/stay-woke-is-the-new-watchword-heres-why
34. Gervais, R. (2020) Full text: Ricky Gervais' Golden Globes speech, *The Spectator,* 6 January. https://blogs.spectator.co.uk/2020/01/full-text-ricky-gervais-golden-globes-speech
35. *Spiked* (2020) Ricky Gervais bursts Hollywood's woke bubble, 6 January. www.spiked-online.com/2020/01/06/ricky-gervais-bursts-hollywoods-woke-bubble
36. Stepman, J. (2020) At the Golden Globes, Ricky Gervais exposes Hollywood's 'woke' culture, *The Daily Signal,* 6 January. www.dailysignal.com/2020/01/06/at-the-golden-globes-ricky-gervais-exposed-hollywoods-woke-culture
37. Soave, R. (2020) Ricky Gervais slams woke Hollywood's sanctimony in Golden Globes Speech, *Reason,* 5 January. https://reason.com/2020/01/05/ricky-gervais-golden-globes-hollywood-woke
38. Blair, L. (2020) Conservatives praise Ricky Gervais after he takes 'massive dump' on Hollywood's 'woke' culture at Golden Globes, *The Christian Post,* 6 January. www.christianpost.com/news/conservatives-praise-ricky-gervais-after-he-takes-massive-dump-on-hollywoods-woke-culture-at-golden-globes.html
39. Kahn-Harris, K. (2020) If everyone was a little bit shameless, it might deflate the 'anti-woke' right, *The Guardian,* 2 March. www.theguardian.com/commentisfree/2020/mar/02/anti-woke-right-liberals
40. Ransby, B. (2017) Black Lives Matter is radical democracy in action, *The New York Times,* 21 October. www.nytimes.com/2017/10/21/opinion/sunday/black-lives-matter-leadership.html
41. Bunyasi, T.L. and Smith, C.W. (2019) *Stay woke: A people's guide to making All Black Lives Matter,* New York: NYU Press, p. 202.

第4章

1. Douthat, R. (2018) The rise of woke capital, *The New York Times,* 28 February. www.nytimes.com/2018/02/28/opinion/corporate-america-activism.html
2. Itkowitz, C. (2019) Trump referred to 'gun violence' in his Parkland remembrance. Hours later, he changed it to 'school violence', *The Washington Post,* 15 February. www.washingtonpost.com/politics/2019/02/14/trumps-lengthy-parkland-shooting-remembrance-doesnt-meaningfully-mention-guns
3. Thompson, D. (2018) Why are corporations finally turning against the NRA?, *The Atlantic,* 26 February. www.theatlantic.com/business/archive/2018/02/nra-discounts-corporations/554264
4. Douthat (2018).
5. Douthat (2018).
6. Thompson, D. (2018).
7. Piketty, T. (2014) *Capital in the twenty-first century,* Cambridge, MA: Harvard University Press. (『21世紀の資本』トマ・ピケティ著、山形浩生／守岡桜／森本正史訳、みすず書房、2014年)
8. Bowen. H.R. (1953) *Social responsibilities of the businessman,* Iowa City, IA: University of Iowa Press. (『ビジネスマンの社会的責任』ハワード・R・ボーエン著、日本経済新聞社訳、日本経済新聞社、1960年)
9. Heald, M. (1957) Management's responsibility to society: the growth of an idea, *Business History Review,* Winter: 375–384, p. 376.
10. Heald (1957) p. 376に引用あり。
11. Bowen (1953) p. xvii.
12. Bowen (1953) p. 3.
13. Bowen (1953) p. 4.
14. Demuijnck, G. and Fasterling, B. (2016) The social license to operate, *Journal of Business Ethics,* 136 (4): 675–685.
15. Bowen (1953) p. 26.
16. Bowen (1953) p. 105.
17. Levitt, T. (1958) The dangers of social responsibility, *Harvard Business Review,* October: 41–50, p. 41.
18. Levitt (1958) p. 42.
19. Friedman, M. (1962) *Capitalism and freedom,* Chicago, IL: University of Chi-

cago Press.（『資本主義と自由』ミルトン・フリードマン著、村井章子訳、日経BP社、2008年）

20. Friedman（1962）p. 133.

21. たとえば、Wiseman, O.（2019）In defence of shareholder capitalism, *CapX*, 23 August. https://capx.co/in-defence-of-shareholder-capitalism

22. Friedman（1962）p. 133.

23. Friedman（1962）p. 134.

24. Frederick, W.C.（1960）The growing concern over business responsibility, *California Management Review*, 2（4）: 54–61.

25. Frederick（1960）p. 56.

26. Business Roundtable（2019）Statement on the purpose of a corporation, 19 August. https://opportunity.businessroundtable.org/ourcommitment

27. Lee, L.-E.（2020）Companies must walk their lofty Davos talk—they have no choice, *The Telegraph*, 20 January. www.telegraph.co.uk/business/2020/01/29/companies-must-walk-lofty-davos-talk-have-no-choice

28. Frederick（1960）p. 58.

29. Frederick（1960）p. 60.

30. Frederick（1960）p. 59.

31. Davis, K.（1960）Can business afford to ignore social responsibilities?, *California Management Review*, 2（3）: 70–76.

32. Davis（1960）p. 73, 傍点は原文のまま。

33. Davis, K.（1967）Understanding the social responsibility puzzle, *Business Horizons*, Winter: 45–50.

34. Davis（1967）p. 49.

35. Davis（1973）The case for and against business assumption of social responsibilities, *The Academy of Management Journal*, 16（2）: 312–322, p. 321.

36. Committee for Economic Development（1971）*Social responsibilities of business corporations*, Arlington, VA: CED, p. 10.

37. Committee for Economic Development（1971）pp. 11–12.

38. Inequality.org（2020）The facts that define our grand divides. https://inequality.org/facts

39. Alvaredo, F., Chancel, L., Piketty, T., Saez, E. and Zucman, G.（2018）*The world inequality report*, Paris: World Inequality Lab.

40. Gros, F. (2020) *Disobey! A guide to ethical resistance,* London: Verso, p. 5.
41. Gros (2020) p. 5.
42. Franklin, B. in Speake J. (2015) *The Oxford Dictionary of Proverbs,* 6th edn, Oxford: Oxford University Press. p. 230.
43. Johnson, J. (2020) 'An absolute outrage': Sanders rips 'wealthy tax cheats' as CBO estimates $381 billion in annual unpaid taxes, *Common Dreams,* 9 July. www.commondreams.org/news/2020/07/09/absolute-outrage-sanders-rips-wealthy-tax-cheats-cbo-estimates-381-billion-annual
44. Oxfam International (2020) Inequality and poverty: the hidden costs of tax dodging. www.oxfam.org/en/inequality-and-poverty-hidden-costs-tax-dodging
45. Stiglitz, J. (2019) Corporate tax avoidance: it's no longer enough to take half measures, *The Guardian,* 7 October. www.theguardian.com/business/2019/oct/07/corporate-tax-avoidance-climate-crisis-inequality
46. Asen, E. (2019) Corporate tax rates around the world, 2019, Tax Foundation, 10 December. https://taxfoundation.org/corporate-tax-rates-around-the-world-2019
47. Gros (2020) p. 3.

第5章

1. 引用はすべて次より。Thatcher, M. (1985) Speech to Conservative Party conference, 11 October, Margaret Thatcher Foundation. www.margaretthatcher.org/document/106145
2. Fukuyama, F. (1992) *The end of history and the last man,* New York: Free Press. (『歴史の終わり』(上・下) フランシス・フクヤマ著、渡部昇一訳、三笠書房、2020年)
3. Brown, A. (2020) Political leadership in the cold war's ending: Thatcher and the turn to engagement with the Soviet Union [blog], The London School of Economics and Political Science, 10 June. https://blogs.lse.ac.uk/politicsandpolicy/thatcher-end-of-cold-war
4. Karjanen, D. (2015) *World Bank, the International Monetary Fund, and neo-liberalism,* London: Wiley.
5. Heilbron, J., Verheul, J. and Quak, S. (2014) The origins and early diffusion of 'shareholder value' in the United States, *Theory and Society,* 43: 1–22.

6. Glyn, A. (2007) *Capitalism unleashed: Finance, globalization, and welfare,* Oxford: Oxford University Press. (『狂奔する資本主義――格差社会から新たな福祉社会へ』アンドルー・グリン著、伊藤誠/横川信治訳、ダイヤモンド社、2007年)
7. 次の優れた歴史的考察を参照。Harvey, D. (2007) *A brief history of neoliberalism,* Oxford: Oxford University Press (『新自由主義――その歴史的展開と現在』デヴィッド・ハーヴェイ著、渡辺治監訳、森田成也/木下ちがや/大屋定晴/中村好孝訳、作品社、2007年); Brown, W. (2015) *Undoing the demos: Neoliberalism's stealth revolution,* New York: Zone Books. (『いかにして民主主義は失われていくのか――新自由主義の見えざる攻撃』ウェンディ・ブラウン著、中井亜佐子訳、みすず書房、2017年)
8. Thatcher, M. (1986) Speech to Conservative Party conference, 10 October, Margaret Thatcher Foundation. www.margaretthatcher.org/document/106498
9. Foucault, M. (2002) *The birth of biopolitics: Lectures at the Collège de France, 1978–1979,* Basingstoke: Palgrave Macmillan, p. 145.
10. Thatcher, M. (1981) Economics are the method: the object is to change the soul, Interview for *Sunday Times,* 3 May, Margaret Thatcher Foundation. www.margaretthatcher.org/document/104475
11. Marquand, D. (2009) The warrior woman, *New Statesman,* 26 February. www.newstatesman.com/uk-politics/2009/02/thatcher-social-moral-society
12. Taylor, B.E. (2015) Reconsidering the rise of 'shareholder value' in the United States, 1960–2000, Economic History Working Paper Series (214/2015), London: The London School of Economics and Political Science.
13. Nelson, E. (2017) Reaffirming the influence of Milton Friedman on UK economic policy, Working Papers 2017-01, University of Sydney, School of Economics. https://ideas.repec.org/p/syd/wpaper/2017-01.html
14. Cornwell, R. (2006) Milton Friedman, free-market economist who inspired Reagan and Thatcher, dies aged 94, *The Independent,* 17 November. www.independent.co.uk/news/world/americas/milton-friedman-free-market-economist-who-inspired-reagan-and-thatcher-dies-aged-94-424665.htmlに言及されている。
15. Berle, A.A. and Means, G.C. (1932) *The modern corporation and private property,* New York: Harcourt, Brace and World. (『現代株式会社と私有財産』

A・A・バーリ／G・C・ミーンズ著、森杲訳、北海道大学出版会、2014年）

16. Robé, J.P. (2012) Being done with Milton Friedman, *Accounting, Economics, and Law*, 2 (2): 1–31.
17. Heilbron et al (2014).
18. Merin, B., Mayper, A.G. and Tolleson, T.D. (2010) Neoliberalism, deregulation and Sarbanes-Oxley: the legitimation of a failed corporate governance model, *Accounting, Auditing and Accountability Journal*, 23 (6): 774–792, p. 777.
19. Heilbron et al (2014).
20. Lazonick, W. and O'Sullivan, M. (2000) Maximizing shareholder value: a new ideology for corporate governance, *Economy and Society*, 29 (1): 13–35.
21. Reimann, B.C. (1985) Does your business create real shareholder value?, *Business Horizons*, September–October: 44–51.
22. Davis, A. and Walsh, C. (2017) Distinguishing financialization from neoliberalism, *Theory, Culture & Society*, 34 (5–6): 27–51.
23. Umah, R. (2008) CEOs make $15.6 million on average– here's how much their pay has increased compared to yours over the year, CNBC, 22 January. www.cnbc.com/2018/01/22/heres-how-much-ceo-pay-has-increased-compared-to-yours-over-the-years.html
24. Heilbron et al (2014) p. 17.
25. Lazonick, W. (2011) From innovation to financialization: how shareholder value ideology is destroying the US economy, In G. Epstein and M.H. Wolfson (eds) *The handbook of the political economy of financial crises*, pp. 491–511, Oxford: Oxford University Press.
26. Lazonick and O'Sullivan (2000).
27. Jeffries, T. (2015) What happened to Thatcher's share ownership dream? It's nowhere near as common as the ex-Tory PM hoped 30 years ago—but does it matter?, This Is Money, 9 October. www.thisismoney.co.uk/money/investing/article-3265284/What-happened-Margaret-Thatcher-s-share-ownership-dream.html
28. Lougee, B. and Wallace, J. (2008) The corporate social responsibility (CSR) trend, *Journal of Applied Corporate Finance*, 20 (1): 96–108, p. 96.
29. Ireland, P. and Pillay, R.G. (2010) Corporate social responsibility in a neoliberal age, In P. Utting and J.C. Marques (eds), *Corporate social responsibility*

and regulatory governance, pp. 77–104, London: Palgrave Macmillan, p. 78.

30. Martin, J., Petty, W. and Wallace, J. (2009) Shareholder value maximization—is there a role for corporate social responsibility?, *Journal of Applied Corporate Finance*, 21 (2): 110–118, p. 117.

31. Brammer, S., Jackson, G. and Matten, D. (2012) Corporate social responsibility and institutional theory: new perspectives on private governance, *Socio-Economic Review*, 10 (1): 3–28.

32. Porter, M.E. and Kramer, M.R. (2011) Creating shared value, *Harvard Business Review*, January–February: 62–77.

33. Crane, A., Palazzo, G., Spence, L.J. and Matten, D. (2014) Contesting the value of 'creating shared value', *California Management Review*, 56 (2): 130–153, p. 140.

34. Anderson, S. and Cavanagh, J. (2000) Top 200: the rise of global corporate power, *Global Policy Forum*. https://archive.globalpolicy.org/socecon/tncs/top200.htm

35. Michayluk, D. (2008) The rise and fall of single-letter ticker symbols, *Business History*, 50 (3): 368–385.

36. Fleming, P. and Jones, M.T. (2013) *The end of corporate social responsibility: Crisis and critique*, London: Sage. (『CSRの終焉——資本主義における役割を問う』ピーター・フレミング／マーク・ジョーンズ著、百田義治監訳、中央経済社、2019年)

37. Banerjee, S.B. (2008) Corporate social responsibility: the good, the bad and the ugly, *Critical Sociology*, 34 (1): 51–79.

38. Shamir, R. (2004) Between self-regulation and the Alien Tort Claims Act: on the contested concept of corporate social responsibility, *Law & Society Review*, 38 (4): 635–664.

39. World Economic Forum (2020) Our mission. www.weforum.org/about/world-economic-forum

40. Wu, T. (2020) The revolution comes to Davos, *The New York Times*, 23 January. www.nytimes.com/2020/01/23/opinion/sunday/davos-2020-capitalism-climate.html

41. Schwab, K. (2019) Davos manifesto 2020: the universal purpose of a company in the fourth industrial revolution, World Economic Forum, 2 December.

www.weforum.org/agenda/2019/12/davos-manifesto-2020-the-universal-purpose-of-a-company-in-the-fourth-industrial-revolution
42. Foulkes, I. (2020) Welcome to a 'woke' WEF, SWI swissinfo.ch, 21 January. www.swissinfo.ch/eng/inside-geneva_welcome-to-a--woke--wef/45507380で言及されている。
43. Cliffe, J. (2020) Solving global inequality through vacuous buzzwords: welcome to the new 'woke Davos', *New Statesman*, 22 January. www.newstatesman.com/world/europe/2020/01/solving-global-inequality-through-vacuous-buzzwords-welcome-new-woke-davos

第6章

1. Fink, L. (2019) Larry Fink's 2019 letter to CEOs: profit & purpose. www.blackrock.com/americas-offshore/2019-larry-fink-ceo-letter
2. Fink, L. (2018) Larry Fink's 2018 letter to CEOs: a sense of purpose. www.blackrock.com/corporate/investor-relations/2018-larry-fink-ceo-letter
3. Carney, J. (2018) BlackRock's betrayal: #WokeWallStreet pushes leftist agenda on corporate America, Breitbart News, 16 January. www.breitbart.com/politics/2018/01/16/blackrocks-betrayal-woke-wall-street-pushes-leftist-agenda-on-corporate-america
4. Gasparino, C. and Moynihan, L. (2019) BlackRock's Larry Fink rattles employees amid political posturing, Fox Business, 25 January. www.foxbusiness.com/business-leaders/blackrocks-larry-fink-rattles-employees-amid-political-posturing
5. Fink, L. (2020) Larry Fink's 2020 letter to CEOs: a fundamental reshaping of finance. www.blackrock.com/corporate/investor-relations/2020-larry-fink-ceo-letter
6. Helmore, E. (2020) Activists cheer BlackRock's landmark climate move but call for vigilance, *The Guardian*, 15 January. www.theguardian.com/environment/2020/jan/15/blackrock-climate-change-environment-divestment-coal
7. Horst, P. (2018) BlackRock CEO tells companies to contribute to society. Here's where to start, *Forbes*, 16 January. www.forbes.com/sites/peterhorst/2018/01/16/blackrock-ceo-tells-companies-to-contribute-to-society-heres-where-to-start/#8f3556a971d6

8. Mooney, A. (2020) BlackRock punishes 53 companies over climate inaction, *Financial Times*, 14 July. www.ft.com/content/8809032d-47a1-47c3-ae88-ef3c182134c0
9. Gilbert, M. (2020) BlackRock's climate activism has a passive problem, *The Washington Post*, 16 January. www.washingtonpost.com/business/blackrocks-climate-activism-has-a-passive-problem/2020/01/14/80e233d6-36c5-11ea-a1ff-c48c1d59a4a1_story.html
10. Richardson, V. (2020) BlackRock CEO Larry Fink ripped over climate change, social justice agenda, *The Washington Times*, 20 May. www.washingtontimes.com/news/2020/may/20/blackrock-ceo-larry-fink-ripped-over-climate-chang
11. BlackRock (2020) Awards and recognition as of December 2020. www.blackrock.com/corporate/literature/publication/blk-awards-and-recognition-web.pdf
12. Aston, J. (2020) Climate warrior Larry Fink's $98m Gulfstream, *Australian Financial Review*, 26 February. www.afr.com/rear-window/climate-warrior-larry-fink-s-98m-gulfstream-20200226-p544j0
13. *The Spectator* (2020) Treating oil companies as pariahs will kill off any green revolution, 18 January. www.spectator.co.uk/2020/01/treating-oil-companies-as-pariahs-will-kill-off-any-green-revolution
14. Gregg, S. (2019) How woke capitalism corrupts business, *Public Discourse*, 2 October. www.thepublicdiscourse.com/2019/10/56675
15. Gregg (2019).
16. Dreher, R. (2019) Woke capitalism is our enemy, *The American Conservative*, 22 April. www.theamericanconservative.com/dreher/woke-capitalism-is-our-enemy
17. Dreher, R. (2019) Woke capitalism's cultural imperialism, *The American Conservative*, www.theamericanconservative.com/dreher/woke-capitalism-cultural-imperialism-lgbt-religious-liberty-poland
18. Fink (2019).
19. Fink (2019).
20. Fink (2020).
21. Fink (2018).

22. George, B. (2018) Why BlackRock CEO Larry Fink is not a socialist, *Forbes*, 12 March. www.forbes.com/sites/hbsworkingknowledge/2018/03/12/why-blackrock-ceo-larry-fink-is-not-a-socialist/#2c443fee685b
23. Kramer, M.R. (2019) The backlash to Larry Fink's letter shows how far business has to go on social responsibility, *Harvard Business Review*, 31 January. https://hbr.org/2019/01/the-backlash-to-larry-finks-letter-shows-how-far-business-has-to-go-on-social-responsibility
24. Fink (2018).
25. Fink (2019).
26. Fink (2019).
27. Fink (2018).
28. Fink (2019).
29. Ferreras, I. (2017) *Firms as political entities: Saving democracy through economic bicameralism*, Cambridge: Cambridge University Press.
30. Business Roundtable (2019) About us. www.businessroundtable.org/about-us
31. Business Roundtable (2019) Our commitment. https://opportunity.businessroundtable.org/ourcommitment
32. Wartzman, R. (2019) America's top CEOs say they are no longer putting shareholders before everyone else, *FastCompany*, 19 August. www.fastcompany.com/90391743/top-ceo-group-business-roundtable-drops-shareholder-primacy
33. Continetti, M. (2019) Corporate America wants to be woke, *National Review*, 7 September. www.nationalreview.com/2019/09/corporate-america-wants-to-be-woke
34. Murray, A. (2019) America's CEOs seek a new purpose for the corporation, *Fortune*, 19 August. https://fortune.com/longform/business-roundtable-ceos-corporations-purpose
35. Akinci, M. (2018) Inequality and economic growth: trickle-down effect revisited, *Development Policy Review*, 36 (51): O1–O24.
36. Konczal, M., Milani, K. and Evans, A. (2020) The empirical failures of neoliberalism. https://rooseveltinstitute.org/publications/the-empirical-failures-of-neoliberalism
37. Alvaredo, F., Chancel, L., Piketty, T., Saez, E. and Zucman, G. (2018) *World*

inequality report 2018, Paris: World Inequality Lab, p. 5.
38. Fink (2019).
39. Fink (2019).

第7章

1. Bezos, J. [@jeffbezos] (2020) Post [Instagram profile], 6 March. www.instagram.com/p/B8rWKFnnQ5c
2. *Forbes* (2019) Billionaires: the richest people in the world, 5 March. www.forbes.com/billionaires/#43c099a4251c
3. Brändlin, A-S. (2019) 2019: The year of climate consciousness, MSN, 27 December. www.msn.com/en-us/weather/topstories/2019-the-year-of-climate-consciousness/ar-BBYodrV
4. BBC News (2020) Greta Thunberg: what is she and what does she want?, 28 February. www.bbc.com/news/world-europe-49918719
5. BBC News (2020).
6. Alter, C., Haynes, S. and Worland, J. (2020) Time 2019 Person of the Year: Greta Thunberg, *Time*. https://time.com/person-of-the-year-2019-greta-thunberg
7. Thunberg, G. (2019) Greta Thunberg UN Climate Change Conference speech transcript, REV, 11 December. www.rev.com/blog/transcripts/greta-thunberg-un-climate-change-conference-speech-transcript
8. Day, M. and Roston, E. (2019) Amazon's emissions bigger than some rivals, trail Walmart, Bloomberg News, 20 September. www.bloomberg.com/news/articles/2019-09-20/amazon-s-emissions-bigger-than-some-rivals-trail-walmart
9. Tarnoff, B. (2019) Hey, Jeff Bezos: I work for Amazon—and I'm protesting against your firm's climate inaction, *The Guardian*, 10 September. https://amp.theguardian.com/technology/2019/sep/10/jeff-bezos-amazon-climate-strike-aecj
10. Samuel, S. (2020) Donating $10 billion isn't the best way for Jeff Bezos to fight climate change, *Vox*, 19 February. www.vox.com/platform/amp/future-perfect/2020/2/19/21142312/jeff-bezos-climate-change-ten-billion-philan thropy
11. Leskin, P. (2020) Here's how much Amazon CEO Jeff Bezos, the richest person in the world, has personally given to charity, *Business Insider*, 5 March.

www.businessinsider.com/jeff-bezos-amazon-how-much-donations-charity-2019-5?r=US&IR=T

12. Hamilton, I.A. (2019) Jeff Bezos shot straight to the top of a ranking of America's biggest donors—here's how much tech moguls gave away to good causes in 2018, *Business Insider*, 13 February 2010. www.businessinsider.com.au/jeff-bezos-leads-tech-mogul-donations-to-good-causes-in-2018-2019-2?r=US&IR=T
13. Di Mento, M. (2019) Bezoses and Bloomberg top Chronicle list of the 50 donors who gave the most to charity, *The Chronicle of Philanthropy*, 12 February. www.philanthropy.com/specialreport/bezoses-and-bloomberg-top-chro/198?CID=cpw_directory_data
14. Wang, J. (2019) America's top 50 givers; meet the philanthropists who gave away the most money in 2018. *Forbes*, 20 November. www.forbes.com/top-givers/#17a1b93066ff
15. Marx, P. (2020) Jeff Bezos' climate change philanthropy has quite a few (hidden) strings attached, NBC News, 28 February. www.nbcnews.com/think/opinion/jeff-bezos-climate-change-philanthropy-has-quite-few-hidden-strings-ncna1143791
16. Rhodes, C. and Bloom, P. (2018) The trouble with charitable billionaires, *The Guardian*, 24 May. www.theguardian.com/news/2018/may/24/the-trouble-with-charitable-billionaires-philanthrocapitalism
17. Wealth-X (2019) UHNW giving trends: Wealth-X philanthropy report 2019, *Wealth-X*, 3 December. www.wealthx.com/report/uhnw-giving-philanthropy-report-2019/?mod=article_inline#downloadform
18. Albrecht, L. (2020) These are the favorite charitable causes of the world's wealthiest families—and climate change is NOT one of them, *MarketWatch*, 25 January. www.marketwatch.com/story/the-1-gives-more-money-to-arts-culture-and-sports-than-to-fighting-climate-change-survey-of-billionaires-finds-2020-01-23
19. Di Mento, M. (2020) The Philanthropy 50, *The Chronicle of Philanthropy*, 11 February. www.philanthropy.com/article/the-philanthropy-50/#id=browse_2020
20. Carlson, T. (2019) 'Woke' billionaires love socialism because it doesn't cost

them much, Fox News, 22 February. www.foxnews.com/opinion/tucker-carlson-woke-billionaires-love-socialism-because-it-doesnt-cost-them-much

21. Bendix, A. (2018) Jeff Bezos could be the first 'woke' billionaire philanthropist—but only if he's willing to help solve the problems he's created, *Business Insider*, 20 September. www.businessinsider.com/jeff-bezos-woke-billionaire-philanthropist-2018-9?r=US&IR=T
22. Kapoor, S. (2020) What corporate leadership on fighting climate change really looks like, *Washington Monthly*, 23 February. https://washingtonmonthly.com/2020/02/23/what-corporate-leadership-on-fighting-climate-change-really-looks-like
23. Burkee, A. (2020) Amazon wants Trump to testify about how much he hates Jeff Bezos, *Vanity Fair*, 11 February. www.vanityfair.com/news/2020/02/amazon-jeff-bezos-trump-testify-pentagon-contract
24. Stefansky, E. (2018) Always be escalating: Trump ratchets up attack on Amazon, *Washington Post*, *Vanity Fair*, 31 March. www.vanityfair.com/news/2018/03/trump-washington-post-amazon-bezos
25. Umoh, R. (2017) These 5 highly-successful tech CEOs are not happy with Donald Trump's travel ban, CNBC, 28 June. www.cnbc.com/2017/06/28/these-5-tech-ceos-are-not-happy-with-trumps-travel-ban.html
26. Amazon staff (2017) Human Rights Campaign honors Jeff Bezos with 2017 Equality Award, *Amazon News*, 2 November. www.aboutamazon.com/news/workplace/human-rights-campaign-honors-jeff-bezos-with-2017-equality-award
27. Schleifer, T. (2019) Jeff Bezos is quietly letting his charities do something radical—whatever they want, *Vox*, 12 August. www.vox.com/recode/2019/8/12/20758787/jeff-bezos-day-one-fund-philanthropy-charity-homelessness
28. Szmigiera, M. (2021) Number of billionaires worldwide 2019, by gender, *Statistica*, 23 April. www.statista.com/statistics/778577/billionaires-gender-distribution
29. Bloom, P. and Rhodes, C. (2018) *CEO society: The corporate takeover of everyday life*, London: Zed.
30. Perrett, T. (2020) 'Woke' capital: pinkwashing exploitation, *The Pangean*, 22 January. https://thepangean.com/Pinkwashing-Exploitation

31. Neate, R. (2019) New study deems Amazon worst for 'aggressive' tax avoidance, *The Guardian*, 2 December. www.theguardian.com/business/2019/dec/02/new-study-deems-amazon-worst-for-aggressive-tax-avoidance
32. Myers, K. (2020) Amazon paid a 1.2% tax rate on $13,285,000,000 in profit for 2019, Yahoo Finance, 6 February. https://finance.yahoo.com/news/amazon-paid-a-12-tax-rate-on-13285000000-in-profit-for-2019-210847927.html
33. Neate (2019).
34. Hiscott, G. (2019) Amazon's £90million 'tax avoidance' cash could pay for nearly 2,400 nurses, *Daily Mirror*, 2 December. www.mirror.co.uk/money/amazons-90million-tax-avoidance-cash-21007123
35. Fair Tax Mark (2020) Tax gap of Silicon Six over $100 billion so far this decade, News, 2 December. https://fairtaxmark.net/tax-gap-of-silicon-six-over-100-billion-so-far-this-decade
36. CNBC Documentaries (2014) Amazon rising, www.cnbc.com/amazon-rising
37. Ghosh, S. (2018) Undercover author finds Amazon warehouse workers in UK 'peed in bottles' over fears of being punished for taking a break, *Business Insider*, 16 April. www.businessinsider.com/amazon-warehouse-workers-have-to-pee-into-bottles-2018-4?r=US&IR=T
38. Anon (2019) German Amazon workers strike on Black Friday, DW News, 29 November. www.dw.com/en/german-amazon-workers-strike-on-black-friday/a-51473877
39. Sainato, M. (2020) 'I'm not a robot': Amazon workers condemn unsafe, grueling conditions at warehouse, *The Guardian*, 5 February. www.theguardian.com/technology/2020/feb/05/amazon-workers-protest-unsafe-grueling-conditions-warehouse
40. Swagazon Tees website. https://swagazontees.com
41. www.amazon.com/Being-Stower-Like-Riding-T-Shirt/dp/B07JFCK9JR
42. Grush, L. (2020) International coalition of activists launches protest against Amazon, *The Verge*, 27 November. www.theverge.com/2020/11/27/21722421/make-amazon-pay-protest-campaign-black-friday
43. https://makeamazonpay.com
44. Jackson, P. (2020) Jeff Bezos to the planet's rescue, *Fair Observer*, 19 February. www.fairobserver.com/region/north_america/jeff-bezos-10-billion-climate-

change-grants-philanthropy-news-15541
45. Giridharadas, A. (2018a) *Winner takes all: The elite charade of changing the world,* London: Penguin.
46. Giridharadas, A. (2018b) Beware rich people who say they want to change the world, *The New York Times,* 24 August. www.nytimes.com/2018/08/24/opinion/sunday/wealth-philanthropy-fake-change.html
47. Giridharadas (2018a) p. 6.
48. Giridharadas (2018a) p. 10.
49. Amazon Employees for Climate Justice (2019) Open letter to Jeff Bezos and the Amazon Board of Directors, *Medium,* 11 April. https://medium.com/@amazonemployeesclimatejustice/public-letter-to-jeff-bezos-and-the-amazon-board-of-directors-82a8405f5e38
50. Amazon Employees for Climate Justice (2020) Statement on Jeff Bezos' Earth Fund, *Medium,* 18 February. https://medium.com/@amazonemployeesclimatejustice/amazon-employees-for-climate-justice-statement-on-jeff-bezos-earth-fund-bf39f6906589
51. Foer, F. (2020) It's Jeff Bezos's planet now, *The Atlantic,* 20 February. www.theatlantic.com/ideas/archive/2020/02/bezos-climate-oligarchy/606847
52. Levine, M. (2020) Movement capture: looking Bezos's gift horse in the mouth, *Nonprofit Quarterly,* 5 March. https://nonprofitquarterly.org/movement-capture-looking-bezoss-gift-horse-in-the-mouth
53. Johnstone, C. (2018) Six things we can learn about US plutocracy by looking at Jeff Bezos, *Medium,* 17 March. https://medium.com/@caityjohnstone/six-things-we-can-learn-about-us-plutocracy-by-looking-at-jeff-bezos-532ca4482ae2

第8章

1. Böhm, S., Skoglund, A. and Eatherley, D. (2018) What's behind the current wave of 'corporate activism'?, *The Conversation,* 14 September. https://theconversation.com/whats-behind-the-current-wave-of-corporate-activism-102695
2. MacLellan, L. (2019) Apple's Tim Cook has pushed CEO activism into uncharted territory, *Quartz,* 3 October. https://qz.com/work/1721279/on-daca-apples-tim-cook-pushes-ceo-activism-into-new-territory

3. Reuters (2017) Three CEOs resign from Trump council over Charlottesville, *The Irish Times,* 15 August. www.irishtimes.com/business/economy/three-ceos-resign-from-trump-council-over-charlottesville-1.3187216
4. M.T. Barra quoted in Lewis (2017) These 18 CEOs had strong words for President Trump's Charlottesville response, *Fortune,* 18 August. https://fortune.com/2017/08/17/ceos-trump-charlottesville-criticized
5. Gelles, D. (2017) The moral voice of corporate America, *The New York Times,* 19 August. www.nytimes.com/2017/08/19/business/moral-voice-ceos.html
6. Dimon, J. (2018) Chairman & CEO letter to shareholders, *JPMorgan Chase & Co. Annual report 2018.* https://reports.jpmorganchase.com/investor-relations/2018/ar-ceo-letters.htm?a=1
7. 次に引用されている。Walker, S. (2018) You're a CEO—stop talking like a political activist, *The Wall Street Journal,* 27 July. www.wsj.com/articles/youre-a-ceostop-talking-like-a-political-activist-1532683844
8. O'Toole, J. (2019) *The enlightened capitalists: Cautionary tales of business pioneers who tried to do well by doing good,* New York: Harper.
9. Kaps, B. (2019) Four ways CEO activism can strengthen your brand, Rent a PR, 15 May. www.rentapr.ch/en/2019/05/15/four-ways-ceo-activism-can-strengthen-your-brand
10. Chatterji, A.K. and Toffel, M.W. (2018) The new CEO activists. *The Harvard Business Review,* January–February. https://hbr.org/2018/01/the-new-ceo-activists
11. Grillo, F. and Blessington, M. (2018) Does CEO activism create a more human brand?, *The Marketing Journal,* 31 May. www.marketingjournal.org/does-ceo-activism-create-a-more-human-brand-frank-grillo-and-mark-blessington
12. Maks-Solomon, C. (2020) Corporate activism is more than a marketing gimmick, *The Conversation,* 8 July. https://theconversation.com/corporate-activism-is-more-than-a-marketing-gimmick-141570
13. Böhm et al (2018).
14. Mark Benioff in Steinmetz, K. (2016) Salesforce CEO Marc Benioff: 'Anti-LGBT' bills are 'anti-business', *Time,* 31 March. https://time.com/4276603/

marc-benioff-salesforce-lgbt-rfra

15. Gooch, A. (2019) Corporate activism in an age of radical uncertainty, *Communication Director*, 5 March. www.communication-director.com/issues/game-changer/corporate-activism-age-radical-uncertainty/#.XpoZ3pozY2w
16. Ball, C.A. (2019) *The queering of corporate America: How big business went from LGBTQ adversary to ally*, Boston, MA: Beacon Press.
17. Karp, P. (2018) Marriage equality campaign seeks abolition of religious rights to discriminate, *The Guardian*, 4 February. www.theguardian.com/australia-news/2018/feb/14/marriage-equality-campaign-seeks-abolition-of-religious-rights-to-discriminate
18. AAP (2018) Religious schools want right to hire, fire, SBS News,14 February. www.sbs.com.au/news/religious-schools-want-right-to-hire-fire
19. Hunter, F. (2017) Marriage plebiscite: Tony Abbott urges a ‘no’ vote to reject political correctness and protect religious freedom, *The Sydney Morning Herald*, 9 August. www.smh.com.au/politics/federal/marriage-plebiscite-tony-abbott-urges-a-no-vote-to-reject-political-correctness-and-protect-religious-freedom-20170809-gxs6m6.html
20. Bickers, C. (2017) PM won’t ban inaccurate posters, *The Courier Mail*, 22 August. www.couriermail.com.au/news/queensland/ sunshine-coast/pm-wont-ban-inaccurate-posters/news-story/ f969ed968cb09d308a0fd1f38cafbf27
21. Elphick, L. (2018) The ‘gay wedding cake’ dilemma: when religious freedom and LGBTI rights intersect, *The Conversation*, 27 March. https://theconversation.com/the-gay-wedding-cake-dilemma-when-religious-freedom-and-lgbti-rights-intersect-93070
22. Australian Bureau of Statistics (2017) 1800.0—Australian Marriage Law Postal Survey, 2017, 15 November. www.abs.gov.au/ausstats/abs@.nsf/mf/1800.0
23. Australian Government (2004) *Marriage Amendment Act 2004*, Canberra: Federal Register of Legislation.
24. Australian Marriage Equality (2020) Join 851 corporations that support marriage equality. www.australianmarriageequality.org/open-letter-of-support
25. Karp, P. (2017) Marriage equality: lots of support but little funding from corporate Australia, *The Guardian*, 2 September. www.theguardian.com/

australia-news/2017/sep/02/marriage-equality-lots-of-support-but-little-funding-from-corporate-australia

26. アラン・ジョイスとカンタス航空については、著者が以前発表した次の記事より引用した。Rhodes, C. (2017) The market for virtue: why companies like Qantas are campaigning for marriage equality', *The Conversation,* 28 August. https://theconversation.com/the-market-for-virtue-why-companies-like-qantas-are-campaigning-for-marriage-equality-82905; Rhodes, C. (2019) Swollen executive pay packets reveal the limits of corporate activism. *The Conversation,* 25 September. https://theconversation.com/swollen-executive-pay-packets-reveal-the-limits-of-corporate-activism-123988
27. Belot, H. (2017) Qantas CEO Alan Joyce to campaign for Yes vote on same-sex marriage, ABC News, 21 August. www. abc.net.au/news/2017-08-21/same-sex-marriage-alan-joyce-yes- campaign-support/8826682 に引用あり。
28. *Financial Times* (2017) The OUTstanding lists: LGBT leaders and allies today, 3 May. www.ft.com/content/b6a08ba0-b40c-11e7- aa26-bb002965bce8
29. Belot, H. (2017) Qantas to continue advocating for same-sex marriage despite criticism from Peter Dutton, ABC News, 18 March. www.abc.net.au/news/2017-03-18/ qantas-continue-same-sex-marriage-support-peter-dutton- criticism/8366306 に引用あり。
30. Johnson, C. (2017) Turnbull is on the winning side on marriage equality, but his troubles are far from over, *The Conversation,* 15 November. https://theconversation.com/turnbull-is-on-the-winning-side-on-marriage-equality-but-his-troubles-are-far-from-over-86928
31. Liddy, M., Hoad, N. and Spraggon, B. (2017) How Australians think about same-sex marriage, mapped, ABC News, 14 September. www.abc.net.au/news/2017-09-13/same-sex-marriage-support-map-vote-compass/8788978?nw=0
32. Joyce, A. (2017) Alan Joyce Opinion Piece—From economics to equality, why companies speak up on the big issues, Qantas News Room, 21 March. www.qantasnewsroom.com.au/speeches/alan-joyce-opinion-piece-from-economics-to-equality-why-companies-speak-up-on-the-big-issues
33. Palazzon, G. and Basu, K. (2007) The ethical backlash of corporate branding, *Journal of Business Ethics,* 73: 336–346.

34. Vogel, D. (2006) *The market for virtue: The potential and limits of corporate social responsibility,* Washington DC: Brookings Institution Press. (『企業の社会的責任（CSR）の徹底研究：利益の追求と美徳のバランス――その事例による検証』デービッド・ボーゲル著、小松由紀子／村上美智子／田村勝省訳、一灯舎、2007年)
35. Joyce (2017).
36. Deloitte (2017) *Missing out: The business case for customer diversity,* Sydney: Deloitte Australia.
37. Hafenbrädl, S. and Waeger, D. (2017). Ideology and the micro-foundations of CSR: Why executives believe in the business case for CSR and how this affects their CSR engagements. *Academy of Management Journal,* 60 (4): 1582–1606.
38. Rhodes, C. and Pullen, A. (2018). Critical business ethics: from corporate self-interest to the glorification of the sovereign pater, *International Journal of Management Reviews,* 20 (2): 483–499.
39. Cockburn, P. (2017) Same-sex marriage: Qantas CEO Alan Joyce urges 'good businesses' to support 'yes' vote, ABC News, 25 August. www.abc.net.au/news/2017-08-25/alan-joyce-calls-for-businesses-to-support-same-sex-marriage/8842332
40. Pinto, P.R. (2019) Inequality by numbers: the making of a global political issue?, In *Histories of Global Inequality,* pp. 107–128, Cham: Palgrave Macmillan.
41. Yeates, C. (2019) Qantas chief Alan Joyce tops CEO pay table, *The Sydney Morning Herald,* 17 September. www.smh.com.au/business/companies/qantas-chief-alan-joyce-tops-ceo-pay-table-20190916-p52rta.html
42. Burgess, K. (2019) Qantas chief executive Alan Joyce says airport fees stop Jetstar operating in Canberra, *The Canberra Times,* 18 September. www.canberratimes.com.au/story/6392297/why-jetstar-wont-fly-to-canberra
43. Coorey, P. (2019) Qantas needs to be 'out there' on social issues, *Australian Financial Review,* 18 September. www.afr.com/politics/federal/qantas-needs-to-be-out-there-on-social-issues-20190918-p52sor

第9章

1. Bieler, D. and Bonesteel, M. (2018) 'What was Nike thinking?' President Trump reacts to Nike ad featuring Colin Kaepernick, *The Washington Post,* 7 September. www.chicagotribune.com/sports/ct-spt-donald-trump-colin-kaepernick-nike-ad-20180907-story.htmlに引用あり。
2. Heller, S. (2018) 'Here's the backstory of everyone who appeared in the new Nike ad featuring Colin Kaepernick, *Business Insider,* 16 September. www.businessinsider.com/all-the-athletes-in-the-nike-dream-crazy-ad-with-colin-kaepernick-2018-9?r=AU&IR=T
3. Martin, L.L. (2018) *Black community uplift and the myth of the American dream,* Lanham, MD: Lexington Books.
4. The Editors of *GQ* (2017) Colin Kaepernick is GQ's 2017 Citizen of the Year, *GQ Magazine,* 13 November. www.gq.com/story/colin-kaepernick-cover-men-of-the-year
5. Wells, A. (2016) Colin Kaepernick sits during national anthem before Packers vs. 49ers, Bleacher Report, 2 September. https://bleacherreport.com/articles/2660085-colin-kaepernick-sits-during-national-anthem-before-packers-vs-49ersに引用あり。
6. Carissimo, J. (2016) People are burning Colin Kaepernick jerseys over his refusal to stand during the national anthem, *The Independent,* 28 August. www.independent.co.uk/news/people/people-are-burning-colin-kaepernick-jerseys-over-his-refusal-to-stand-during-the-national-anthem-a7214281.html
7. Kimberley, M. (2017) Freedom rider: Kaepernick and true protest, Black Agenda Report, 24 August. www.blackagendareport.com/freedom-rider-kaepernick-and-true-protest
8. Reid, J. (2017) How Colin Kaepernick became a cause for activists, civil rights groups and others, The Undefeated, 22 Augustに引用あり。 https://theundefeated.com/features/how-colin-kaepernick-became-a-cause-for-activists-civil-rights-groups
9. Towler, C.C., Crawford, N.N. and Bennet, R.A. (2020) Shut up and play: black athletes, protest politics, and black political action, *Perspectives on Politics,* 18 (1): 111–127.
10. Robinson, C. (2020) In light of George Floyd's death, ex-NFL exec admits

what we knew all along: protests ended Colin Kaepernick's career, Yahoo Sports, 31 May. https://au.sports.yahoo.com/in-light-of-george-floyds-death-ex-nfl-exec-admits-what-we-knew-all-along-protests-ended-colin-kaepe rnicks-career-175616379.html に引用あり。

11. Chomsky, N. (2017) *Requiem for the American dream: The 10 principles of concentration of wealth & power*, New York: Seven Stories Press, p. 51. (『アメリカンドリームの終わり――あるいは、富と権力を集中させる10の原理』ノーム・チョムスキー著、寺島隆吉／寺島美紀子訳、ディスカヴァー・トゥエンティワン、2017年)
12. 次を参照。Piketty, T. (2020) *Capital and ideology*, Cambridge, MA: Harvard University Press.
13. Jenkins, A. (2017) Read President Trump's NFL speech on national anthem protests, *Time*, 23 September. https://time.com/4954684/donald-trump-nfl-speech-anthem-protests に引用あり。
14. Wallis, J. (2007) America's original sin: the legacy of white racism, *Cross Currents*, 57 (2): 197–202.
15. Gordon-Reed, A. (2018) America's original sin: slavery and the legacy of white supremacy, *Foreign Affairs*, 97: 2–5.
16. Boren, C. (2020) A timeline of Colin Kaepernick's protests against police brutality, *The Washington Post*, 2 June. www.washingtonpost.com/sports/2020/06/01/colin-kaepernick-kneeling-history
17. Russo, S. (2020) The politics of sport, *Political Analysis*, 21: 1–17.
18. Badenhausen, K. (2020) Michael Jordan has made over $1 billion from Nike—the biggest endorsement bargain in sports, *Forbes*, 3 May. www.forbes.com/sites/kurtbadenhausen/2020/05/03/michael-jordans-1-billion-nike-endorsement-is-the-biggest-bargain-in-sports/#20bdfbd46136
19. Morgan Hertzman quoted in Nash, B. (2020) A new documentary takes a look into the darker side of the Air Jordan brand, *GQ*, 21 May. www.gq.com.au/style/news/a-new-documentary-takes-a-look-into-the-darker-side-of-the-air-jordan-brand/news-story/3c3ae4cc04460489a653f6ee97347c40
20. Bontemps, T. (2020) Michael Jordan stands firm on 'Republicans buy sneakers, too' quote, says it was made in jest, ESPN, 4 May. www.espn.com.au/nba/story/_/id/29130478/michael-jordan-stands-firm-republicans-buy-sneakers-

too-quote-says-was-made-jest

21. Tyler, J. (2018) Nike's Colin Kaepernick ad isn't the first time the brand's commercials have made a social statement. See some of the most memorable campaigns in its history, *Business Insider,* 8 September. www.businessinsider.com.au/nike-ads-make-social-statements-2018-9?r=US&IR=T
22. New Idea (2019) Nike sweatshops: inside the scandal, *New Idea,* 18 November. www.newidea.com.au/nike-sweatshops-the-truth-about-the-nike-factory-scandal
23. Wazir, B. (2001) Nike accused of tolerating sweatshops, *The Guardian,* 20 May. www.theguardian.com/world/2001/may/20/burhanwazir.theobserverに引用あり。
24. Bain, M. (2017) Nike is facing a new wave of anti-sweatshop protests, *Quartz,* 1 August. https://qz.com/1042298/nike-is-facing-a-new-wave-of-anti-sweatshop-protests
25. Burns, W. (2018) With new Kaepernick ad, what does Nike believe in?, *Forbes,* 4 September. www.forbes.com/sites/willburns/2018/09/04/with-new-kaepernick-ad-what-does-nike-believe-in/#39a8b89e1081
26. Castle, S. and Bebek, G. (2017) Any publicity is good publicity: Nike's controversial campaigns and management of celebrities, in S. Chadwick, D. Arthur, and J. Birch (eds) *International cases in the business of sport,* 2nd edn, pp. 87–96, London: Routledge.
27. Carras, C. and Nordyke, K. (2019) Creative Arts Emmys: complete winners list, *The Hollywood Reporter,* 14 October. www.hollywoodreporter.com/lists/creative-arts-emmys-2019-full-winners-list-updating-live-1236953/item/outstanding-animated-program-1236957
28. Gibson, K. (2018) Colin Kaepernick is Nike's $6 billion man, CBS News, 21 September. www.cbsnews.com/news/colin-kaepernick-nike-6-billion-manに引用あり。
29. Le, M. (2020) 2019's Air Jordan 11 'Bred' was Nike's best-selling sneaker in history, *Sneaker News,* 25 March. https://sneakernews.com/2020/03/25/top-selling-nike-sneaker-in-history-jordan-11-bred
30. Mason, M. (2020) How Nike's deal with Michael Jordan gave rise to sneaker culture, *Australian Financial Review,* 19 May. www.afr.com/life-and-luxury/

fashion-and-style/how-nike-s-deal-with-michael-jordan-gave-rise-to-sneaker-culture-20200501-p54p1j

31. Reid, J.A. (2017) How Colin Kaepernick became a cause for activists, civil rights groups and others, The Undefeated, 22 August. https://theundefeated.com/features/how-colin-kaepernick-became-a-cause-for-activists-civil-rights-groups
32. Bailey, P.M. (2018) Kentucky lawyer says Colin Kaepernick is 'by definition racist', *Courier Journal*, 5 September. www.courier-journal.com/story/news/politics/2018/09/05/kentucky-lawyer-alex-white-says-colin-kaepernick-real-racist/1200310002に引用あり。
33. Peterson, J. (2009) A 'race' for equality: print media coverage of the 1968 Olympic protest by Tommie Smith and John Carlos, *American Journalism*, 26 (2): 99–121.
34. Saeed, A. (2002) What's in a name? Muhammad Ali and the politics of cultural identity, *Sport in Society*, 5 (3): 52–72.
35. BoxRec (2017) Tommy Burns vs. Jack Johnsonに引用あり。https://boxrec.com/media/index.php/Tommy_Burns_vs._Jack_Johnson
36. Nilsson, J. (2020) A black champion's biggest fight, *The Saturday Evening Post*, 2 July. www.saturdayeveningpost.com/2020/07/a-black-champions-biggest-fightに引用あり。
37. Putnam, P. (2005) Johnson–Jeffries (Part 2): Jeff answers call of the wild, *The Sweet Science*, 16 November. https://tss.ib.tv/boxing/boxing-articles-and-news-2005-videos-results-rankings-and-history/2864-johnsonjeffries-part-2-jeff-answers-call-of-the-wildで言及されている。
38. Nilsson (2020) に引用あり。
39. Lamb, C. (2016) Introduction, in C. Lamb (ed.) *From Jack Johnson to Lebron James: Sports, media and the color line*, pp. 1–18. Lincoln, NE: University of Nebraska Press.
40. Barra, A. (2018) If Trump pardons Jack Johnson it won't be for his contribution to black America, *The Guardian*, 15 May. www.theguardian.com/sport/2018/may/15/jack-johnson-presidential-pardon-donald-trump-boxing-mann-act
41. Williams, J.C. (2016) The oppressive seeds of the Colin Kaepernick backlash,

The Conversation, 8 October. https://theconversation.com/the-oppressive-seeds-of-the-colin-kaepernick-backlash-66358

42. Chicago Tribune Staff (2017) When sports and politics collide, *The Chicago Tribune.* www.chicagotribune.com/sports/ct-when-sports-and-politics-collide-20170928-photogallery.html
43. Dumenco, S. (2018) Risky business: in defence of fear itself, *Advertising Age,* 89 (21): 30.
44. Matlon, J. (2019) Black masculinity under racial capitalism, Black Agenda Report, 24 July. www.blackagendareport.com/black-masculinity-under-racial-capitalism

第10章

1. Treisma, R. (2020) The NFL will play 'Lift every voice and sing' before each season-opener game, NPR, 2 July. www.npr.org/sections/live-updates-protests-for-racial-justice/2020/07/02/886936096/the-nfl-will-play-lift-every-voice-and-sing-before-each-season-opener-game
2. NAACP (2020) NAACP History: 'Lift every voice and sing'. www.naacp.org/naacp-history-lift-evry-voice-and-sing
3. Peretti, B.W. (2009) *Lift every voice: The history of African American music,* Lanham: Rowman & Littlefield.
4. Karimi, F. and Willingham, A.J. (2020) What makes 'Lift every voice and sing' so iconic, CNN, 10 September. https://edition.cnn.com/interactive/2020/09/us/lift-every-voice-and-sing-trnd/index.html
5. Redmond, S.L. (2014) *Anthem: Social movements and the sound of solidarity in the African diaspora,* New York: New York University Press, p. 79.
6. Redmond, S.L., cited in Lindsay-Haberman, C. (2018) Till victory is won: the staying power of 'Lift every voice and sing', *NPR Music,* 16 August. www.npr.org/2018/08/16/638324920/american-anthem-lift-every-voice-and-sing-black-national-anthem
7. 歌詞は全米有色人種地位向上協会（NAACP）より（2020年）。
8. Byrd, R.P. (2010) Song reflects racial pride, never intended as anthem, CNN, 30 July. https://edition.cnn.com/2010/OPINION/07/27/byrd.james.johnson/index.html

9. Ross, W.T. (2009) The Negro national anthem controversy, *Texas Wesleyan Law Review*, 16 (4): 561–576.
10. 次の転記より。Cadeaux, E. (2020) Roger Goodell releases statement condemning racism, admits NFL was wrong not listening to players, NBC Sports, 5 June. www.nbcsports.com/washington/redskins/roger-goodell-releases-statement-condemning-racism-admits-nfl-was-wrong-not-listening
11. BBC (2020) George Floyd: what happened in the final moments of his life, BBC News, 16 July. www.bbc.com/news/world-us-canada-52861726
12. Groppe, M. and Phillips, K. (2020) From coastal cities to rural towns, breadth of George Floyd protests—mostly peaceful—captured by data, *USA Today*, 20 June. www.usatoday.com/story/news/politics/2020/06/10/george-floyd-black-lives-matter-police-protests-widespread-peaceful/5325737002
13. Smith, D. (2019) A court has been told that the situation was 'frantic' as questions focus on resuscitation efforts, NITV, 5 March. www.sbs.com.au/nitv/nitv-news/article/2019/03/05/david-dungay-inquest-doctor-breaks-down-while-giving-evidence
14. Daley, D. (2020) A wake up call to end Australia's ongoing racism, *Independent Australia*, 3 July. https://independentaustralia.net/australia/australia-display/a-wake-up-call-to-end-australias-ongoing-racism,14062
15. Buchanan, L., Bui, Q. and Patel, J.K. (2020) Black Lives Matter may be the largest movement in US history, *The New York Times*, 3 July. www.nytimes.com/interactive/2020/07/03/us/george-floyd-protests-crowd-size.html
16. Zisin, D. (2020) Michael Bennett thinks the NFL is starting to wake up, *The Nation*, 20 July. www.thenation.com/article/society/michael-bennett-nfl-racismに引用あり。
17. Intermite, S. (2019) Brand activism: an interview with Philip Kotler and Christian Sarkar, *The Marketing Journal*, 18 December. www.marketingjournal.org/brand-activism-an-interview-with-philip-kotler-and-christian-sarkarに引用あり。
18. In Vatour, M. (2020) Black Lives Matter: NFL pledges $250 million to 'combat systemic racism', MSN Sports, 11 June. www.msn.com/en-us/sports/nfl/black-lives-matter-nfl-pledges-dollar250-million-to-combat-systemic-racism/ar-BB15m4J1

19. Boren, C. (2020) NFL end zones will bear 'end racism' and 'it takes all of us' messages in home openers, *The Washington Post,* 29 July. www.washingtonpost.com/sports/2020/07/28/nfl-end-zones-will-bear-end-racism-it-takes-all-us-messages-home-openers
20. Bunn, C. (2020) Black fans call NFL's plan to play 'Lift every voice and sing' a 'joke', 'placating', 'pandering', NBC News, 10 July. www.nbcnews.com/news/nbcblk/black-fans-call-nfl-s-plan-play-lift-every-voice-n1233164に引用あり。
21. Bunn (2020) に引用あり。
22. Bleier, E. (2020) NFL putting money where its mouth is after Black Lives Matter pledge, *Inside Hook,* 12 June. www.insidehook.com/daily_brief/sports/nfl-putting-money-where-its-mouth-is
23. Christie, D. (2020) McDonald's names victims of police brutality, racist violence in new ad, *Marketing Dive,* 4 June. www. marketingdive.com/news/mcdonalds-names-victims-of-police-brutality-racist-violence-in-new-ad/579184
24. In Mirzaei, A. (2020) Big brands take a stand and support Black Lives Matter, AdNews, 11 June. www.adnews.com.au/news/big-brands-take-a-stand-and-support-black-lives-matter
25. In Hsu, T. (2020) Corporate voices get behind Black Lives Matter cause, *The New York Times,* 10 June. www.nytimes.com/2020/05/31/business/media/companies-marketing-black-lives-matter-george-floyd.html
26. Ace Metrix (2020) Consumers put brands that stand with BLM under the microscope, Ace Metrix Insights [blog], 22 June. www.acemetrix.com/insights/blog/black-lives-matter-ads-2020
27. Quoted in Stein, C. (2020) McDonald's and African Americans: it's complicated, professor says, Yahoo! News, 26 July. https://au.news.yahoo.com/mcdonalds-african-americans-complicated-professor-says-034138318--spt.html
28. Chatelain, M. (2020) *Franchise: The golden arches in black America,* New York: Liveright.
29. Blakemore, E. (2020) Why people rioted after Martin Luther King, Jr's assassination, History.com, 15 January. www.history.com/news/mlk-assassin

ation-riots-occupation

30. Chatelain (2020) p. 126.
31. Chatelain (2020) p. 18.
32. Chatelain (2020) p. 4.
33. Kelley, R.D.G. (2017) What did Cedric Robinson mean by racial capitalism?, *Boston Review,* 12 January. http://bostonreview.net/race/robin-d-g-kelley-what-did-cedric-robinson-mean-racial-capitalism
34. Robinson, C.J. (1983) *Black Marxism: The making of the black radical tradition,* Chapel Hill, NC: University of North Carolina Press.
35. Robinson (1983) p. 3.
36. In MB4L (2016) A vision for black lives: policy demands for black power, freedom and justice. https://cjc.net/wp-content/uploads/2017/04/A-Vision-For-Black-Lives-Policy-Demands-For-Black-Power-Freedom-and-Justice.pdf
37. Issar, S. (2020) Listening to Black Lives Matter: racial capitalism and the critique of neoliberalism, *Contemporary Political Theory,* Online ahead of print: https://doi.org/10.1057/s41296-020-00399-0, p. 2.
38. Issar (2020) p. 10.
39. Issar (2020) p. 11.
40. Ransby, B. (2018) *Making all Black Lives Matter: Reimagining freedom in the twenty-first century,* Oakland, CA: University of California Press. (『ブラック・ライヴズ・マター運動 誕生の歴史』バーバラ・ランスビー著、藤永康政訳、彩流社、2022年)
41. Ransby (2018) p. 236.
42. Hogan, T. (2020) Let's not turn Black Lives Matter into Black Lives Marketing, *Black Enterprise,* 29 June. www.blackenterprise.com/lets-not-turn-black-lives-matter-into-black-lives-marketing
43. Lerman, R. (2020) From wake word to woke word: Siri and Alexa tell you Black Lives Matter, but tech still has a diversity problem, *The Washington Post,* 11 June. www.washingtonpost.com/technology/2020/06/10/big-tech-black-lives-matter

第11章

1. The discussion of Gillette's here is adapted from: Rhodes, C. (2019) 'Gillette's

corporate calculation shows just how far the #metoo movement has come', *The Conversation*, 17 January. https://theconversation.com/gillettes-corporate-calculation-shows-just-how-far-the-metoo-movement-has-come-109936

2. 有害な男らしさの問題の考察については次を参照。Kimmel, M. and Wade, L. (2018) Ask a feminist: Michael Kimmel and Lisa Wade discuss toxic masculinity. *Signs: Journal of Women in Culture and Society*, 44 (1): 233–254; Sculos, B.W. (2017) Who's afraid of 'toxic masculinity'?, *Class, Race and Corporate Power*, 5 (3): 1–5.
3. Gillette (2020) Our Story. https://gillette.com/en-us/about/our-story
4. Rossen, J. (2018) Oral History: The strangest super bowl halftime show ever, *Mental Floss*, 4 February. www.mentalfloss.com/article/74902/oral-history-strangest-super-bowl-halftime-show-ever
5. 次のジレットの広告を参照。Gillette (1989) 1989 Gillette—The Best a Man Can Get, SuperBowlAds.com. https://superbowl-ads.com/1989-gillette-the-best-a-man-can-get
6. Khamis, S. (2020) *Branding diversity: New advertising and cultural strategies*, Abingdon: Routledge.
7. Deighton, K. (2018) Gillette upgrades its 'Best a man can get' slogan for the expressive modern male, *The Drum*, 17 August. www.thedrum.com/news/2018/08/17/gillette-upgrades-its-best-man-can-get-slogan-the-expressive-modern-male
8. この広告はジレットのユーチューブチャンネルで視聴できる。www.youtube.com/watch?v=koPmuEyP3a0
9. Wilson-Beevers, H. (2019) As the mum of a young son I salute the new Gillette advert, here's why ..., *Glamour*, 15 January. www.glamourmagazine.co.uk/article/gillette-campaign
10. J. Halberstam quoted in Fairyington, S. (2019) Gillette's new campaign takes on toxic masculinity in a way you've never seen before, Thrive Global, 14 January. https://thriveglobal.com/stories/gillette-ad-campaign-best-a-man-can-get-we-believe-toxic-masculinity-progress
11. Dreyfus, E. (2019) Gillette's ad proves the definition of a good man has changed, *Wired*, 16 January. www.wired.com/story/gillette-we-believe-ad-men-backlash

12. APA (2018) *APA guidelines for psychological practice with men and boys,* Washington: American Psychological Association.
13. Morgan, P. (2019) I'm so sick of this war on masculinity and I'm not alone—with their pathetic man-hating ad, Gillette have just cut their own throat, *The Daily Mail,* 16 January. www.dailymail.co.uk/news/article-6594295/PIERS-MORGAN-Im-sick-war-masculinity-Gillette-just-cut-throat.html
14. Duke, S. (2019) Gillette insults customer base, telling men to shave their 'toxic masculinity', *The New American,* 14 January.
15. Taylor, C. (2019) Why Gillette's new ad campaign is toxic, *Forbes,* 15 January. www.forbes.com/sites/charlesrtaylor/2019/01/15/why-gillettes-new-ad-campaign-is-toxic/#3e240bb45bc9
16. ジェームズ・ウッズの発言は、Gilchrist, J.E. (2019) Gillette ad infuriates bigots including James Woods and Piers Morgan, *Advocate,* 15 January. www.advocate.com/media/2019/1/15/bigots-james-woods-piers-morgan-are-furious-gilletteに引用がある。
17. Slater, T. (2019) Gillette and the rise of woke capitalism, *The Spectator,* 19 January. www.spectator.co.uk/article/gillette-and-the-rise-of-woke-capitalism
18. Gregg, S. (2019) How woke capitalism corrupts business, *Public Discourse,* 2 October. www.thepublicdiscourse.com/2019/10/56675
19. Kantor, J. and Twohey, M. (2017) Harvey Weinstein paid off sexual harassment accusers for decades, *The New York Times,* 5 October. https://web.archive.org/web/20171014011811/ www.nytimes.com/2017/10/05/us/harvey-weinstein-harassment-allegations.html
20. Contactmusic.com (2020) Harvey Weinstein: biography. www.contactmusic.com/harvey-weinstein
21. Farrow, R. (2018) From aggressive overtures to sexual assault: Harvey Weinstein's accusers tell their stories, *The New Yorker,* 10 October. www.newyorker.com/news/news-desk/from-aggressive-overtures-to-sexual-assault-harvey-weinsteins-accusers-tell-their-stories
22. Mangan, D. (2020) Harvey Weinstein sentenced to 23 years in prison for rape and sex assault in case that sparked 'MeToo' movement, CNBC, 11 March. www.cnbc.com/2020/03/11/harvey-weinstein-sentenced-in-prison-for-sex-assault.html

23. Pflum, M. (2018) A year ago, Alyssa Milano started a conversation about #MeToo. These women replied, ABC News, 16 October. www.nbcnews.com/news/us-news/year-ago-alyssa-milano-started-conversation-about-metoo-these-women-n920246
24. Anon (2020) #MeToo: A timeline of events, *The Chicago Tribune,* 10 August. www.chicagotribune.com/lifestyles/ct-me-too-timeline-20171208-htmlstory.html
25. Burke, T. (2017) #MeToo: Ten years before it was a hashtag, it began as one woman's search for safety, ABC News, 19 October. www.abc.net.au/news/2017-10-19/me-too-a-beginning-not-an-end-of-fight-against-sexual-abuse/9065814
26. Wakefield, J. (2018) MeToo founder Tarana Burke: Campaign now 'unrecognisable', BBC News, 29 November. www.bbc.com/news/world-46393369
27. Zacharek, S., Dockterman, E. and Edwards, H.S. (2017) Time Person of the Year 2018: the silence breakers, *Time,* 18 December. https://time.com/time-person-of-the-year-2017-silence-breakers
28. Chatterji, A.K. and Toffel, M.W. (2019) The new CEO activists, in *HBR's 10 Must Reads,* Boston: Harvard Business Review Press.
29. Chatterji, A.K. and Toffel, M.W. (2016) Assessing the impact of CEO activism. Harvard Business School Technology and Operations Management Unit Working Paper No. 16-100, Duke I&E Research Paper No. 16-11, https://ssrn.com/abstract=2742209 or http://dx.doi.org/10.2139/ssrn.2742209
30. Peirso-Hagger, E. (2019) M is for #MeToo: how a Hollywood moment became a global movement, *New Statesman,* 17 December. www.newstatesman.com/politics/feminism/2019/12/m-metoo-how-hollywood-moment-became-global-movement
31. Venetis, cited in Reilly, K. (2019) How the #MeToo movement helped make new charges against Jeffrey Epstein possible, *Time,* 9 July. https://time.com/5621958/jeffrey-epstein-charges-me-too-movement
32. T. Burke, cited in Criss, D. (2018) The media's version of #MeToo is unrecognizable to the movement's founder, Tarana Burke, CNN, 30 November. https://edition.cnn.com/2018/11/30/us/tarana-burke-ted-talk-trnd/index.html

33. Rucha Naidu, S.J. (2019) P&G posts strong sales, takes $8 billion Gillette writedown, *Reuters*, 30 July. www.reuters.com/article/us-proctergamble-results/pg-posts-strong-sales-takes-8-billion-gillette-writedown-idUSKCN1UP1AD
34. Haverluck, M.F. (2019) Gillette cut by $8B loss after 'toxic masculinity' ad, OneNewsNow, 2 August. https://onenewsnow.com/business/2019/08/02/gillette-cut-by-8b-loss-after-toxic-masculinity-ad
35. Morse, B. (2019) Gillette's 'woke' ad that insulted men cost P&G billions, RedState, 31 July. www.redstate.com/brandon_morse/2019/07/31/gillettes-woke-ad-insulted-men-cost-pg-billions
36. Kay, B. (2019) After going woke and losing $8 billion, Gillette embraces masculinity again, The Post Millennial, 22 August. https://thepostmillennial.com/after-losing-8-billion-gillette-embraces-masculinity-again
37. Morse, B. (2019) Gillette CEO says the billions of dollars lost over the 'toxic masculinity' ad was worth it, RedState, 2 August. www.redstate.com/brandon_morse/2019/08/02/gillette-ceo-says-billions-dollars-lost-toxic-masculinity-ad-worth
38. G. Coombe, in Gage, J. (2019) Gillette CEO: losing customers over #MeToo campaign is 'price worth paying', *Washington Examiner*, 1 August. www.washingtonexaminer.com/news/gillette-ceo-losing-customers-over-metoo-campaign-is-price-worth-paying
39. G. Coombe, in Fleming, M. (2019) Gillette boss: alienating some consumers with #MeToo campaign was a price worth paying, *Marketing Week*, 29 July. www.marketingweek.com/gillette-metoo-campaign-fallout
40. Turtis, M. and Lufkin, B. (2019) How socially-charged adverts could become the norm, BBC Worklife, 19 January. www.bbc.com/worklife/article/20190118-how-socially-charged-adverts-could-become-the-norm
41. Marketing Week Reporters (2019) Gillette, McDonald's, Coca-Cola: 5 things that mattered this week and why, *Marketing Week*, 2 August. www.marketingweek.com/gillette-mcdonalds-coca-cola-5-things-that-mattered-this-week-and-why
42. Holt, D.B. (2006) Jack Daniel's America: iconic brands as ideological parasites and proselytizers, *Journal of Consumer Culture*, 6 (3): 355–377.
43. Leshem, D. (2016) The distinction between the economy and politics in

Aristotle's thought and the rise of the social, *Constellations*, 23 (1): 122–132.

44. Varoufakis, Y. (2016) Is capitalism compatible with democracy?, *TED Radio Hour*, 4 November. www.npr.org/transcripts/500126088

45. Lyons, M. (2001) *Third sector: The contribution of non-profit and cooperative enterprise in Australia*, London: Routledge.

46. Milanovic, B. (2020) Trump as the ultimate triumph of neoliberalism, globalinequality, Blogger, 7 April. https://glineq.blogspot.com/2020/04/trump-as-ultimate-triumph-of.html

第12章

1. The Andrew W. Mellon Foundation (2020) The Mellon Foundation announces transformation of its strategic direction and new focus on social justice [press release], 30 June. https://mellon.org/news-blog/articles/mellon-foundation-announces-transformation-its-strategic-direction-and-new-focus-social-justice

2. Scirri, K. (2019) *Andrew Carnegie: Industrialist and philanthropist*, New York: Cavendish, p. 73.

3. Stoller, M. (2019) *Goliath: The 100-year war between monopoly power and democracy*, New York: Simon & Schuster.

4. Twain, M. and Warner, C.D. (1873) *The Gilded Age: A tale of today*, San Francisco, CA: American Publishing Company.（『金メッキ時代』上・下、マーク・トウェイン／C・D・ウォーナー著、柿沼孝子訳、彩流社、2001年）

5. Twain, M. (2002) *Mark Twain's letters, volume 6, 1874–1875*, M.B. Frank and H.E. Smith (eds), Berkeley, CA: University of California Press.

6. Green, C. (2020) At $200B net worth, Jeff Bezos is still not richest man of all time, *News Break*, 27 August. www.industryleadersmagazine.com/at-200b-net-worth-jeff-bezos-is-still-not-richest-man-of-all-time

7. Bostaph, S. (2017) *Andrew Carnegie: An economic biography*, London: Rowman & Littlefield.

8. Carnegie, A. (1889/2017) *The Gospel of Wealth*, New York: Carnegie Foundation.（『富の福音』アンドリュー・カーネギー著、田中孝顕監訳、きこ書房、2011年）

9. Carnegie (1889/2017) p. 1.

10. Carnegie (1889/2017) pp. 1–3.
11. Carnegie (1889/2017) p. 3.
12. Carnegie (1889/2017) p. 4.
13. Carnegie (1889/2017) p. 5.
14. Carnegie (1889/2017) p. 10.
15. Carnegie (1889/2017) p. 11.
16. Nichols, C.M. and Unger, N.C. (2017) *The companion to the Gilded Age and Progressive Era*, Chichester: Wiley.
17. Carnegie (1889/2017) p. 17.
18. Zhulina, A. (2018) Performing philanthropy from Andrew Carnegie to Bill Gates, *Performance Research*, 23 (6): 50–57, p. 51.
19. The Week Staff (2016) A brief history of billionaire philanthropists and the people who hate them, *The Week*, 9 January. https://theweek.com/articles/597963/brief-history-billionaire-philanthropists-people-who-hate
20. Pizzigatti, S. (2018) How Gary Cohn and Andrew Mellon both failed America, *Fortune*, 10 March. https://fortune.com/2018/03/09/gary-cohn-resigning-tariffs-andrew-mellon
21. World Inequality Database (2020) USA. https://wid.world/country/usa
22. UNDESA (2020) *World Social Report 2020: Inequality in a rapidly changing world*, New York: United Nations Department of Economic and Social Affairs.
23. UNDESA (2020) p. 5.
24. Burgis, T. (2012) Origins of the Occupy movement, *Financial Times*, 19 January. www.ft.com/content/90108158-41f7-11e1-a1bf-00144feab49a
25. Anderson, K. (2011) Person of the Year 2011, *Time*, 14 December. http://content.time.com/time/specials/packages/article/0,28804,2101745_2102132_2102373,00.html
26. 次を参照。Rhodes, C. and Bloom, P. (2018) The trouble with charitable billionaires, *The Guardian*, 24 May. www.theguardian.com/news/2018/may/24/the-trouble-with-charitable-billionaires-philanthrocapitalism
27. Morvaridi, B. (2012) Capitalist philanthropy and hegemonic partnerships, *Third World Quarterly*, 33 (7): 1191–1210.
28. Huyssen, D. (2019) We won't get out of the Second Gilded Age the way we got out of the first, *Vox*, 1 April. www.vox.com/first-person/2019/4/1/18286084/

gilded-age-income-inequality-robber-baron
29. Johnston, M. (2019) A history of income inequality in the United States, *Investopedia*, 25 June. www.investopedia.com/articles/investing/110215/brief-history-income-inequality-united-states.asp
30. E. Alexander quoted in Florsheim, E. (2020) Elizabeth Alexander's fierce vision of social justice, *Wall Street Journal Magazine*, 13 August. www.wsj.com/articles/elizabeth-alexanders-fierce-vision-of-social-justice-11597343784
31. Daniels, A. (2020) Elizabeth Alexander outlines Mellon Foundation's shift to social-justice grant making, *The Chronicle of Higher Education*, 2 July. www.chronicle.com/article/elizabeth-alexander-outlines-mellon-foundations-shift-to-social-justice-grant-making
32. Yale Law School (2020) Mellon Foundation, Justice Collaboratory Announce Million Book Project, *Yale Law School*, 30 June. https://law.yale.edu/yls-today/news/mellon-foundation-justice-collaboratory-announce-million-book-project
33. Lloyd, A. and Whitehead, P. (2018) Kicked to the curb: the triangular trade of neoliberal polity, social insecurity, and penal expulsion, *International Journal of Law, Crime and Justice*, 55: 60–69.
34. Lloyd and Whitehead (2018) p. 63.
35. Lloyd and Whitehead (2018) p. 66.
36. Huyssen (2019).
37. *Forbes* (2020) World's billionaires list. www.forbes.com/billionaires
38. The Giving Pledge (2020) The history of The Giving Pledge. https://givingpledge.org/About.aspx
39. The Giving Pledge (2019) More than 200 philanthropists have now joined The Giving Pledge, committing to give at least half their wealth to charitable causes [press release], 28 May. https://givingpledge.org/PressRelease.aspx?date=05.28.2019
40. Fullerton, J. (2011) Carnegie's 'Gospel of wealth' and the Gates/Buffett giving pledge, The Capital Institute, 3 January. https://capitalinstitute.org/blog/carnegies-gospel-wealth-and-gatesbuffett-giving-pledge
41. Sawaya, F. (2008) Capitalism and philanthropy in the (new) Gilded Age, *American Quarterly*, 60 (1): 201–213.

42. Reich, R. (2018) *Just giving: Why philanthropy is failing democracy and how it can do better*, Princeton, NJ: Princeton University Press.
43. Schwab, T. (2020) Bill Gates's charity paradox, *The Nation*, 20 March. www.thenation.com/article/society/bill-gates-foundation-philanthropy

第13章

1. Warren, E. (2020) Letter to Business Roundtable, 17 September. www.warren.senate.gov/imo/media/doc/2020.09.17%20Letter%20to%20the%20Business%20Roundtable%20re%20one-year%20anniversary%20of%20their%20Statement%20of%20Principles.pdf
2. Business Roundtable (2020) Members. www.businessroundtable.org/about-us/members
3. ビジネス・ラウンドテーブルの声明とウォーク資本主義との関連性については、本書の第6章で詳細に述べられており、第2章と第4章でも言及されている。
4. Business Roundtable (1997) Statement on corporate governance: a White Paper from The Business Roundtable, Washington: BRT.
5. Business Roundtable (2019) Business Roundtable redefines the purpose of a corporation to promote 'an economy that serves all Americans', 19 August. www.businessroundtable.org/business-roundtable-redefines-the-purpose-of-a-corporation-to-promote-an-economy-that-serves-all-americans
6. Warren (2020) p. 2.
7. Warren (2020) p. 3.
8. Dowell, E. and Jackson, M. (2020) 'Woke-washing' your company won't cut it, *Harvard Business Review*, 27 July. https://hbr.org/2020/07/woke-washing-your-company-wont-cut-it
9. Harinam, V. (2020) Is woke capitalism profitable?, *Quillette*, 21 July. https://quillette.com/2020/07/21/is-woke-capitalism-profitable
10. Sammut, J. (2019) *Corporate virtue signalling: How to stop big business from meddling in politics*, Cleveland, OH: Connor Court Publishing.
11. Sammut (2019) back cover.
12. Lewis, H. (2020) How capitalism drives cancel culture, *The Atlantic*, 14 July. www.theatlantic.com/international/archive/2020/07/cancel-culture-and-

problem-woke-capitalism/614086

13. Roth, K. (2020) China is desperate to stop Hong Kong's pro-democracy movement, Human Rights Watch, 19 August. www.hrw.org/news/2020/08/19/china-desperate-stop-hong-kongs-pro-democracy-movement
14. BBC News (2019) The Hong Kong protests explained in 100 and 500 words, BBC News, 28 November. www.bbc.com/news/world-asia-china-49317695
15. ドナルド・トランプの発言は次の引用より。Fox Sports (2020) 'He's a hater' : Donald Trump lashes 'nasty' LeBron James in angry NBA rant, Fox Sports, 10 October. www.foxsports.com.au/basketball/nba/finals/nba-2020-lebron-james-donald-trump-los-angeles-lakers-vs-miami-heat-nba-finals/news-story/042a42e99ef1a6231abb76d6c7043387
16. Perper, R. (2019) China and the NBA are coming to blows over a pro-Hong Kong tweet. Here's why, *Business Insider*, 11 October. www.businessinsider.com.au/nba-china-feud-timeline-daryl-morey-tweet-hong-kong-protests-2019-10?r=US&IR=T
17. In Greer, J. (2019) The Daryl Morey controversy, explained: how a tweet created a costly rift between the NBA and China, Sporting News, 9 October. www.sportingnews.com/au/other-sports/news/daryl-morey-controversy-tweet-nba-china-explained/r6fzkcu3pwct1q993qiz5xlzm
18. Gatto, T. (2019) NBA's response to Daryl Morey's Hong Kong tweet draws scorn from US politicians, Sporting News, 7 October. www.sportingnews.com/us/nba/news/daryl-morey-hong-kong-tweet-china-nba-response-politicians/1dergufmvknmu1vdkm5t2x3pxn
19. Guardian Sport (2019) 'LeBron stands for money': Hong Kong protesters burn James jerseys, *The Guardian*, 16 October. www.theguardian.com/sport/2019/oct/15/hong-kong-protestors-burn-lebron-james-jerseys-nba
20. Quoted in HKFP (2020) LeBron James's fall from grace: how the basketball star alienated loyal Hong Kong fans, *Hong Kong Free Press*, 16 August. https://hongkongfp.com/2020/08/16/lebron-jamess-fall-from-grace-how-the-basketball-star-alienated-loyal-hong-kong-fans
21. Bunyasi, T.P. and Smith, C.W. (2019) *Stay woke: A people's guide to making all black lives matter*, New York: New York University Press, p. 12.